JN201480

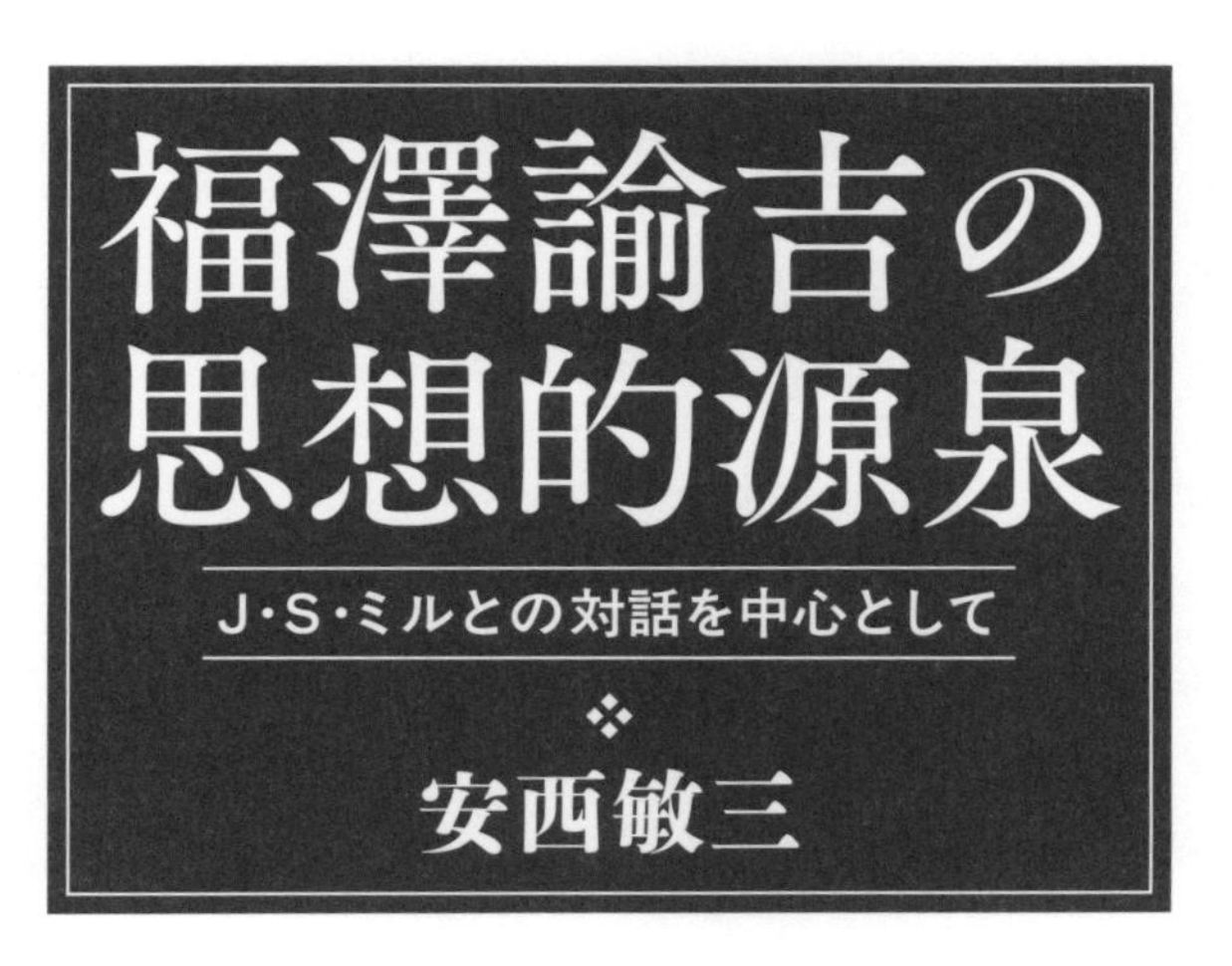

福澤諭吉の思想的源泉

J・S・ミルとの対話を中心として

安西敏三

慶應義塾大学出版会

まえがき

二〇一七年のとある日、福澤諭吉協会の理事である平石直昭氏より、土曜セミナーで何か話をしてくれないか、とのメールを受けた。この年の初めに最終講義を終えてホッとしていた退職後の矢先のことであったと思う。そこで語ることなく終わった課題、といっても福澤諭吉とJ・S・ミルという二人の思想家の関連についての最終講義の続編とも言うべき話をする機会を得たとの思いもあって、躊躇なく承諾の返信をした。題目は「福澤におけるJ・S・ミル問題―実学・功利・自由―」と決定した。そして翌年の三月二十四日に福澤諭吉協会第一三二回土曜セミナーとして交詢社大食堂に於いて講演をし、その講演に大幅に加筆したものを『福澤諭吉年鑑』45号に掲載した。講演録ということもあり、註もなく臨場感を少しでも味わってもらうべく文体も講演体で綴った。拙稿を読みかえし、福澤研究や福澤理解に少しでも資するには註を付けることが必要と思い、改めて註を付し加筆修正した論稿を慶應義塾大学出版会の前島康樹氏に閲覧を請うたところ、ミル関連の他の論稿も加え、福澤とミルに関連する他の思想家や歴史家の所論も含めて出版したい旨の返事を頂いた。そこで同じく福澤諭吉協会の理事である小室正紀氏の要請による『福澤諭吉年鑑』44号に寄稿した、二〇一七年一月四日第二限に講じた甲南大学法学部日本政治思想史最終講義「福澤諭吉とJ・S・ミル―個性・国体・文明―」の一部「福澤諭吉とJ・S・ミル―「独一個人ノ気象（インヂウヰヂュアリチ）」再考―」に若干の修正を加え、講演体に直して加えることにした。題名も論文と講演録を併せたことから

『福澤諭吉の思想的源泉―J・S・ミルとの対話を中心として―』と改め、世に問うことにした。

福澤に限らず明治の思想家、特に洋学者を理解する上で、当時の欧米文献の理解は必須である。その際、翻訳書の存在は極めて有益である。ここで使用した史料の多くも当初から翻訳があるが、訳文そのものの歴史的意味の問題もあり、引用参照に当たって必ずしも訳文そのものを利用していない。また現在入手しやすい新訳を本文や註に記しておいたが、筆者が利用した翻訳は旧訳に属するものが多いので、ここに感謝の意を込めて紹介しておきたい。ミル自由論は塩尻公明・木村健康訳、同功利論は伊原吉之助訳と川名雄一郎訳、同論理学第一部一八六編は松浦幸作訳、同大学教育論は石上良平訳、同自伝は新訳ではあるが村井章子訳、同じく新訳であるがコーリッジ論は松本敬啓訳、バジョット英国国制論は小松春雄訳である。

福澤の手沢本からの書き込み文の引用は、出来るだけ当時の雰囲気を味わってもらうために旧字や別体字、あるいは異体字をそのまま活かすことも考えたが、読者の便宜も考慮して現行の新字ないし通行体に改めた。但し引用史料の片仮名の略字はそのままとした。

目　次

一　はじめに

丸山眞男　富田正文　福澤諭吉協会

ただ今ご紹介にあずかりました安西でございます。私が福澤協会に入りましたのは、二十代半ばの頃でした。私淑しておりました丸山眞男先生から「福澤諭吉協会というのがあってね」とのお電話の声が昨日のように鮮やかに浮かんでまいります。好事家の集まり、と揶揄する先生もいらっしゃいましたが、協会を運営されていました富田正文先生を、慶應義塾大学出版会の前身である慶應通信に訪ね、協会についてのみならず福澤研究の現状についても伺い、研究をする上で色々助言を受けました。漱石全集に倣って福澤の原拠本への書き込みなどを、小沢栄一先生がどこかで触れられていましたが、福澤全集の最終巻に収載予定であったのが没になったことや、方法論も含めて立場が異なる様々な福澤研究があって良いじゃないですか、との言葉が今も脳裏に刻まれております。また土橋俊一氏にも塾監局を訪ねてお話を伺いました。それで会員となり会田倉吉先生が室長をしておられました塾史資料室、現在の福澤研究センターですが、そこで調べておりました、福澤がその論説を著すに当たって依拠したであろう洋書に見られる数々のノート、書き込みや不審紙ないし付箋の類の付紙の貼付などですが、その重箱の隅を楊枝でほじくるが如き詮索作業の一部を協会機関誌『福澤諭吉年鑑』に載せて頂くことになりました。「福沢諭吉とJ・S・ミル『女性の隷従』」が最初の論稿で、その第五号です。昭和五十三年十一月刊行となっていますから、今から四十年も前のことであります。そういう訳で福澤諭吉協会とは長い付き合いがございます。土曜セミナーにも東京在住中にはよく出席していました。古い交詢社ビルの時代です。後に勤務することになります甲南大学の伊藤正雄先生が講師の真ん前で聞き入っておられたことを思い出します。丸山先生も時に参加しておられ、平石直昭さんとか、伊藤彌彦さんなど、丸山先生を通してセミナーが終わった後に紹介を受けました。『福澤諭吉年鑑』や『福澤手帖』には、その後、福澤とアレクシ・ド・トクヴィル『アメリカのデモクラシー』に関する論稿や、ギゾーやバックルに関する小論などを寄稿させて頂きました。また「『文明論之概略』を読む」との読書会の講師も引き受けましたが、その二回目は東日本大震災に上京途中の新幹線内で遭遇し、中止を余儀なくされましたことも記憶に新たでございます。

「世界公共の利益を助けたる」ミル

さて本日お話する題目ですが、福澤年鑑の最初の寄稿が福澤とミルとの関係であったこと、それに昨年の最終講義で取り上げ福澤年鑑にもその一部を寄稿しましたことも勘案し、そして何よりも「福澤の徒はミルとかトクヴィルを勉強しなければならない」との趣旨を述べられていた丸山先生のこともあり、[1] また福澤自身「理論はミルに任せる」と言っていたという子息福澤三八の回顧録もございますので、[2] あるいは「天下有名の碩学」として「経済政法の議論に於ては当代の時風を圧倒して、之が為めに英国は固より世界公共の利益を助けたること如何ばかりなるや知る可らず」(⑪三〇〇)[3] と福澤自身が社会科学上世界的大学者とまで称賛されているとの認識を持ち、さらには後で述べますが人口問題に関するミルの見解を漢詩にし、その反意を謳った「思想何深器何小　先生是知誠英人　請看美必河畔野　容五洲民無苦辛」（「思想なんぞ深くして器なんぞ小なる　先生は是れ誠に英人なるを知る　請う看よ美必河畔の野は　五洲の民を容れて苦辛なきを。」⑳四四七）には、狭い島国英国にいながらも思想の深淵なミルを認めていることも鑑みまして、[4]改めて福澤とミルを中心に比較したく、報告をしたいと思います。

福澤とミルについては、福澤の生前からその関連について、言及されております。拙稿を福澤年鑑に掲載して以降も丸山先生はじめ、松沢弘陽先生などの優れた研究もございます。最近では渡辺浩氏や松田宏一郎氏、さらには苅部直氏や小川原正道氏とか、あるいは山内崇史氏などの刺激的な論稿もありますが、[5]これらについては山田博雄氏が福澤年鑑に連載されている大変有益な福澤研究の年次報告を参照して頂ければ、と存じます。

福澤に於けるミル問題に本格的に取り組むのは大変であります。私のような非才の身には特にですが、何よりも福澤全集は別巻も含めますと二十二巻、ミルはと言えば、これまた膨大な著作がございまして、著作集にして三十巻を超えております。そこでここでは一部ではありますが、これまで発表したものとも重複するところも多々あるかと存じますが、私が調査した限りでの成果を踏まえて、ミルのみならず関連する歴史家や思想家たちも含めまして、問題に接近したいと思います。

福澤が手にしたミルの著作（手沢本）

まずは福澤が読み、その手沢本が残っているミルの著作を紹介いたします。第一に*Utilitarianism*, Fifth Edition（1874）を挙げることが出来ます。『功利主義』第五版です。福澤は明治九年、西暦一八七六年四月四日から十四日午後十時にかけて一読、更に二十日にかけて再読したことが、日付などの書き込みから分かります。その余白に於ける書き込み内容や量的多さから精読の跡が窺えます。書き込みの全貌については『法学研究』第五十六巻六、七、八号に資料として紹介しておりますので、ご興味のある方はご覧下さい。次に*The Subjection of Women*（1870）、『女性の隷従』です。これには不審紙の貼付のみですが、『学問のすゝめ』十五編（明治九・一八七六年）に、万古一定動かすべからずとされておりました男子は外、女子は内を治めるとの習慣を破ろうとした人物として、その名を出して援用しておりますので（③一二四、M㉑二七四、大内兵衛・大内節子訳、岩波文庫、一九五七年、六三—四頁）[6]、その執筆前には目を通したと考えられます。ミル研究者であるジョン・グレイが私に語ったところによれば、『功利主義』や『自由論』と共にミルの著作の中で現在、最もよく読まれているとのことです。単なる女性論に留まらない内容を持った作品でもあるからです。福澤は現在に於いても読み続けられている作品を読んでいるということです。それから*Dissertations and Discussions*, Second Edition, Vol. I, II, III（1875, 67, 75）、これら『論説論考集』三巻本は私の確認したところでは、第一、二巻は目を通した可能性があります。そこにはギゾー論やトクヴィル論も収録されております。その意味でも福澤研究者にとって興味深く、それらに福澤の手になる書き込みはないか、との期待を抱かせます。結論から申しますならば第一巻所収の「文明論」（Civilization）にはアンダーラインやサイドラインの書き込みは見られるも、他のエッセイには閲覧の可能性はあるとしましても、その類を含めましてノートは見られません。読んでいるか否かは、内容的比較を第一としますが、その本の様態を見て判断しております。書き込みや不審紙ないし付箋の貼付などがあれば読了形跡が明確ですが、そうでない場合は汚れとか折れ曲り具合といった本の状態を目安にするのです。次に *Essays on Unsettled Questions of Political Economy*, Second Edition（1874）、この『経済学試論集』と訳されている本には不審紙貼付もあり、後に論じますように福澤は読んでいると思います。*Autobiography*, Third Edition（1874）、『自伝』ですが、『福翁自伝』を執筆したことも勘案しますならば、書き込みなどのノートは全くありませんが、読んだと思われる形跡は見られます。*A System of Logic*, Vol. I, II, Eighth Edition（1874）、大部な『論理学体系』二巻本です。読了形跡は確認出来ませんが、内容的に福澤が興味を持ちそうな箇所を拾い読みしている可能性は否定出来ません。アラン・ライアンによれば、ミルの著作の中で中心的にして最も重要なものであるとのことです[7]。フレデリック・ローゼンも最近この論理学を踏まえてミルの政治論を分析しております[8]。

福澤が手にしたミルの著作（手沢本以外）

以上がミル関係で福澤が明らかに読んだ手沢本、読んでいるか否かは明らかでないにしろ福澤の所蔵が確認出来る署名本として残っている書籍です。それら以外では明治維新のほぼ十年前に出版された有名な *On Liberty*（1859）があります。これは中村正直が『自由之理』と題して『学問のすゝめ』初編の刊行時とほぼ同時期の明治五（一八七二）年に本邦初訳として上梓しております。中村が手にした版は、橋本佐内が死罪を言い渡され、吉田松陰が処刑されました安政六年、即ち一八五九年刊行の初版ではありません。ベストセラー作品となりましたスマイルズの『自助論』（Samuel Smiles, *Self-Help*, 1859.）の訳本『西国立志編』（但し中村が邦訳したのは一八六六年版）を静岡で出版しました明治三年の一八七〇年版の『自由論』であります。『自由論』は『文明論之概略』にその痕跡が窺えることから福澤は原文を読んでいると思われますが、あるいは中村訳も参照しているかもしれません。訳語に違いがございます。それから *Considerations on Representative Government*（1860）、この『代議制統治論』は須田辰次郎の直話から福澤が多くの書き込みをしているとのことで有名ですが、[9] 現存しておりません。鉛筆による書き込みがある一八九〇年刊の大衆版が署名本として福澤研究センターにありますが、発行年と福澤が援用している文明論の執筆年代を対比し、またその影響箇所などを見ても、福澤の書き込みではないようです。第八章の、原文で言いますと七二頁までは読了形跡があります。あるいは当初福澤が所持していたのは大衆版のようですから須田本のノートではないし再読の可能性も否定出来ませんが、佐志傳氏によれば福澤の縁者、特に一太郎のノートの転記なかとおっしゃっていました。福澤は文明論第三章で、僅差での多数決支配というのは、実は四分の一支配であるとの論拠として、「「ミル」氏代議政治論の内」とミルの名を挙げております（④四七・M⑲四四九―五〇、水田洋訳、岩波文庫、一九九七年一七四―五頁）。選挙法の問題です。それ以外にも、苅部直氏などが論じておられることでも有名な怨望論の福澤への影響もございます。[10] 福澤はミルの名を出してはおりませんが、『学問のすゝめ』十三編（明治七年）に於いてその確認が出来ます（③一一三・M⑲四〇八水田八八）。それから *Principles of Political Economy*（1848）、この二巻本の

『経済学原理』と訳されている大著も文明論第三章において代議政論の援用のすぐ後に登場します。そこで福澤はミルの議論で紹介されている「或人の説」として競争原理を論じ、「唯利是を争ふを以て人間最上位の約束と思ふもの」がない訳ではないけれども「余が所見」はこれを悦ばない、とミルの論を挙げております。ここはトクヴィル『アメリカのデモクラシー』第一巻第二部に描かれているアメリカ人は「ダラー・ハンター」(dollar-hunters) 所謂「有財餓鬼(うざいがき)」と解釈し得る国民性の議論「富を求めて走れ」(in quest of fortune) をミルが受けて論じているところで有名です。この「余が所見」は文脈的に見てミルの見解ですけれども福澤の意見でもあったことは後に論じますが、アメリカ人の男子は死ぬまで金円を追い求め、婦人は死ぬまで金円を追う男児を生むだけの存在である。ドル稼ぎのため、あるいはドル稼ぎをするために男児の養育をしている、とミル『経済学原理』第四編第六章から援用しております（④四八・M③七五四註、末永茂喜訳『経済学原理』(四) 岩波文庫、昭和四九年、一一〇頁註）。大義のために戦っているアメリカ人を知って修正の念を起こしたのでしょう、南北戦争の後、ミルはこの部分を、第六版以降の版ですが、削除しております。従いまして福澤は初版から第五版までのいずれかの版を手にしていたと思われます。[11] また「経済論に富有の基は正直と勉強と倹約との三箇条にありと云へり」（④五二）もまたその第四編第一章からの援用であるとの説がありますが、「勉強」(industry) と「倹約」(frugality) が「富有」(a great increase both of production and of accumulation) の基であるとミルは論じておりますが、三箇条の一つである「正直」についてミルは触れておりません（M③七〇七末永（四）一三）。福澤は通俗的見地から「正直」を付け加えたかもしれませんが、その他の経済論とも併せ考える必要があります。これにはスマイルズが『自助論』で描いている、その国の福利（well-being）にとって現在のみならず未来にとっても有益なのはたとえ卑賤の人と雖も「勉強」（industry）と「節制」（sobriety）と「正直」（upright honesty）に生活することである、とのプロテスタンティズムの倫理とも言える自助自由主義の教祖の議論もあるいはあったでありましょう。[12] また「明治十九年七月慶應義塾試験用弥児先生之文献訳其文意」（明治十九年七月慶應義塾の試験に彌児（ミル）先生の文を用ふ。戯れに其の文意を訳す）と題しての七言絶句である「地無走獣天飛鳥　卒土之浜人又人　多福初知是非福　生児容易育児辛」（地に走獣なく天に飛鳥なし。卒土の浜人また人。多福初めて知る是に非ざるを。児を生むは容易にして児を育するは辛（つら）し）とありますが（⑳四四七）、これは富田正文先生[13]によれば、同じく『経済学原理』第一編第十章のマルサス『人口の原理』を解説している所からのものであるとのことです（M②一五四—九末永（一）二九五—六）。別にこれは同じく『経済学原理』からではありますが、人口問題に関する世論の有害について論じている第二編第十三章から来るものであるとの説もございます（M②三六七—七六末永（一）三五〇—六〇）。この点については今後の考証に待ちたいと思います。最後に *Three Essays of Religion* (1874)、この『宗教三論』は小幡篤次郎が翻訳し、発行に当たり福澤が明治十年八月十三日に「意味深遠緻密」なミルとの評価を下した「序文」を書いております（⑲七六三）。これについては小泉仰先生の論稿がありますが[14]、恐らく福澤も目を通したでありましょう。

以上、福澤が、部分的であるか否かの検証を要するものもあるかと存じますが、読み、あるいは手に取って閲覧し、時には不審紙ないし付箋を貼付し、書き込みなどのノートをとっていったミルの文献であります。時代的背景を知る為にも、参考資料として配布しました関連年表を適宜ご覧ください。

二　実学（サイエンス）と技術（アート）

「半開」と「文明」

さて以前、ある学会でも発表しましたが、福澤論では基本的な問題である学問観について、「実学（サイエンス）」と、それと不可分な関係を持つと思われます「技術（アート）」をめぐって両者の関連、即ち「学術」について論じたいと思います。福澤は文明論で、「文学盛なれども実学を勧る者少く、人間交際に就ては猜疑嫉妬の心深しと雖ども、事物の理を断ずるときには疑を発して不審を質すの勇なし。模擬の細工は巧なれども新に物を造るの工夫に乏しく、旧を修るを知て旧を改るを知らず。人間の交際に規則なきに非ざれども、習慣に圧倒せられて規則の体を成さず」（④一七）と論じております。御承知のように、これは有名な文明段階論の一節ですが、直接ミルを参照したものではありません。猜疑嫉妬の念（M⑲四〇八水田八八）とか習慣の圧制（M⑱二七二、関口正司訳『自由論』岩波文庫、二〇二〇年、一五八頁）を除けばではありますが。アルバート・クレイグも指摘しておりますように、ミッシェルやバトラーなどの教科書の類、あるいはエラスムス・ペシャイン・スミスなどの書簡によって啓発されたものと思われますが、[15]「文明」や「野蛮」に比する「半開」の段階を論じたものです。福澤は文明の進歩を固く信じており、匿名英訳ギゾー文明史の脚註者ヘンリーも著していますように進歩の段階として文明を相対的に把握しております。即ち「文明は正しく相対的用語である。それは野蛮から区別された人類の特定の状態をいう」(Civilization is properly a relative term. It refers to a certain state of mankind as distinguished from barbarism.) と。「相対的」という訳語は誤解を生む可能性がありますので、文明の度合いに於ける「比較上の」とした方が良いかもしれません。福澤の訳によれば「文明開化の字も亦相対したるものなり」(④一六)、あるいは「文明は相対したる語」(④三八) であります。従って文明は最も一般的な見方からすれば、未開ないし野蛮な生活に於ける孤立ないし孤独と無法な状態に代わって社会秩序の確立によって齎される「人間の進歩の状態」(an improved condition of man) ということになります。ヘンリーによれば、文明とは様々な段階があり得、持続的な進歩を伴い、物理的状態が良好であり、優れた知性と徳性の文化とが共に進みながら人類が「人間性の理想」(the idea of humanity) の実現に向けての絶えざる人類の進歩の歴史というのです。[16] 福澤の援用によれば、「文明とは人の安楽と品位との進歩」を意味し、それは「文明とは結局、人の智徳の進歩と云て可なり」(④四一) ということになるでありましょう。ギゾーと共に福澤の文明史観に影響を与えましたバックルもまた文明という観念 (the very idea of civilization) の本質 (essential) は智徳の二重の動向 (double movement, moral and intellectual) と言っております。[17] 智徳の動きは退歩もありますが文脈的に進歩でありましょう。

蛇足ですが、ヘンリーの言う「相対的」というのは所謂多文化論で論じられています相対的文明観ではありません。ミル文明論でも福澤がその手沢本にサイドラインを引いて着眼しておりますように、文明は度合いの問題、その意味で比較上の概念であると言っておりますが、同じことです。即ち文明は人間の進歩（human improvement）一般と、ある特定の種類の進歩（certain kinds of improvements）を意味するとしながらも、前者の文明概念を人間と社会に於ける最良の特徴に於けるより優れた、完全性への道に於けるより進んだ、より幸福にしてより高尚、それにより賢明な国が、より文明度が高いとし、また単にある種の進歩が見られ、未開人ないし野蛮人と区別された豊かさと人口を有している国民を文明と呼んでいる、という類のことを論じておりますが、これは文明段階論という意味で相対的、あるいは文明状態を対比的に論ずるという意味で相対的であると思います（M⑱一一九、山下重一訳『J・S・ミル初期著作集3』御茶の水書房、一九八〇年、一八二頁）。

福澤文明論のここでの「半開」というのは文明度が文明と野蛮の中間にある状態を指しております。これをミルの理論で分析してみますと、「文学」は狭義ではなく広義で、学問一般を指すと思いますが、学問は盛んであるけれども「実学」に従事する人間は少ない。「実学」はサイエンスを意味すると考えて間違いありません。猜疑嫉妬の心深しというのは、先ほども触れましたミル代議政論に描かれている、東洋人は全人類の中で最も嫉妬心が深いという指摘と共通しております。あるいは『世界国尽』附録（明治二年）にも見られますように、「未開又は半開」の状態は「蛮野」に比較すれば遥かに上等で、農業も盛んで食物も多く、芸術も巧みの趣きがあり、都会も家屋を飾って、文字学問の道も随分盛んではある。しかし「嫉妬の心深くして他国の人を忌み嫌ひ、婦女子を軽蔑して弱き者を苦しむる風あり」として、中国・トルコ・ペルシャを具体例として挙げております。福澤がその序に代えるとした、慈母と学校教師の教育の重要性を唱えた、ニューヨーク在住の「ワルプランク」（Gulian Crommelin Verplanck）の説でないとしましても、文明段階論に於ける「半開」世界のそうした態様は広く欧米の知的世界には通用していたと思われます（②五八一、六六四—五）。福澤はこの時期、日本も中国と同様「半開」との認識を有していましたから、東洋人としての日本人について、ミルを読むにつけても納得したことでありましょう。しかし後に触れますように、西洋人の見た東洋人の性格描写に異を唱えている「覚書」がありますので（⑦六六一）、ミルの見解に留保を付けていることも念頭に置いておく必要があります。

「陰陽五行」から「実測窮理」へ

それから「事物の理」という何らかの原則を断定するとしましても、その原則が本当に真理なのか、との疑いを抱いて、その不審を質し検証する勇気がないと論じます。陰陽五行の論理で以て森羅万象を解釈し、そこに実事を見ることなき学問の性格を見て取って牽強付会の論理と見る福澤は、その認識を批判しておりますが（⑳二七〇）、福澤が学問上の先達と見る蘭学者が既にこの点について鋭いイデオロギー暴露を展開しておりますことは、福澤の蘭学者評価と相まって確認出来ます（⑥四二六—八、⑲七六九—七一）。ここはしかしながらヘンリー・トーマス・バックルが強調している文明の進歩には懐疑精神が必要であるとの論理とも共通しております。[18]懐疑精神がない以上、模倣の論理が通用するのでしょう、古いものを修めるのを知って、それを改めるのは知らないという訳です。

むろん江戸期に於いても例えば荻生徂徠の高弟と言われる太宰春台は、「凡学術ハ、自己(ジコ)ニ書ヲ読テ、心ヲ潜(ヒソメ)テ思惟スルニアラザレバ、其義ニ通達スルコトナシ」として、講義の類は席を立てば大半は忘れてしまう故、後にその書を看ても朦朧として理解出来ないところが多い。それは「心ニ疑惑ナクシテ、人ノ説ヲ聞ク」からである。学業は熟読静思すればどんな書物でも数回読んで精細に考えれば必ずその趣旨は会得出来るけれども、意味は極まりがない。従って「学業ノ進ムニ随テ必疑惑ヲ生ズ」。そうであるが故に「疑惑ハ自己ノ力ニテ解（トケ）カタケレバ」先知先覚の人に質問して明らかにすべきである、と論じております。[19] また経書ではなく自然界に真理を求める三浦梅園は「物をあやしみいぶかる心」が認識の慣習性を自覚させ、「おのが泥み」となった「所執の念」からの解放を促すと説いております。[20] そうして「実徴実測」、即ち実の証拠に実の計測、つまり実験を試みれば物事も「精密」になり明らかになるというのです。「書上の学問」（四書五経）に対する「事上の学問」の重要性の指摘です。[21] 蘭方医杉田玄白に言わせれば医学教育は「すべて実に就くを以て先とする」ので「実測窮理」と言っております。[22] 福澤が学んだ緒方洪庵の適塾もそうした学風があったと思います。これを「書を読（よむ）を窮理の第一」となし「凡書は古へ聖人の気質の偏なく人欲の累ひなくして天地と徳を合せ天下の義理にくらからぬ聖人一生の内行ひ玉ふ処言ひ玉ふ処をのせて今の世に伝ふるものなれば一物にして万里を兼そなへたるものは書也。」との朱子学者の論と比べてみてください。「陰陽の二気と木火土金水の五行との外なし。」と認識されていた時代との学問観の相違を既に見て取ることが出来ましょう。[23]「陰陽五行の惑溺をはらはざれば窮理の道に入るべからず。」（④三二）であります。福澤は蘭学者の後進生たることを自負しておりました（⑥二三八、⑲七七一）。

「習慣の圧制」と文明停滞論

ミルが自由論、あるいは代議政論でも強調しております'the despotism of custom'や'a permanent halt" 即ち「習慣の圧制」や「永遠の停止状態」の問題です（M⑱二七二関口一五八、M⑲三九六水田六四）。「古習の惑溺」とか「古習の圧制」とも福澤はあちこちで論じておりますが、規則は習慣以外に考えられないという訳であります。その点をついてミルは『自由論』で、アジアに歴史は存在しないとまで言っております（M⑱二七二関口一五九）。教育パパと福澤も記しておりますミルの父ジェームズ・ミル（⑪三〇〇）が著し、ホレイス・ヘイマン・ウィルソンが批判的註と続編を加えた増補版『英領インド史』（*The History of British India*, by James Mill, ESQ, Fifth Edition with Notes and Continuation, by Horace Hayman Wilson, M.A., F.R.S., Vol. I-IX, London: James Madden, 1858.）という、ジェームズ・M・バーンズが独断と偏見が生気を吹き込んでいると評しました分析的史論として有名な本が[24]福澤センターにございます。本当の意味での教育に大きな役割を果たしたとミル自身告白し、今までに書かれた唯一とまでは言えなくも最も教訓的な歴史の一つと判断しております史書です（M①二七―九、朱牟田夏雄訳『ミル自伝』岩波文庫、昭和三十五年、三〇―一頁）。これは小泉信吉と中上川彦次郎がロンドン滞在中、即ち明治七年から十年の間に福澤に郵送したものであることが表紙に貼ってある宛名書きの断片から確認出来ます。同様な宛名書きの断片が確認出来ますミル『功利主義』も同時期に郵送されたものと思われます。こちらは先に触れましたように十年には読了しておりますが、インド史は第一巻の途中まで目を通したことが書き込みから分かります。毛筆と違い鉛筆による書き込みですから、文字の特徴から「ああ、これは福澤だな」との確証は出来ません。しかしインドを福澤は「殷鑑遠からず」の例として、つまり日本もインドのように大英帝国を含む欧米諸列強の植民地になる可能性があるとの認識からインドに着眼しており（④一一〇〇）、その意味でその歴史を知ろうと思い、福澤自身が読み、書き込みをしたとしても不思議ではありません。そこには習慣と圧制との関係を見る上で極めて興味深い書き込みがあります。

「歴山王入寇ノ時ノ記録ト近世英人ノ見ル所ト不異ナト　非常ステーショナリーステートナラズヤ」とのノートです。即ちアレキサンダー大王がインドに攻め入った時の記録と、近世イギリス人が見た光景には違いがなく、まさに大変な停止状態が続いている、との父ミルの指摘の要約です。「近世英人」というのはモダン・イングリッシュを指しますが、原文は英国人ではなく近代欧州諸国民（the nations of modern Europe）です。英国人がインドにやってきて見たインドの状態、一六〇〇年に英国人が東インド会社を設立していますので遅くともその時代の状態と、それを遡ってアレキサンダー大王がインダス川、ヒュダスペス川を渡ってポール国王を捕えた紀元前三二六年の状態、ですからその間一九〇〇年ぐらいの期間、インドはほとんど変わっていないというのです。まさに歴史は止まっているという訳です。福澤は、父ミルのインド史の叙述を読むにつけても、尋常ならざる'the stationary state'「大変な停止状態」であると、驚きを以て書き込んでいるのです[25]。父ミルはそこでは'the stationary condition'を使用していますので、福澤は'state'を使用しての説明を以て、あるいはミル経済論で「ダラー・ハンター」論がある「富及び人口の停止状態」の章に於いて使用されている'the stationary state'を想起して書き込んだとも思われます。一言加えますとミルはそこでは停止状態は、富と人口との限定はありますが、それ自身は忌むべきことではないと論じております（M③七五二末永（四）一〇四）。また習慣は強者から弱者を守る最も有力な保護者であり、この目的に役立つ法律が存在しない所では弱者の唯一の保護者であるとも述べております。契約が支配する競争社会の出現を見る近代社会以前の話ではありますが（M②二四〇末永（二）九一—二）。話が逸れましたが父ミルは習慣に拘束され続けているインドという認識があったということです。文明の高みに立ったのは良いのだけれども、その習慣に従っているのみだ、というのです。

尤もジェームズ・ミル自身はボルテールなどの中国文明賛美論を批判して、恐らくアダム・スミス的中国文明論をも念頭に置いて、福澤自身は該当箇所に頁切のナイフを入れておりませんので読んでおりませんが、中国はインドと同じく文明どころか不誠実・偽善・裏切り・虚偽などの悪徳がまかり通っており、それは未開社会に見られる以上であって、己の事には極端に誇張し、なお臆病にして冷酷であって、自惚れ強く軽蔑心があり、身体も家屋も不潔であるとの認識を持ち、従属的国民も日本人も同様であると論じております[26]。中国はモンテスキューが述べる「不易な慣習の中国[27]」、あるいはヘーゲルの言う「持続の帝国」（「最古にして最新の原理」「永遠に同じものが再現」「常に変わることなき国家体制の精神」）ではありませんが[28]、中華文明の高見に立って、そうであるがために既存の状態が習慣と化して進歩の障害となって圧制化し、気付いた時には「半開」になり、植民地化の運命に遭遇する破目に陥ったという訳です。「二千余年の古法を二千余年の末世に持続し、年々歳々、人は変れども法は変らず、依然たる古聖人の国なり」（⑨二二三）と福澤が論断する所以であります。スミスについて見てみますとその『国富論』で、中国は長きに亘って最も肥沃な土地に恵まれ、最も耕作され、最も勤勉で、最も人口が多く、従って世界で最も豊かな国であったが、長いあいだ停滞的状態(long stationary) にあったようで、五百年以上も前に訪問したマルコ・ポーロはこの耕作・産業・人口の稠密について記述しており、それは現在の旅行者たちが描くところと同じ用語で綴られている、と著しております。衰退はしていないが停滞しているというのです。ただ生活資料が乏しいとしても最低限の生活は維持されてもいると判断しております[29]。

こうした中国停滞論はヒュームも含めたスコットランド啓蒙思想家たちが共有する見方であったようです。またヴィクトリア朝初期の文献ではそれは共通に見られる思想と言われております。自由貿易の利点を例証する論拠として挙げられるのです。中国人は投資に見合う利潤が少ないとの理由で改良の誘因が働かないので停止状態に陥ってしまい、当座必要な利潤を超えてまで資源を利用しようとしない、自由貿易も従ってしない、というのです。ミルについて言いますならば、それに加え「中国の停滞性」が悪夢となるのは習慣が外国との貿易のみならず思想までも排除することになり、思想と行動の総てを圧殺してしまうからと言っております[30]（M②一六七―七〇末永（一）三一七―二三、M⑱二七三関口一六一―三）。マックス・ヴェーバーの言う「永遠の昨日」の支配、即ち伝統的支配の問題です[31]。それは政治支配のみならず構造的に社会に見られるという訳であります。

福澤は早期に決まりきった仕事や慣習の奴隷とならないことを教えるのが教師の役割であると渡米時に得たであろう知見ないし文献に於いて認識していたと思われますから[32]、それが必ずしも東洋社会の特徴とのみ考えていた訳ではありません。惰性の支配は一般的に見られるものであったのでしょうが、「一度び比習俗の人心に徹したる以上は、其習俗以て天下を支配し又天下を圧制して如何なる有力者と雖ども之に抵抗するを得べからず。之を社会の圧制（Social oppression）と云ふ」（⑤五九四）であります。人心は萎縮して用心堅固を旨としますので「人の心身の自由」を犯して、その勢力の強大さは法律の比ではないとまで言っております（同上）。アジア諸国の中でインドや中国ばかりか、停滞を安定とはき違えていると指摘したアーネスト・サトウではありませんが、[33] 新儀停止・祖法墨守、万事権現様のお定め通りが、一面の日本でもありました。これがモンテスキューの言う生活様式が中国人を拘束しているのに比して「法律は日本では暴威を振るっている」という意味なのでありましょう。[34] 三谷太一郎先生が論じられておりますように、ウォルター・バジョットも東洋諸国民は有史以来、現在も同じ状態であると福澤も目を通した可能性のある『自然学と政治学』で論じております。[35]

「習慣の圧制」は、福澤も執拗に批判し是正しようとしますが、ミル自由論との関係で見ますと、その最初の翻訳者中村も頭注に「東洋諸国風俗規矩為最後断案」と記していますように着眼しております。「東洋諸国」(the whole East) は、「推並(オシナメ)テ風俗規矩ノ威権」が「十分ニ成就」しており、「自由トイヒ、修メ善クスルトイフヿヲ知ラズ」であって、「万事ニ付(ツキ)テ風俗規矩ヲ以テ最後ノ断案」(the final appeal) を成しているというのです。まさに福澤ではありませんが「古習の惑溺」(④三三) であり、「習慣既に成れば其力は向ふ所に敵なし。正を圧して邪と為し、理を掩ふて非と為すべし」(⑤五六八) という訳であります。「風俗規矩」に合えば「公正」(justice) にして「義理」(right) というのです。反対に「風俗規矩」に合わなければ「公正ナラズトイヒ、義理ニ悖(モト)ルトイフ」のです。従って「ソノ人民風俗規矩トダニイヘバ、敢テコレニ抗違スルヲ欲セズ、タヾ暴虐ノ君主、権勢ヲ逞ウスル時ニ人民コレニ抗逆スルヿ、稀ニ有ルノミ」ということになるのでありまして、ここに歴史(「史録」history) を持たないことになります (M⑱二七二、中村敬太郎訳『自由之理』木平謙一郎、第三巻、明治五年、二十六丁ゥ—二十七丁ォ、関口一五八—九)。慣習は「一個の宗教」と言えるのです（M⑱二八五註関口一九一）。

ただ福澤は憲法発布に当たって、徳川政権の時代を「一種絶倫の楽園」と皮肉とも言える称賛の言葉で性格付けておりますが、それは政治を行うには「単に先例を記憶して之を当日に施すのみにして、嘗て新工夫の要用あることなし」であり、まさに「当時の執政は政を為さずして政の行はるゝを見る者」であったのであり、「徳川の流儀の政風」は「昔年の習慣」を養って国民の性質を成し、「全国の安寧」はミルの言葉を使いまして「自動機」（by machinery-by automatons in human form M⑱二六三関口一三三）によって維持されているのも同然であると指摘します。藩主や重臣たちは「旧慣古物の監主」とまで言い切っております（「日本国会縁起」⑫二六）。ただ福澤はそれによって成った国民性を評価もしております。「我日本国の人民は順良の資質に富んで軽躁ならず、習慣成規に従て容易に之を超えず、能く忍耐して勇気に乏しからず、然かも開国以来無限の大変革に逢ふて、曾て狼狽したることなき者なれば、今度の国会固より未曾有の新事実なりと雖も、前に狼狽せずして後に狼狽する者あらんや……軽挙暴躁は日本固有の人心に背き輿論の忌む所」と（⑫四五）。これは封建の文字を外国語に翻訳する際に止むを得ず「フヒユーダル・システム（Feudal System）」の字を用いるがために、外国人が日本の封建制度と聞けば訳字に誘発されて往古のヨーロッパの封建思想で以て理解するので「誠に堪え難き次第」として「翻訳の文字の為に事実を誤ることなきやう、特に外国人の注意を乞ふものなり」（⑫二七）、と文化接触に伴う誤解の喚起を「習慣の圧制」は必ずしも圧政ならずと憲法発布に当たって敢えて議場紛乱軽挙暴走を見据えて記したのでありましょう。

実学（サイエンス）の支配の拡大化と技術（アート）の支配の狭小化

福澤の文明段階論は、スコットランド啓蒙思想の文明社会論の影響下にあった思想で、ラリー・シーデントップも触れておりますようにギゾーの文明史もその影響下にありますが[36]、文明状態が進歩することなく半開で停止してしまった場合では、学問は盛んであるとしても、習慣の圧制を生み、伝統に対する挑戦能力を失うというのです。「実学」に従事していれば、実に基づく法則が新たに発見され、そこに新たな術も生まれ、文明も進歩したであろうに、という訳です。「文明の進歩とは原則（ナチュラルロー）の支配する領分の日月に増加するを云ふなり。技術（アート）と実学（サイエンス）とは自ら異なりと雖も、昔時アートと認めたる者の中にも、原則の所在を発見して、其サイエンスに属す可きは勉めて之に編入することそ、今日文明の進歩と云ふ可きものなれ」（⑳二六七―八）と「文学会」という慶應義塾に於ける同好の士の集まりに、福澤が苦言を呈した論からもそれは理解出来ましょう。「文学」は英語で言う「リテラチュール」（literature）かもしれないが、これは誤謬を生む、中国風の「風月に唫じ詩文を弄する会ならんと思ふ者なしとも云ふ可らず」である。「是れ余の最も恐るゝ所なり」というのです（⑳二六七）。従いまして「文詩は社中の最拙なる者」であると断言します。況や「フヒジカルサイヤンスを勧めても尚振るわざるの折柄」に於いてをや、という訳です（⑰三六八）。但し福澤は「文学にも亦実と空と二様の別あり」としまして「拙者は実主義なり。即ち低より高きに登るの趣意にして、例へば英文学を学ぶとして、第一、英語を語ること自由自在にして、恰も日本語を語ると同様ならざる可からず。……次に、英字日本字も学ばざる可らず。英文日本文も研究可致事なり。……文学にても物理数学にても、立身の媒介たらざるものなし。……唯其文学を実にして、実用に適し、俗世界の需に応ずる」ことを説いておりますことも付言しておきます（⑱四八―九）。文学の「実」を究めての用立てを説いている訳であります。

「一身恰も真理原則の塊たらん」

福澤は明治二十三年三月一日発行『ゆにてりあん』誌第一号に、「余は素と日本士族の家に生れ、少小の教育は当時普通の古学流なりしが、今を去ること三十六、七年前、齢二十歳の頃、偶然の機会にて洋学に志し、之を悦ぶこと甚だし。就中洋学の根拠とするところ、都て数理を離れず、一切万事真理原則の基礎にあるを発見し、之を我古学流の漠然たるものに比して同日の論にあらざるを悟り、専心一意自から之を修め、又後進の子弟をも導き、今日に至る迄曾て志を変じたることなく、一身恰かも真理原則の塊たらんと欲する者」（⑳三六八）と述べ、「数理」に立脚する「真理原則」が洋学の基礎と認識し、それを旨としたと論じております。福澤の学問の基本が自然科学であることを論じているとも言っていい発言ですし、自伝に於ける「自然の原則」に重きを置いての「数と理」を根幹にしての教育主義は有名ですが（⑦一六七）、道徳論や芸術論は東西大同小異としながら「独り知学の一段に至て小同大異のみならず、殆ど我固有の地歩を以て企て及ぶ可らざる所のものあり」として日本の「文事」が中古に至る迄は「仏者」が司り、「実物の理」を究明するものではなかった、下って三百年に至って「儒流の盛隆」を見、「儒仏の道、両立する」が如くなったが、「唯僅に道理を論ずるの体裁を異にするのみ」で、「畢竟共に道徳の範囲を脱する能はず」であって「其物理に至ては陰陽五行空風地水火の空論に過ぎず」である。数百年来一歩も進んでいないという訳です。それに比して西洋諸国は「知学の拠る所は自然の原則にして、実物の形と実物の数と其動静の時間とを根本に定め、人類の五官たる耳目鼻口皮膚の働を以て之に応じ、両間の万相一として包羅せざるはなし、一として其形と数と時とを究めざるはなし」と論じ、取り分け一八〇〇年代の半ばに至って益々精密となって「人事の表面」に顕れて著しいものとして「蒸気電信の発明」と「郵便印刷の工夫」を挙げ、それらは「恰も人間世界を一変して乾坤を始造したるもの」と言うべしと断じ、さらに「医薬衛生殖産興業の事は無論、或いは政治経済論等稍や無形に属するものをも之を原則の中に束縛して、其結局を形と数と時とに帰着せしめんとする」は西洋の学問の最も盛んに行われているものであって、「近時文明の骨髄」とも言えるとも論じます。そして「専ら近時文明の主義を採り、日本の旧套を一掃して恰も学問の流行を始造し、公議輿論の方向を改めて文事の新世界を開かんとて、之を説き之を教へて既に多少の心身を労し今後労苦せんと欲するも、其志す所は単に西洋知学の一点に在るのみ」、と断言するまでに至っております(⑳二四六)。

福澤にありましては「敢て彼の道徳の片言を聞て之を信ずるに非ず、其美術の美を見て之に心酔するに非ず、新たに走るに非ず、奇を好むに非ず、唯自然の原則なるものに逢ふて熱心、国の為に之を利用せんと欲するのみ」という訳であります(同上)。国の為という功利的目的に則しての自然科学奨励策ではありますが、「学問」ではなく「知学」というサイエンスの東西の相違を知らしめんとする意気込みをそこに見ることが出来ましょう。

「サイエンス」と「アート」をめぐるミル、バックル、スペンサー

ミル論理学の註ではありませんが、「文学」ないし「文詩」は事物の科学的側面に対する詩的分野を表す意味でのアートということになります（M⑧九四三、佐々木憲介他訳『論理学体系4』京都大学学術出版会、二〇二〇年、三三三頁）。しかし福澤が展開するサイエンスに対するアートはミルの用法と同じくより古いが陳腐とは言えないアート概念も含んでいるように思います。問題は伝統的な「奇妙不可思議の形」をなし「規矩墨外の者」たるアートの流行が「文明の讐敵なる支那風」に陥ることであります。「支那学なる者は最初我国文明の元素」ではあったが「今は進歩（プログレス）の大害物」となり、それを除かなければ「真の実学思想（サイエンチヒックアイヂヤ）の発達す可き理」がないと福澤は断言するのです（⑳二六八）。

福澤が特にサイエンスとアートという区分を設けてのサイエンスの大切なことを論じているのは明治十四、五年頃から唱えられた儒教主義の復活という時代状況が背景にあります。その点に深入りするのは止めますが、福澤のここでのテーゼがバックルの「知識の進歩における女性の役割」というエッセイを読んでの論であることを指摘しておきたいと思います。両者のエッセイを比較するとよく分かります。ミルの義理の娘でミル父子の所蔵本を、ミル自身『女性の隷従』で貴重な数学上の発見に資する素養を持った当代唯一の女性と評価しているスコットランド出身の数学者M・F・サマビル（M㉑三一五大内一四三）を記念すべくその名を冠して設立されたオックスフォードのサマビル学寮、英国政治史上、最初の女性宰相であるマーガレット・サッチャーや福澤研究の欧米人の嚆矢ともいうべきカーメン・ブラッカーが学んだ女子学寮で現在は男女共学ですが、その学寮に一九〇五年に寄贈したヘレン・テイラーが、福澤も文明論に援用した文明史以外のバックルの論説などを編纂して

『ヘンリー・トーマス・バックルの雑録と遺作』（*Miscellaneous and Posthumous Works of Henry Thomas Buckle*, 1872.）と題して出版しました三巻本の第一巻に収録されております。実質的にはミルの編纂になるとの説もあるようですが、その本が慶應義塾図書館にあるというので、福澤研究センターの西澤直子氏を煩わして調べましたところ、付箋の貼付が結構ありました。そしてまさにこのエッセイの目次上の題名箇所にもそれがあり、該当箇所には頁を折った跡を確認することが出来るのです。[37]その蔵書印は「慶應義塾書館」とあって草創期の義塾図書館で使用されていたことを勘案しますと、バックルブームが当時塾内で起こっていましたことを考慮しましても、福澤が手にした書と判断してもおかしくはありません。

問題はサイエンスとアートを区別して、サイエンスの進歩に伴って、それまでアートと思っていた領域が狭くなるという命題です。「続テ分レハ続テ分ラヌモノガ出ル」と福澤も着眼し書き込んでいるハーバート・スペンサーの『第一諸原理』第二版[38]に於ける科学論と共通するものがそこにはあるように思います。科学が発展すれば、可知界が増えると共に不可知界が確定されるというのです。バックルとスペンサーは当初お互い気が合わなかったようですが、ミルとバックルは対面することはなかったようですけれども交際はありました。何よりも先に少し触れましたようにバックルはミルの『自由論』の書評論文を著しており（'Mill on Liberty' in *Fraser's Magazine*, 1859）、ミルはミルでバックル文明史をその『論理学体系』第六編第十一章で「歴史の科学に付いての追加的解説」と題して、その第五版に加えて取り上げていることからも分かります。オーギュスト・コントを介するにしろ、ミルはバックルの最も密接な知的隣人にして最も鋭い批判者でありましたが、ミルはバックルの先生、バックルはミルの学生とまで言われております。[39] 福澤はミル論理学に、さらにバックル自由論評のいずれにも触れた可能性があります。またスペンサーともミルは交際があり、バックルと同様、相互批判を行ったりしておりますが、バックルはスペンサーから何も学んでいないとも言われております。何よりも一八五八年に刊行しました文明史にコント『実証哲学講義』やミル『政治経済学原理』を参考文献に入れておりますが、スペンサーの文献をそこに見出すことは出来ません。しかし文明史第一巻刊行後、チェスのトーナメント形式によるチャンピオンシップが行われたロンドンのストランド街にあるシンプソンの会場でバックルはスペンサーと挨拶を交わしたようであります。バックルはチェスの名人でもありましたし、その時も五回勝っております。[40] この遭遇もあったのでしょう、バックルはその第二巻を一八六一年に刊行しますが、そこには力作にして驚くべき文献としてスペンサー『第一諸原理』を挙げております。[41]

話は逸れましたが、福澤がここでバックルを援用して論じているサイエンスに対するアートは確かに詩文や絵画などを意味する所謂芸術が第一義的にはあったでしょうが、ミルの用法と同じくより古い使用例も含みます。サイエンスによって克服されるべき領域とも言うべきアートです。生活体験や経験知による技術という意味で仮にEアートとしておきます。それに比して、美意識に訴えるところの大きい現在的用法の芸術を意味するアートをAアートとし、サイエンスを踏まえた技術をPアートとして区別して考えてみましょう。さらに所謂教養を意味するリベラル・アーツをLアートとしておきます。付言しますと「芸術」なる語は、中村正直が『西国立志編』と題してスマイルズの『自助論』を出版しますが、興味深いことに、'science' を「芸術」と訳している事例があります、総てとは言いませんが。「芸術」に「サイエンス」とルビこそ付してはいませんが、原文と対比してみると分かるのです。[42] これは佐久間象山の言う「東洋道徳西洋芸術」(「省諐録」)の「芸術」を想起すれば誤訳ではないことが理解出来、納得できます。[43]「工芸」とも邦訳しておりますが、具体例がボイルの法則のボイルであれば、なおさら「窮理」ないし「学問」よりも「芸術」の方が適訳であったのでしょう。

それではミルはサイエンスとアートをどのように把握し、福澤はミルに見られる両者の関係を自説に導入しているとすれば、具体的にどのように展開しているのでしょうか。ミルは論理学で、サイエンスというのは諸々の事実(facts)を探求するものであって、つまるところ諸々の真理の集成(a collection of *truths*)であると論じております。現象とか法則を知ることであると。ですからこれは「であること」であると。それに対してアートというのは、それを踏まえた諸々の行動指針(precepts)であると。これから先どうするのかということを考え実践するのはアートの問題であると。ですから行為の為の諸規則または諸々の指示の体系(a body of *rules*, or directions for conduct)と言うのです。これは従いまして「生活の技術」(the Art of Life)とも関連します。Pアートで「することと」です。「であること」と「すること」は別の文脈で丸山眞男『日本の思想』に登場しますが、そしてミル自身も『女性の隷従』に於いて近代と古代中世との相違は、第一に一定の身分を持たない、第二に身分に拘束されない、第三に自由に自らの能力を用いて目前の好機を捉えて最も望ましいと思う運命を試すことである、としまして近代に於ける道徳的政治的動向の原則は「であること」よりも「すること」が尊敬を得ることであり(not what men are, but what they do.)、権力と権威との正当な資格は「である」生まれ（birth）ではなく「する」功績（merit）であると論じています（M㉑二七二―四、三三五大内六〇、一六二）[44]。丸山眞男は明治四年に福澤が子息に与えた「ひゞのをしへ」を、そのことを論証する史料に挙げておりますが[45]、福澤自身はミルを読むまでもなく士農工商から四民平等を経て、自ら牽引して「文明の政治」の一環として「自主任意」即ち職業選択の自由を自由としておりますので（①二九〇）、革命情況に遭遇し、まさに一身にして二生を体験していますので、ミルの論理は理論的に自らの考えを補完するものであったかもしれません、意を強くしたことは間違いありませんが。ミルはここでは科学論を挙げている訳です。ミルの論理から言うと「であること」は科学、サイエンスの対象領域、「すること」は技術、アートのそれということになります。もちろんこれはミル自身がモラル・サイエンスのロジックというものについて『論理学体系』第六冊第十二章に於いて、あるいは政治経済学に於けるサイエンスとアートの違いについて『経済学試論集』の第五試論に於いて、それぞれ論じております（M⑧九四九佐々木三四一―二、M④三一二末永茂喜訳『経済学試論集』岩波文庫、昭和十一年、一六〇頁）[46]。恐らく福澤は、この二つの書の該当箇所を読んでいると思います。

科学としての政治学――「専任の学者」と「実業の学者」

と申しますのは福澤の論説にその影響が見られるからであります。これは政治学を専攻しているからという訳ではありませんが、明治十六（一八八三）年十一月八日付の『時事新報』に掲載された「学者と政治家との区分」という小論を見ますと、福澤はそこで、社会で活躍している人物には天賦の知愚があり、その能力に於いても長短があるけれども、才智を尽くしてその長所に任せて認識を究めるものを「学者」と言うが、それには二種類あると論じております。一つは「専ら先人の所論を研究して尚未発の事を発明し、以て学問界の材料を増加して、以て後進に教ゆ」る「専任の学者」です。あと一つは「先人の書を読み今人の教を受け、其学び得たる所のものを社会の実際に施す」ところの「実業の学者」であります。両者には役割分担があります。「専任の学者」は例えば医書を読み、医事を研究し、未だ発見されていない医学上の真理を探究して論文を著し、人の教える「学医の事」に従事する医学者ですが、必ずしも病床に臨んで治病の術を本務としません。これに比して開業医は医学を学び、直にそれを実際に施して世の病人を治す「実業の医師」であります。同様なことは化学や機械学についても言えると福澤は述べます。即ち一つは学問の地位を次第に高尚緻密に進めることを主とし、あと一つは目下到達している学問の成果を実地に施行して直に民利国益を増すことを司ることを主とするものであります。いずれも「学者の事」であって「学問の分業」と言えます。「政治家は病に当て治療に力を用ひ、学者は平生の摂生法を授る者の如し」（⑤三六九）であります。

この理論と実践との区別は通常に見られる説で、特に目新しい見方ではないと福澤は論を進めますが、不思議なことに独り政治に関してはそのように理解する人がいないと言うのです。政治も学問である。政治学は、ミルの言うように個人の精神の性質に関する、従って社会に在って作用しているすべての科学を前提とする（M④三二〇末永一七五）。従いまして横断的専門知識を要する学問であるけれども、「専任の学者」と「実業の学者」に区分する、ないしされるべきである。何故、政治学のみが二様に分かれずして、両者が混同しているかと言えば、言葉を変えて言えば科学としての政治学が確立していないからである。それを妨げているのは、別に強靭な政治学があるからである。言うまでもなく儒学、というよりは儒教主義（「政論と徳論の親和、これを儒教主義と名く」（⑨二六九））である、と福澤は指摘します（⑨二四八―五二）。儒教主義の復活渦中に於いて、それへの批判が福澤にはあるのです。

ミルにしても科学としての政治学の確立は困難でありました。オーギュスト・コントが神学的政治学、形而上学的政治学、実証的政治学と科学としての政治学への進展に触れつつその構築に腐心しておりましたが[47]、その影響もあるかと思いますが、ミルは論理学第六巻で社会科学についての一般的考察を行っています。そこでミルは学問の一分野としての政治学が、ベーコンが論評しているように、サイエンスの育成が実務家に委ねられ思索的探求の一分野として探求されることなく日常の緊急の観点からのみ探求されるならば、それはサイエンスの自然状態である。医学や生理学あるいは博物学が学問の一分野として確立されるまではそうであったが、政治学は最近まで、あるいは依然としてそうであるというのです（M⑧八七五―七七佐々木二二九―三二）。サイエンスの自然状態という表現ではありますが、Eアートとしての政治学と言って良いのではないかと思います。そうして儒教主義が声高に叫ばれるようになっているのを前に、孔子や孟子が実際の政治に応える実践家であったとの認識を一面福澤が持っていたことを考慮しますならば、福澤も実践、即ちアートとしての儒教政治学を強調する訳であります。儒学は修身斉家の倫理学三分、治国平天下の政治学七分という訳です（⑨二六八）。「儒学は政治学なり、儒者は政談家なりと明言するも、大して不可なかる可し。」（⑳二六九）であります[48]。

そこで福澤は科学としての政治学の確立の為にも、「専任の学者」の手になるサイエンスに立脚する意味で理論政治学の必要性を強く説く訳であります。それはミルに言わせれば、「理論」（theory）であり'speculative politics'です（M④三二〇、三二四末永一七四、一八一）。思索的政治学とも思弁的政治学とも訳されますが、ここは『斎藤英和』に従い、実行的に対する理論上の、という意味で、またミル自身も認めていますように、「理論」の方が分かりやすいので理論政治学と訳しておきます。福澤にあっては、その担い手が「専任の学者」であって、建築で言う「実業の学者」である「家屋を建築する者」に対する「図を製する者」であり、医学上で言えば「開業医」に対する「学医」、または「診察医」であるというのです。「化学者」とか「機械学者」も「実業の学者」である「製造家」に比すれば「専任の学者」という具合です（⑨二五〇—二）。

ところでミルは試論集第五で、サイエンスの名に値する政治学を「思弁的政治学」（*speculative politics*）または「政治の科学」（the *science* of politics）と論じております。先ほども言いましたように、これは理論政治学と言える訳で「専任の学者」の領域です。そしてそれに基づいて現場に応用するのがアートの問題としての実践政治学、'practical politics'別の言葉で言えば「統治の技術」（the art of government）の担い手である、まさに「実業の学者」としての「政治家」です（M④三二〇—一末永一七四—五）。福澤は政治の診察医にして開業医に非ずと自らを位置付けていますが（⑦二四四、二四八）、そうした自覚を持っている以上、福澤は「理論政治学」の担い手として『時事新報』の論説やその他の作品を著しているのであり、「専任の学者」としての自負があったと言えると思います。実に「学問の本色」は「社会の現事」に拘泥されることなく「目的を永遠の利害」に期して

「傍観者の品格」で以て「実業家を警しむるの大効を奏する」という訳であります。「政治は実際の衝に当って大切なり、学問は永遠の大計を期して大切なり。政事は目下の安寧を保護して学者の業を安からしめ、学問は人を教育して政事家をも陶冶し出す、双方とも毫も軽重あることなしの裁判にて双方に不平なかる可し。」との主張ともなりましょう（⑤三七三、三八三）。同時期の明治十六年に刊行しました『学問之独立』の一節であります。福澤は明確にサイエンスとアートを区別して、理論政治学と実践政治学を区別して、自分の役割分担を自覚的に持っていたのです。福澤はミルを読むことによっても、その確信を高めたのではないでしょうか。

と言いますのはもともと福澤は文明論で、「都て事物を論ずるには先づ其事物の名と性質とを詳らかにし」即ちサイエンスと、「然る後に之を処分するの術を得べし」即ちアートの二分法を論じており（④一九二）、また『分権論』を著すに当たっての「題言」で、文談と政談とが雑駁して「万世の理論」と「今日の権論」を同時に発しているので、分権集権についての条理を立てて著書の体裁を成したものとしておりますが（④二三三）、ここにも「万世の理論」が原理論ではありますがサイエンスを、「今日の権論」はそれに比すべき現実に即した便法とも言うべきアートの問題を指していると解釈出来ましょう。晩年に著した『福翁百話』では、「文明の実学誠に実なりと云ふも唯事物の真理原則を明らかにして其の応用の法を説くのみ」とサイエンスとアートの問題を取り上げ、卑近な譬えとして囲碁将棋に於ける定石、槍や剣術に於ける型を先ずは学ぶことが「芸道の本義」を知る事であり、それを踏まえた上で実践応用しなさいと説いております（⑥二五九）。「学術」に於ける「学」と「術」、あるいは「学芸」に於ける「学」と「芸」と言えば簡単なようですが、それがそうでなかった現実があったことに福澤の執拗なまでの学術論ないし学芸論となって現れているのではないでしょうか。

むろん文明論以前にも福澤はその点について指摘しております。「学と術とは自から分別有之事」(⑰三八)と。既存の漢学は「学術」の未分化が見られるのに対して「西洋学」はその分化が見られ、それを踏まえての「文学」、則ち「学問」という訳であります。福澤が『修身論』と訳したウェイランドの『道徳科学の基礎』(Wayland, *The Elements of Moral Science*, 1835.)も「理論倫理学」(theoretical ethics)と「実践倫理学」(practical ethics)との二部構成になっておりますので、早い段階から福澤は理論と実践との区分を認識していたと思います。この点については、『修身論』縮刷版には両者の区別を第一部と第二部に分けているのみですが、英国版には記されております。福澤が『学問のすゝめ』で使用しましたのは、その評として反論した自説擁護論の頁数(①四〇)から判断しますと、縮刷版でも英国版でもなく、あるいは草稿段階「一身の自由を論ず」(⑲二二〇)で参照したと思われる一八三七年刊の古書である第七版の可能性が高いのですが、一八六九年刊行のアメリカ版の改訂版も加味していると思われます。但し慶應義塾での講義では中高等教育用の教科書として質問欄を設けている縮刷版の可能性もあります。それは一八七一年版の縮刷版が慶應義塾の印があることから分かります。この点は余談ですが、実践と理論との倫理に於ける区分は儒教と比較しまして福澤には新鮮に映ったでありましょう。

福澤が明治十六(一八八三)年に著した「慶應義塾紀事」にある「本塾の主義は和漢の古学流に反し、仮令ひ文を談ずるにも世事を語るにも西洋の実学(サイヤンス)を根拠とするものなれば」(⑲四一五)も、

「和漢古学の主義は素より取る所なしと雖も、今日の文学を勧めんとして漢字を知らずして用を便ずるに足らず」として「読漢書」の科目を設けるとしながらも、「西洋近時の文明学を旨とする」（⑲四一四）と謳う背景には、未分化の文学＝学問世界があったことを意味すると思われます。

学者奴雁論（福澤）

福澤は常日頃学者の役割について述べておりますが、ここでは「語に云く、学者は国の奴雁なりと」を考えてみます。福澤は別のところでは「学者は社会の雁奴」と「雁奴」を使用しており（⑳二四四）、自身「本来我輩は社会の雁奴を以て自から任ずる者」（⑧一一二）と自らの位置付けについて「奴雁」ではなく「雁奴」を使用しておりますので、「雁奴」の方が正しいと言われますが、[49]「奴雁」と書いて「ガンド」と読んでいるかもしれません、当時の用法としてあり得ることです。「刪正」を「正刪」と記しながら「サンセイ」と読んでいたかもしれません（④六）。「奴雁とは群雁野に在りて餌を啄むとき、其の内に必ず一羽は首を揚げて四方の様子を窺ひ、不意の難に番をする者あり、之を奴雁と云ふ。学者も亦斯くの如し。天下の人、夢中になりて、時勢と共に変遷する其中に、独り前後を顧み、今世の有様に注意して、以て後日の得失を論ずるものなり。故に学者の議論は現在其の時に当たりては功用少なく、多くは後日の利害に関るものなり」（⑲五一三）、と学者の役割というものを非常時に群に注意を提起させる奴雁になぞらえております。学者たるもの「しばしは小生が云うように奴雁たれ」という訳です。この場合はサイエンスに力点があってアートの問題は登場していないかもしれませんが。この点、バックルとミルとのやり取り、あるいはギゾーの学者論を見ると興味深いものがあります。

バックル問題（一）——統計学

福澤は文明論で人心の働きを統計的手法によって調査をすれば、そこには一定の規則があるということを、バックル文明史を読んで驚嘆しております（④五四—六）。この統計的手法は、政治経済学（Political economy）が一個の科学にまでその地位を高め、社会紛争の最大の源と言うべき富の不平等な分配の原因を明らかにしたこと、それに自然地理学の発達も伴うのですが、統計学（Statistics）の倦むことなき研鑽を挙げております。これによって人類の物質的利益のみならず、その道徳的特性について極めて広範囲に亘る情報を得ることになり、最も文明化した国民に於いては、死亡率、婚姻率、出生率、雇用の有様、賃金の変動、さらには生活必需品の価格変動なども解明され、一国民の解剖とも言える状況を生んでいるという訳であります。バックルは歴史を科学として扱うとの自負の念に満ちておりましたので、当時著名な科学者であったベルギーのアドロフ・ケトレの統計学を援用いたします。福澤が文明論でバックル文明史から引用しております自殺者数の統計に基づく法則性は（④五五—六）、バックルがケトレの統計学を参照したもので、その意味ではバックルを介してのケトレの説の紹介ということになります。[50] ミルはしかしバックル史観に貫通していると見る個性論の不充分さ、即ち個人の重要性を軽視し「時代精神」や「一般原因」を賞揚し、「因果関係」と「運命論」との混同を批判します。その『論理学体系』第五版を出すに当たって、ケトレの統計学に見られる、殺人者の比率や郵便物の宛名忘れの比率なども例に挙げつつバックル歴史論を取り上げて既に触れましたが「歴史の科学についての追加的説明」として一章を設けて、その点を衝いております[51]（M⑧九三一―四二佐々木三一一―三二）。この章はバックル文明史の書評でもありましょう。繰り返しますがバックル自身はミリアンと呼ばれることもあり、またミル自由論の書評論文も著し、ミルはミルで若くして亡くなったバックルの遺稿を編輯し、連れ子であるヘレン・テイラーの名で出版することになりますが。

福澤のケトレ統計学への着眼箇所は不審紙貼付などバックル文明史手沢本を見ても分かりますが、犯罪の分量、それら相互の割合、はたまた年齢や性別、さらには教育が犯罪に及ぼす影響などにも精通することになった、とバックルは論じております[52]。ケトレはベルギーの天文学者にして気象学者でもあったのですが[53]、バックルは異なった地域や国々の統計を回収して一定の法則の下に置くため、その生涯を費やしたと紹介して、犯罪についての総ての事象に於いて同数の犯罪が絶えず繰り返されるという状況は規則正しく、一般に人間の知識で以てしても予想し難いと思われるような犯罪に於いてすらそうである。偶発的な喧嘩口論による犯罪も例外ではないと著しております[54]。犯罪者数と自殺者数、婚姻数と穀物価格の関係は福澤もバックルに着眼して文明論で援用しているところですが（④五五―七）、統計学は比較と総括と共に歴史の科学化ないし科学としての歴史学に必要な学問であり、事実羅列主義に陥っている既存の歴史家をバックルは批判しているのです。「統計全体の思想なき人は共に文明の事を語るに足らず」（⑥三四八）であります。政治に於いても然りであります（⑳二七〇―一）。こうした統計の着眼と共に、福澤の学問論に、延いては認識論に影響を与えているのはその遠因・近因論、さらには歴史に於ける自由意志説と必然関係説であります。次にその点について簡単に触れておきます。

緒方洪庵の近因・遠因論

福澤は緒方洪庵の適塾で学んだ医学用語を論を著わすのに利用します。文明論に見られる「十全健康」と「帯患健康」との文明の度合いの問題（④四二）と歴史に於ける近因と遠因の問題です。さらに種々の政治評論などで病理学の用語を利用して説明していることにそれを知ることが出来ますが、いわゆる社会有機体説とは関係ありません。前者は緒方の訳書『病学通論』(55)に見られる用語です。後者については福澤はバックルの言う'proximate cause'を「近因」と訳し、'remote cause'を「遠因」と訳しているのに緒方の邦訳書の名辞が使われております。『扶氏経験遺訓』に見られる名辞の借用です。福澤は、「抑も事物の働には必ず其原因なかる可からず。而してこの原因を近因と遠因との二様に区別して、近因は見易くして遠因は弁じ難し。近因の数は多くして遠因の数は少なし。近因は動もすれば混雑して人の耳目を惑はすことあれども、遠因は一度び之を探得れば確実にして動くことなし。故に原因を探るの要は近因より次第に遡りて遠因に及ぼすに在り。其遡ること愈遠ければ原因の数は愈減少し、一因を以て数様の働を説く可し」とのバックルを援用しつつ、沸騰、呼吸に於ける酸素と炭素との働きや物価の高下と婚姻の多寡の関係などの具体例を出して論じております（④五七―八）。

緒方洪庵の適塾では基礎的な医学を学ぶのに緒方が訳した先の『扶氏経験遺訓』も教材として取り上げられていたと思いますが、そこには七十箇所ほど遠因・近因なる用語が登場いたします。「原由、近因ハ素トヨリ呼吸ノ機関障碍ヲ受ルナリ、而其遠因直ニ肺中ニ在ル者アリ交感ニ由ル者アリ」の類で、近因と遠因とに病因を区分している用例をそこに確認出来ます。一般的に言いましても病を診察するに当たって日常的に使われていたと考えられますから、その用語に福澤も精通していたでありましょう。病人の病の原因は何かという問題ですが、医師は先ほどのたとえで申しますならば喘息の近因は呼吸の器官障害にあるが遠因は肺の交感に在り、という訳であります。(56) 福澤が適塾生活から病に於ける近因・遠因論をそのまま個人的な病のみならず社会や歴史に於ける出来事を認識する際に応用可能な分析概念となると考え、それを導入しているのです。その契機となりましたバックルの近因・遠因論を見てみましょう。

バックル問題（二）——近因と遠因

バックル文明史に於ける遠因・近因論はフランス革命の近因(57)との小見出しと、第二巻のスミスのスコットランド文明に於ける画期性の箇所にしか登場しておりませんが（但しバックル文明史第一巻の第二版第十二章のフランス革命論の頁冒頭にある'early causes'を何らかの手段で福澤が見ていましたならば、それをフランス革命の「遠因」と理解したでありましょう）(58)、しかも福澤のようにバックル文明史にはその概念説明は記されておりません。その点への疑問が提示されていたのでしょう、バックルのミル『自由論』への論評や、質問に答える形で認めている書簡に、バックルはより具体的な説明をしております。前者は福澤が文明論を著すに当たって目に触れた可能性はありますが、後者は確証出来ませんが出版年（一八八〇・明治十三年）からして、なかったのではないかと思います。しかし驚くべきことに、後にも触れますように、バックルの書簡に見られる説明が先の福澤文明論のバックル援用箇所に見られたそれに近似しているのです。

この近因・遠因論の二分法への疑問は、バックル文明史の婚姻についての例を出しての説明箇所に対するものとして登場します。結婚は多くの人にとっては直接的には個人の考え（personal consideration）によって決まる。個人的（the individual）にはそれは心の問題であって究極の原因である。しかし目に見えない全体の動き（the dynamics of mass）から見れば単なる近因（only the *proximate* cause）に過ぎない。結婚も科学的に見れば（scientifically）究極の遠因（the most *remote* cause）、あるいは最も重要な法則（the highest generalization）と関係する。つまり婚姻は食料品価格の物的法則に関係しているのである。食料品価格の法則が全体的に見れば結婚という事象を支配しているということである。他の多くの例のようにこれは究極の近因である実践（practice）と究極の遠因を扱う科学（science）との問題である。ロンドンのオックスフォードテラス五十九番地からバックルが一八五七年十月三日にハーサレイ卿に宛てた書簡の内容です[59]。福澤がバックル文明史を読み、婚姻者数と穀物価格との関係を文明論で論じて「世間唯有力なるは米の相場あるのみ」（④五七）と断言するのもバックルの近因・遠因論を学んだ上での、実践と学問の区別の論理を訴えていることがよく分かります。

「一般ノ深キ原因」の探求が「遠因」の探求ということになりますが、これを行うのが学者という訳です。総ての学問の目的は近因から遠因へと高めることにあり、「学問」（*science*）ではなく「生活の技術」（the *art* of life）についての「実践」（practice）は何が近因であるかを考えることであり、これが最も信頼に値するというのです。興味深いのは福澤が、この一八五七年に認めたバックル書簡を読むことなく文明論で先にも紹介しました「原因を探るの要は近因より次第に溯りて遠因に及ぼすに在り」（④五七）とバックルを援用している箇所で論じていることです。バックルはさらにミル自由論の書評論文に於いて、歴史を見ても大多数の人はシーザーとポンペイにこだわるが、それは遠因研究よりも近因研究を好むからであり、生活する上では実践的精神（practical minds）による生活上の技芸（the *art* of life）が必要であると見なされているからである。思索的精神（speculative minds）による科学＝学問とは異なりますが、学問は通常の見解とは距離を置いて普遍的に議論するということであります。文明国民に於ける二分法ではありますが、一種の分業論と見ることも出来ます[60]。

しかしながら真っ当な学者は近因・遠因の両者を結び付け、その関係の各々の重要性を割り当てようとするが、それは離れ業とも言え稀である、とバックルはその例外としてシェークスピアを挙げて、引き続き論じております。この議論はバックルの科学的歴史観の問題、即ち自然界の法則性の認識が増すにつれて「機会説」（the doctrine of Chance）が打ち破られ、代わって「必然関係説」（the Doctrine of Necessary Connexion）になり、「自由意志説」（the Doctrine of Free Will）と「宿命説」（the Doctrine of Predestination）となり、さらに宿命理論が「神学的仮説」（a theological hypothesis）を基礎とし、自由意志の理論が「形而上学的仮説」（a metaphysical hypothesis）にその根拠を置いているとのバックルの歴史哲学の問題にも波及します。先にも触れましたバックルは結局、歴史に於ける一切の人類の変遷、進歩ないし衰退、幸運ないし悲運は必ず二重作用の結果であるとして、心に及ぼす外界現象の作用と心が外界現象に及ぼす作用に帰しております。そうして哲学的歴史はかく構成されるとしまして、自然を制限する人間と人間を制限する自然を我々は持ち、総ての事象は両者の相互作用から生まれるというのです[61]。歴史に於ける科学の問題です。バーリンではありませんが歴史の必然性の問題でもあります[62]。これはしかし歴史に於ける人間の問題であり、学問と技芸の問題に通じます。ミルが『論理学体系』に於いて論じた自由と必然の問題やコント『実証哲学』に於いて考案したとされる逆の演繹法（the Inverse Deductive）、即ち観察がまずあってしかる後に演繹する手法とした歴史を恐らくはバックルなりに解釈してなった文明史を批評してミルが論理学に追加して取り上げたのでありましょう。なお先に触れましたように福澤が手にしたミル論理学は第八版の一八七二年版ですのでミルのバックル論が最初に掲載されました一八六二年刊行の第五版から十年経過しておりますし、その箇所の変更はありませんので、福澤はミルのバックル論を閲覧した可能性はあります（M⑦ xcviii-xcix、M⑧九一五—七佐々木二八八—九一、M⑧九三二—四二佐々木三一一—三二）。

スペンサー教課論に於ける近因・遠因論

ミル論理学に於けるバックル論を検討する前にミル、バックルと共に「泰西の学者にて近時我が国が最も崇尊する」スペンサー（『六合雑誌』第一巻、明治十四年[63]）の近因・遠因論に触れておきます。知識社会学の先駆者と評され、些か誤解を生みやすい書名であるにもかかわらずスペンサーの著作の中では最も読みやすく、またよく読まれ、アメリカに在っては社会学という学問に興味を抱かせた点に於いて空前にして絶後の刊行物で、アメリカ社会学の隆盛に決定的とも言える影響力を及ぼし、自然科学的手法を重んずる社会科学への期待を宣言して、社会学を神学者や形而上学者の批判から擁護し弁護するべく執筆されたものと意義付けられている『社会学研究』[64]、これを福澤は精読しているのです。スペンサーは超自然的神業とも言うべき独りの英雄が歴史を作るとのいわゆる英雄史観を批判し、むしろ様々な要因が織りなす社会が英雄を生み出すのが歴史であると論じます。未開人からアリストテレスは生まれず、未開人の宴からベートーヴェンは出ないのであります[65]。福澤の援用によれば「ニウトン」はアフリカの内地に誕生す可からず。蝦夷地から「アダムスミス」を生むこと能はず、であります（⑲五三一）。社会を構成する諸要因の研究が従って歴史を叙述するのに要請されるのですが、「近因」・「遠因」論の視点がスペンサーにも登場します。「事物ノ原因ハ遠キ所ニ求メザル可カラズ」であります。スペンサーはその理由として「蓋シ然ラサリシ𪜈ハ良策ト思ヒシモノモ必ス失策ナルヿアラン」と福澤も書き込んでおりますように、歴史に於ける科学的認識には遠因研究が必要であると理解しており、それを踏まえることなく近因による政策立案（political legislation）は必ず失政を齎すというのです[66]。スペンサーによれば近因を理解することはあっても遠因は無視されがちであり、近因による規準よりも遠因による究極的規準によって判断されるべきであるというのです。福澤が「軍記ノ如キ歴史モ不用ニ非ス　此モノアラズンバポリチカルノ事ハ固ヨリ明ニシ難シ　然リト雖𪜈事物ノ原因ハ遠キ所ニ求メザル可ラズ　若シ然ラサル𪜈ハ良策ト思ヒシモノモ必ス失策ナルヿアラン」と書き込む訳であります[67]［**図1**］。「近因」よりも「遠因」の認識が政策次元にあっても必要であることを訴えているスペンサーに同意していることを示しております。遠因「サイエンス」の近因「アート」に対する必要不可分性の指摘であります。

NATURE OF THE SOCIAL SCIENCE. 71

normal course of social evolution, and how will it be affected by this or that policy? It may turn out that legislative action of no kind can be taken that is not either in agreement with, or at variance with, the processes of national growth and development as naturally going on; and that its desirableness is to be judged by this ultimate standard rather than by proximate standards. Without claiming too much, we may at any rate expect that, if there does exist an order among those structural and functional changes which societies pass through, knowledge of that order can scarcely fail to affect our judgments as to what is progressive and what retrograde—what is desirable, what is practicable, what is Utopian.

To those who think such an inquiry worthy to be pursued, will be addressed the chapters that are to follow. There are sundry considerations important to be dwelt upon, before commencing Sociology. To a clear idea of the nature of the science have to be added clear ideas of the conditions to successful study of it. These will henceforth occupy us.

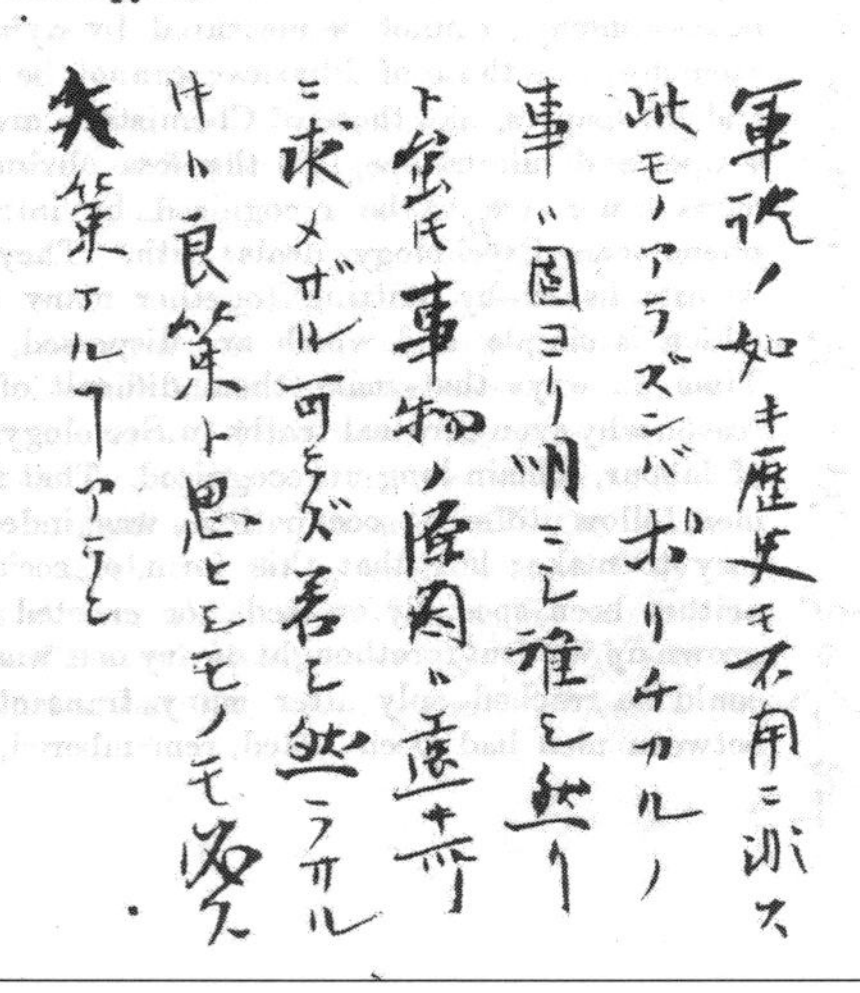

図１：Harbert Spencer, *The Study of Sociology*, 1874, p.71 の福澤諭吉の書き込み。慶應義塾福澤研究センター蔵。

近因・遠因論の応用

福澤が著しました『分権論』には「万世の理論」と「今日の理論」を交えた文談や政談を行った（④二三三）と先に触れましたが、治乱の原因を近因と遠因とに分けて神風連の乱や秋月の乱、さらには萩の乱など、西南戦争に至る士族の反乱に伴う危機とも言うべき国内治安の不安定化が続く明治九年の内乱の要因を分析いたします。そこで福澤はバックルも評価しましたスペンサーの『第一諸原理』を参照しながら「力の変形又は力の不滅」を念頭に置きつつ論じるのですが（④二三五―六）、維新以来、士族は改進者流と守旧者流と相反する勢力に分かれ、「治」は互いに不平を抱き「乱」は互いに武器を取っての「治乱」である。党派を分けての政談の議論は、人民一般の発言を活発にし眼力を鋭くして己と異なった挙動を推し量ることが出来、過度にして過強の権力を制する。そしてその折り合いを付けることは出来る。それは完全に評価出来る訳ではないけれども、その良き機会となるとは言えるはずだ。しかしお互いに相対して陰に不平を抱き、それを漏らす手段に容易く武器を取っては、国の為を想うも政党の為にもならず弊害のみを受ける、と断じます。不平士族の乱については種々見解はあるけれども、「苟も一国に政府を立て、、其政府の法に背く者あれば即ち賊なり。国賊は兵力を以て殲滅せざる可からず」として「固より政治の順道にして評論を要せざるものなり」とまで言い切ります。しかしながらそうであるけれども「良民」が「賊」に変ずる機は一瞬であり不平があったとしても外形に現れない限りは政府の目からすれば「良民」である。従って「賊」の文字はその時代に行われている法律に対する言葉であって学者としては賊となる所以の原因と、既に賊になって誅せられた結果と、将来この結果が齎す有様を考察しなければならない、と福澤は主張いたします。四十万の士族は「忠義武勇の一元気あるのみ」であって、神仏でも学問でも商工でもない。日本は義武によって国を立てたのであって義国武国の名称があることからも分かる。さらに西洋キリスト教の流儀によれば信心なきものは人非人のように論ずるが、日本では古来学者は神仏を信じないのみかそれを信じない者ほど高尚であると見なされており、これは西洋人の知る所ではない。

そこで福澤は新旧二流敵対の原因を士族の働きの変形した者と未だ変形しない者との接触に由来する激動であって、それを遠因というのです。そうして遠因のみで容易く事が起きるのではなく、それを起こす近因があると論じます。福澤はそれを九つ挙げております。第一は禄を失ったことから来る経済的困窮です。第二は士族の面目を失った精神的苦痛です。士族固有の特権がなくなり身の苦よりも大なる心の苦が増したことであります。第三は農商に携わることが出来ず官吏を志願しても既に定員過多で仕官出来ないことから来る不平の心であり、第四は己に責任を認めずして他人に責任を帰す中人以下の性情である。士族の品行は賤しからずと言うけれども学者の理論から言えば彼らは中以下の凡庸な性情の持ち主であり、他を羨むの念から解放されていない。門閥由緒を問う時代は過ぎ、才徳に相応しい地位を得る時代であるという訳であります。第五は情報伝達の時間的短縮から来る地域間格差の問題であり、第六は田舎の住民と都会の住民との質朴と華美の道徳的落差の問題である。第七は近因の中でも最も身近にして最も有力なものは地位を得ていない後ろ盾の民権家の間接教唆であり、第八は新聞に読まれる田舎の学者と新聞を読む東京の学者との情報の選択眼の濃淡であり、第九は維新以来の四民同権の政法上の改革と数百年来人心に浸潤している習慣との齟齬である。以上が士族内乱の近因という訳です。その遠因はしかし改進の元素と守旧の元素とが遭遇して相激するものであり、力の変形が成ったものと変形未だ成らざるものとの争いにあり、というのです。時事論には近因も遠因に優るとも劣らない位置付けを要するとの認識の下、遠因である新旧二派の対立抗争を如何に妥協させ調和させ文明への進展に、「権力の平均」に寄与させるか、それにはとりわけ守旧士族の働きを変形させるべく治権、すなわち地方政治へ参与させることではないか。さすればトクヴィルの言う「天稟の愛国心」に代わるに「推敲の愛国心」が齎され自治の精神のみならず「外国交際の調練」ともなるのではないか、これが「治権分布の慣習を養ふより外なし」（⑦六八三）への処方箋の提示であります[68]（④二九〇）。

さらに力の問題はスペンサー『第一諸原理』から着想を得たものでありますが[69]、その近因・遠因論は執筆時を鑑みれば福澤が明治八年から九年にかけて読みました『社会学研究』から来ていると思います。近因・遠因論を福澤はバックルと共に改めてスペンサーから学んでいるのです。バックルに言わせれば「近因」というものは、具体的にすぐに物事を行う、その意味で実務家が行う動因となるもので、アートに結び付き、「遠因」は学者が追求することで、究極的な原因の探求であり、これはサイエンスと言えるのでしたが、福澤はしかし遠因・近因論を時勢を分析する際の分析概念として使用してもおります。例えば小国が禍を被る場合は小国を助けるのは権衡という「権力の平均」（balance of power）に由来するとの説があるけれども、それは政治の利害に関する権衡であって近因ではあるが、実際は「同種の人類相憐れの情」に由来する「権力の平均説」で、これこそが遠因である、という類であります（⑤一八四）。国際紛争に当たって紛争解決の手段は遠因を見極めず政治的利害の解決のみを見たとしても近因であるので期待が裏切られるとの警鐘を鳴らしているのです。

また明治二十四年の民党が主張した軍艦製造費・製鋼所設立費など大幅な予算削減案が衆議院で可決されたために起こった国会難局について福澤は健筆を揮っておりますが、そこで福澤は人身の病になぞらえて、「我輩の診察する所にては議会の反対は発症の近因にして、之をして反対せしめたる遠因は数年の以前より醸して、全く慢性の中毒、即ち政府の不養生に由来すると断定せざるを得ず。」と診断致します。大隈重信・伊藤博文・井上馨は木戸孝允や大久保利通の素志である衆庶会議開設は維新の時の定論であって、維新の精神である。それを承けての国会開設であった。しかし明治十四年の政変以後は政府の方針が百事を引き締めて頑固の方に傾いてしまった。人文進歩の世の中に頑固論は永続出来ない。遠因はここにあるのでしょう。文明の精神を込めてなった善美なる憲法は国民の権利を重んじているので、青天白日に民意を陳べることが可能になったはずである。ところが多勢に無勢の議会は政府提出の議案は全会一致の反対論である。政府が解散を命じる所以である。国会病中急症の発作である。これは近因の結果と言えます。発症の原因は政府と議員のいずれに在るのかと言えば議員の非であるが、議員その人ではなく議会全体の論勢を人心運動の現象と見なして人心の定則から判断すれば原因在る所に結果があり、その応報を誤ることはない。「万病必ず其病因在るが如しとの道理を思案するときは、解散の遠因は、政府が国会の開設を約束してより以来九箇年のその間に、官民調和の注意を忘れて、正しく其反対の方針に向ふたる不養生に在りと云はざるを得ず」。そうして福澤は断じます、「政府は飲ましめたる者にして、国会は人心運動の定則に従て酔ふたる者なり、酔ふて狂したる者なり」と。専制の時代から立憲政体の世になったればこそ、明治二十三年以前の施政の非あると雖も現政府の信用如何を談ずるのを好まないが、立憲の精神に背くことがあるならば遠慮なく政府を論破すべきである。目前の解散は予算にまつわる近因であるが、遠因は維新の精神を追いやったことにあるというのです。このように福澤は政治の診断を下すに当たって近因と遠因を考えて処方箋を呈示しているのであります（⑥七三―八九）。

飛翔と眺望（ギゾー）

ところで福澤の歴史観に重要な影響を与えました後一人の有名な歴史家ギゾーの歴史論について触れておきたいと思います。歴史に於ける自由と必然の問題とも関わるからであります。ギゾーは繰返すまでもなくバックルと共に福澤文明論を著すに当たって無視出来ない歴史家であります。ミルもまたギゾー文明史の書評を書いております。ギゾーは文明の歴史には人間の知識や意志の制御とは無縁な運命付けられた部分と人間の自由と知性とによって担われる部分があり、後者は人間の判断と意志によるものとして自由かつ知的な技術者としての人間の役割と講じております[70]。特に二大哲学者、福澤は「二学者」と書き込んでいますが、ベーコンとデカルトの出現、その時代に於ける最大事件である宗教改革などの一般的事実としての因果関係の理解を求めるが、それには性急にして不完全な一般化を図るのではなく、福澤は「粗忽ノ害」と書き込みますが、事実の確かな研究こそが必要である。こうギゾーは述べております。こうして初めて己が翼を広げて高い所に飛び立ち、一切の出来事の情勢把握とその結果を眺望することが出来るというのです。これを読むとその歴史哲学に影響を与えたとも言われますヘーゲル『法哲学』序文、ギゾー講義の八年ほど前ですが、そこにあります「ミネルヴァの梟（ふくろう）は黄昏時に飛翔する」を思い出しますね。ヘーゲルはギゾーを尊敬しておりました[71]。確かにギゾーは具体的な鳥の名を出しておりませんが、梟は智恵の象徴として事実の確認作業を開始するのは夕暮れ時を良しとするのですが、ギゾーはそれがなって翼を広げて飛び立つという訳であります。そうして申す迄もなく先に触れました福澤の言う学者奴雁論と同じ学問の担い手の役割を想起させるのです（⑲五一三）。文明にとって認め難いが現実的原因として大人物たちの出現（the appreciate of great men）もギゾーは挙げているのです[72]。

ギゾーは人間精神の自由な飛躍と精神世界の専制的権力に抗する事件として宗教改革を位置付けておりますが、「真の知性の自由の原理」（the true principles of intellectual liberty）に気付くことなく終わりを遂げた。しかし近代社会の大きな事実の一つである「探求の自由」（freedom of inquiry）と「人間精神の自由」（the liberty of the human mind）を獲得した。そうしてそれこそが絶対君主政下での政治的自由を獲得するに至る契機となった、とギゾーはイングランドを例に説明し、その普遍性を講じます。「宗教ト政治ト共ニ同一ノ変革ヲ経タリト雖モ宗教ハ常ニ政治ニ先テ変革ヲ成ス」と福澤は書き込んでおります。学問や宗教の自由が精神の自由を齎し、それが延いては政治の変革、即ち政治的自由に通じるとの説であります。「既に精神の自由を得たり、また何ぞ身体の自由の束縛を受けん」（④一二一）であります[73]。

衆に秀でた人（ミル）　精神貴族（丸山）

話を奴雁論に戻します。ミルはどうなのか、ミルもエリート主義者と時に言われますが、彼は先にも触れましたようにバックル文明史をその一八六二年刊行の第五版の論理学第六巻の第十一章で取り上げております。ミルは歴史的事実が一定の法則に従っていることは統計学が証明しているとしたバックル文明史を挙げ、イギリスに於ける歴史叙述に革新を齎した史書として歴史における科学の問題を論じます。主たる関心は歴史に法則を見ようとしない「自由意志説」と法則を見ようとする「必然性学説」との問題です。ミル自身「自由と必然」という問題設定で一章を費やしておりますが、統計学上の事実から道徳的行為には一定不変の諸々の法則があるとのバックルの議論は驚嘆に値する。しかしミルはその説に理解を示しながら、「偉大な人物たち」(the greatest men)や「個性」(individuality)の役割も重視しております。福澤も繙いたと思われますミル文明論、さらには『自由論』にも符合いたします。無気力と卑屈がはびこっている文明社会に在っては、富への慾望に集中されるがために(ダラー・ハンターとはデモクラシーの下でのアメリカ社会を衝いたものでしたが、ここでは一般的な文明状態の問題として「金儲けの追求」(money-getting pursuits)をその特徴としております)、中産階級である富裕層の間には上流階級の遺産とも言える博愛への情熱や、積極的に美徳を愛する心は残っていても偶然的なものである。そうして優しく人情味のある人々は多いが、英雄的な人々は少なくなっている。英雄的(the heroic)ということは価値ある目的の為に何かをなし、あるいは何かを耐え忍ぼうとすることであり、取り分け苦痛で不快な事をしようとする積極的な性質の持ち主であります。福澤手沢本にはサイドラインがあります(M⑱一二九山下一九六—九)。『自由論』では「人間的卓越の型」があるとしまして、他人の権利と利益に課せられた限界の範囲内で個性的なものを開発喚起し、天才である人は思想と行動に於ける独創性を持ち、天才であるが故に他の如何なる人々よりもさらに個性的であると論じ、世論の圧制なり習慣の圧制に抗する天才を称えております（M⑱二六五―七五関口一四〇―六六）。

論理学に戻りますが、ミルはそこで「衆に秀でた人々は丘の上から射してくる光をただ見るばかりでなく、その丘に登って光を呼び起すのである。そしてもし誰もこの頂に登る人がいないならば、多くの場合、その光は決して平原に射し注ぐことはなかったかもしれない」（M⑦ xcviii、M⑧九三八佐々木三二二）と述べております。この比喩はミル自身のものではありません。日本でも少なからず読まれましたマコーレーという歴史家に対する応答として、ミルは取り上げたのです。マコーレーは、極論すれば、偉人が積極的な役割をしなくてもただ光を待てばニュートンは現れると言うのです。ミルはそうじゃない、やはり個性ある優れた人物が来ないと、光というものは平原に射し注ぐことはないというのです。ミルはバックルの個性論の欠如を批判していると言っても良いのですが、これはまたバックルのみならずスペンサーなど、英雄史観批判論との関係でも興味深い訳ですけれども、それは別の機会に譲るとしまして、ここで指摘しておきたいのは既に述べましたが『自由論』にも見られますように、ミルは優れた人間、優れた学者の存在を非常に肯定しているということです（M⑱二四二―三関口七八―九、M⑲三八二水田三二一―三）。これはジョン・アダムスに由来しトクヴィルによって有名になり、トクヴィルから学んだ「多数者の専制」という民主政が陥りやすいマイナス面に対して警鐘を与えていることとも関連します。[74] ミルは、「私は民主主義者であっても、社会主義者ではない」と言っていますから（M①二三九朱牟田二〇一）、民主主義者ではあったが、単なる民主主義者ではなかったということです。丸山眞男の言うラディカル（根底的）な精神的貴族主義とラディカルな民主主義とが内面的に結び付く必要性の別の表現とも言えるのではないかと思います。[75]福澤もミルも、そうして丸山もこの点、共通の問題意識があったと言えるのではないでしょうか。

サイエンスと古典

ところでサイエンス、サイエンスと、福澤は当初から強調している訳ですけれども、イギリスに於いてもこの時期は同様でありました。後にも触れますが伝統的なエリート教育は古典重視で、ギリシア語とラテン語を学び、ギリシアの哲学やローマの歴史を学べば、それで済むという考え方が主流で、日本で言えば中国古典、中でも経子史重視の教育論と似ております。サイエンスが重視されていなかったからこそ、その中高等教育に於ける必要性が声高に唱えられていた訳です。福澤はエリート教育に何故ギリシア語とラテン語が必修なのか疑問を持っていたのでしょう、ギボンの『ローマ帝国哀亡史』学生版の次のところに付紙を貼付しております。「勝利者ローマはギリシア文化の魅力（the charms）は認めながらもあくまでラテン語の威厳（the dignity of the Latin tongue）を守り抜いた。そして内政や軍政の執行（the administration of civil as well as military government）には頑なまでにラテン語の使用が続けられた。つまるところこれら二つの言語は、同時にそれぞれ別の支配権を全帝国に向かって発揮することになる。即ち学問の用語（the natural idiom of science）としてはラテン語にもギリシア語が、公務執行の法定語（the legal dialect of public transactions）としては当然が、それぞれ使われるようになった。事実どの属州に行っても高等普通教育（a liberal education）を受けたなどのローマ人ならば、ギリシア語も解せぬ、ラテン語も知らぬなどと言う人間は皆無といってよかった」[76]。公務員の養成がパブリック・スクールの前身であるグラマー・スクールの起源と言われること[77]を考えますと分かるというものです。エリート養成学校ないしエリートの再養成学校化していた当時のパブリック・スクールのカリキュラムを見ても、数学を除いて自然科学の科目はありません、ギリシア哲学に包含されていたかもしれませんが。「インドに住む英国人は間違ってもツキディデスを抱えずして旅に出てはいけない[78]」と言われる所以です。

三　功利論（ユーチリタリヤニズム）と正義

「人生の幸福」と「幸福の増進」

ところで福澤は先ほどの「学者と政治家との区分」の論説で、「学種の論は姑く擱き、爰に其学問の用は如何と尋るに、元来人類ありて然る後に起りたるものなれば、一切諸学、人生の幸福を進むる為の用なりと云て可なり」（⑨二四九）と論じております。ミルもまた論理学で「幸福の増進」（the promotion of happiness）がサイエンスを踏まえた目的論、即ちPアートの究極の原理であると論じております（M⑧九五一佐々木三四四―六）。そこでサイエンスとアートの関連を念頭に置きながら、倫理とか道徳の問題について福澤とミルとの関係をミルが究極の原理について特に議論をし、その擁護をしたと自負する *Utilitarianism* への福澤の書き込みを取り上げることによって論じたいと思います。時間の問題もありますからその一部ですが、功利の問題です。功利、即ち utility はベンサムの名と共に語られますが、その原理論とも言うべき「功利論（ユーチリタリヤニズム）」（⑨二七九）はミルの論稿によって初めて登場したと言われます。[79] 一八六一年十月から十二月にかけて『フレイザーズ・マガジン』に連載され、一八六三年、元号で申しますと文久三年に出版され、福澤はその第五版、一八七四年、即ち明治七年にミルの著作を出版しているロンドンのロングマン・グリーン・リーダー　アンド　ダイヤー刊行のそれを手にしております。既にミルの若き時代の友人であったカーライルが一八三八年に著わした仕立て直しの哲学に於いて、狂犬病の如く拡がりまだ間に合う今、知と命の水を与えなければ世界中の犬小屋の犬はその病に罹り狂ってしまう、と言ってのけた'Utilitarianism'即ち晩翠訳で今も通用しております「功利主義」です。[80] ミルが旧友に応えるべき課題でもあったのでありましょう。あるいは『自由論』で高尚な霊感を持つプラトンと共に挙げた分別ある功利主義の論を説いていると見るアリストテレス（M⑱二三五関口五九）に倣い、ベンサム功利説を修正擁護しようと思ったのかもしれません。その体系としての功利主義について、これほど短く扱い、これほどの拡がりの広さを持ったものはない、とまで言われております『功利論』[81] に描かれている功利主義をめぐる福澤とミルとの対話であります。

功利主義者は拝金宗の徒か

福澤が功利主義者であったことは、その内実はどうであれ、同時代人から広く指摘されておりました。例えば漢詩の才能は群を抜いて優れていたが、軍人としても行政官としても無能であったと飛鳥井雅道も論じております乃木希典、[82] この乃木の言葉に、伊藤正雄編『資料集成　明治人の観た福澤諭吉』（慶應義塾大学出版会、復刊、平成二十一年）には収録されていませんが、「福澤は拝金宗の人とのみ思ひしに、かゝる考（『帝室論』『尊王論』に見られる帝室像―引用者）も持ち居たるなり。これその一世に尊重せられたる所以なり。其の所論を見るに、往々いやなる比喩も無きにあらねど、全般に於いて論旨徹底逼らず激せず、綽々として余裕あり。説き起こし説き去る所、其の人格の程を想見すべし[83]」というのがあります。拝金宗福澤のイメージを持っていたが、比喩はともかく、実はそれに解消しつくされない人格を持ち合わせている、と乃木は福澤を高く評価しているのです。森鷗外が乃木自刃後に直ちに筆を執ったとされます「興津弥五右衛門の遺書」に於いて、「総て功利の念を以て物を視候はば、世の中に尊き物は無くなるべし[84]」と乃木の心情を察して記しておりますが、ここでは功利論者と結び付きやすい「拝金宗」というイメージが定着していた一つの例として挙げたのであります。

あと一つ例を挙げますと、これはミル功利論が直接登場しますが、「氏の『マンモニズム』たる、ミル氏の『ユーチリタリァニズム』（実利教）を盲読し、誤解し、之が先入主となりたるより、愈甚だしきを加へたるが如し」と。これは渡辺修次郎たる焉用（えんよう）氏が『学商福澤諭吉[85]』の中で述べているもので、別の所でも同じような言及があります[86]。いずれもミルの『ユーチリタリァニズム』を誤読し、拝金を誇張して唱えているというのです。快苦ないし幸福哲学としての功利論は登場することなく、押し並べて功利は拝金と結び付けて把握されておりますが、ミル功利論を誤読と判断するほどには焉用氏は読むことなく福澤を批判していることが、福澤のミルノートを読めば分かります。

丸山眞男の麻生義輝書評——結果本位的＝功利主義的思惟と「独立自尊」

それから注意すべき視点と言われます、丸山眞男の書評「麻生義輝『近世日本哲学史』を読む」にある「結果本位的＝功利主義的思惟はその「独立自尊」の真の内面化を妨げている。彼の『実学』の主張は東洋的プラグマティズムから決して表見程遠くはないのである」との一九四二年、昭和十七年の丸山の福澤評価です。[87] この丸山の「福澤諭吉の哲学」や「福澤に於ける実学の転回」論文と相反すると思える評価については、平石直昭氏の「これは筆が滑った」との丸山の言辞を紹介している論稿があったと思います。[88] 私もこの点を丸山先生に質問しましたところ、「それは哲学と実学の転回との福澤評価とは全く違う」とおっしゃっていました。確かに丸山は後に戦中と戦後の自らの福澤評価について「客観的に変わっているわけです」と語り、胴震いすればヨーロッパ的な物は落ちてしまう実に他愛のないものであるとの麻生義輝の見解を踏まえたものとして書いたものであり、功利主義もプラグマティズムも正直分かっていなかったと告白されております。[89] 但し私信ですが丸山のプラグマティズムを論ずるには三つのレベルを注意深く区別する必要がある、と学部時代の恩師である森永毅彦先生から御指摘を受けております（二〇一九年四月二十日付）。第一は麻生書評の東洋的プラグマティズム、第二に「福澤諭吉の哲学」で同定されている欧米のプラグマティズム、第三に『増補版　現代政治の思想と行動』第三部追記に於いて「私は哲学的なプラグマティストでは必ずしもない」と述べる際の「哲学的」プラグマティズム、これら三者の区別の問題です。第二の点についてはさらに同時期に執筆された「日本における自由意識の形成と特質」、その数年後に執筆された「福沢・岡倉・内村―西欧化と知識人―」に於ける「福澤において「世間」と自我の対抗はどこまでもプラグマティックな適応の問題であった」との指摘[90]との関連をしっかりと考慮しなければならなく、また内村が神の被縛性を有していたのに対して福澤にはそれが見られないこと、これ等の点を踏まえた上で丸山の基本的な考え方は終始一貫していたという見解です。東洋的プラグマティズムが何を意味し、それに対する西洋の近代的自律主義が何を意味しているのかによっては、その評価も違ってくると思われますが、真意は丸山が後者を思想史的文脈の適否は別にしましても福澤に読み込んでいる点に於いて変わりはないと思います。

儒者たちの「功利」

いずれにしましても「功利主義」と言わなくとも「功利」という名辞は、拾い読み的ではありますが、「後世の儒者は徒に道徳仁義を談じて、功利を言ふを緯み、富国強兵は、黜けて覇術となす」との宋学者を批判して、「功を立て利を興す」と古からの大成の君主を論じている藤田幽谷の言葉に見られますように、(91)意味内容を問わずして忌み嫌う用語としてのマイナスイメージが付きまとっておりました。実際、朱子は「孟子、義利の間に於いて弁し得て毫釐も差まず。義利の二字乃ち儒者の第一義なり。又曰く学者已に切なる工夫を做して差さずことを得んと要せば、先づ須らく義利の所在を弁ずべし。正義未だ嘗て利無しはなし。明道豈に必ずしも功無らんや。但し先つ功利を以て心と為さざるのみ(92)」と論じております。「君子は義に喩る、小人は利に喩る」(『論語』「里仁」)以来、理想的人間類型である「君子」に比すべく「小人」との関連で位置付けられてきましたその「小人」が好み趣く「利」を「功」する謂いの類であり、「利に放りて行えば、怨み多し」(同上)であります。(93)もちろんここで言う「小人」や「君子」は実態的というよりは機能的用法であります。宋儒を批判した徂徠も「君子とは、上に在るの人なり。下に在りといへども而も上に在るの徳あるも、亦た之を君子と謂ふ。小人とは、細民なり。上に在りといへども而も細民の心あるも、亦た之を小人と謂ふ」と論じております。しかも「財を理め、民をしてその生に安んぜしむ、是れ先王の道の義なり」であって、従って「義」は「利」に対するものと言わないまでも「民を安んずるの仁」に帰することがないのではないのはそれが故であり、「義」は士君子の努める所であり、「利」は民の努める所となるのです。そうであるが故に先の言があり「君子といへどもあに利を欲せざらん乎、小人と雖もあに義を悦ばざらん乎」となって、結局は努める所が異なるだけの話と徂徠は述べるのです。[94] また「子、罕に利を言ふ、命と與にし仁と與にす」（『論語』「子罕」）との徂徠の読みに従えば、孔子は単独に「利」を言うのではなく必ず「命」や「仁」との関連で言及しております。精神が騒々しい時は天命を知ることは出来ないし、知性が短慮であっては仁を知ることはできない。そうすれば君子の君子たる所以であります「命」と「仁」を捨て去ってただ「利」のみを見ることになる。禍を齎す所以であるという訳であります。[95] 仁斎には有名な義利論が登場します『孟子』の「梁の恵王」の冒頭にある「王、何ぞ必ずしも利を曰はん。亦仁義あるのみ」と、『大学』にある「国は利を以て利とせず、義を以て利と為すと謂ふ」、との二句を指して「按するに義利之弁は儒者之第一義也[96]」と断じるのですが、徂徠は利と為すを以て、戦国の術士が人を食らわすに利を以てするの言、に至ると指摘し、「妄なる哉」と批判します。そうして孟子の時代は百家が競って興り、「功利」を以て説を立てたのである。従って孟子が招かれてその言葉を述べ、管子や商君の流れを途絶せんがために、しこうして唐・虞三代の徳を明らかにした。そうであるからこそ「安富尊栄」という「利」を得るのである、という訳であります（『孟子』「尽心」）。聖人は達磨ではない。世を離れて物を絶ち山林に枯れ死にしてミミズの操を充たすに足るのでは、悲しいではないか。このように「利」を、史的文脈を一方的に無視した解釈として宋儒や仁斎を批判して徂徠は論ずるのです。[97] また宋儒を批判して君子と小人とでは、「其心　判然として霄壌なり」即ちその精神が明らかに天と地ほどの隔たりがある。「君子小人のみづから喩るところの者」との宋儒の解釈の非たることを示すのです。君子小人を自らが明らかにする宋儒解釈では「悪を悪むの心勝って、而うして先王孔子の仁断きたり」となって「あに悲しからずや」と言う訳です。「宋儒は心学を貴び、動もすれば諸を己に求め、義利の弁に於いて、毫を剖ち釐を剖って、務めて心術の微を探れり」ということになり徒に評論に努めることのみに陥ってしまったというのです[98]。尚、仁斎は『童子問』の中で、無学な人間は志や才能があったとしても、取るに足りない「功利」の間に在って、大道を為すことは出来ません、と答えておりますが、その際の「功利」とは実際の効果のみを目的とした功績や利益を指すといった否定的名辞であります[99]。

但し徂徠学を批判して「非徴」を著しました中井竹山は、「徂來の所謂先王は特に以て学者を恐嚇するの具として、その実は管商功利の術に墜在し、誠意正心明善誠身の訓を廃して徒らに経済を談ず、これ豈先王の教ならんや、これを名付て先王の標榜と云なり」（「再答斎藤高壽[100]」）と論じております。道徳よりも政治経済学を重んずる徂徠について竹山はこのように述べて「管商功利」を下位に置きます。そこには「功利」のより積極的な肯定の位置付けの念はありません。伊藤仁斎の学問についても「程朱を排すること甚しく、拘滞執拗のこと多く、覇術功利に帰し候病ござ候」（「上中納言菅公公建私議[101]」）と「覇術」と結び付けて否定的名辞として「功利」を使用して仁斎を批判しております。むろん、町人の町人による町人のための徳を懐く学び舎の当主としては「商人之利は、士之知行、農之作徳なり、皆義にて利にあらず候、只非分之高利を貪るを以て利欲とす」（『蒙養篇』）にあるように、商人の正当な営利活動は義とされており、そこに「利」の否定的イメージはありません[102]。

さらに切羽詰まって成就した学問があるとしても、それは「何の功効かあらん」としてそれを「所謂利の説」なりと批判して、「仁義の説」を獄中で説いた吉田松陰も否定的名辞として「功」と「利」を使用しております（「講孟余話」(103)）。

さて徂徠学の影響もあるのでしょう、海保青陵はより大胆に「功利」ではありませんが「興利」を説きます。青陵は何よりも歴史的視点を導入しまして孔孟の時代が乱世にして骨肉相争う時代であったからこそ「利」を疎んずるように説いたのであるが、軍（いくさ）の時代が去った今とでは大きく異なるとして、「今の儒者ひじをはりて、利をうとんずるがよい、孔子がさように仰せられた、民をやたらに愛するがよい、孟子がさように説かれたといふは、捧腹（ほうふく）にたへたこと也」と述べ、「利はすてべきものにあらず。民は愛しすぐべきものにあらず。治政に利をすてるは天理にあらず。民を愛しすぐるは天理にあらず。乱世には孟子の世の如き天理にかなふ也。今の世に、孔・孟のときの無道の世を準とすること、勿体なきことなり」として、宋代になって儒者が輩出し、皆文章上手で書をよく見てよく読む人々ではあったが、皆政事（まつりごと）は下手であった。従って弱体化した時代となり、たわいもないことで潰れそうになったのである。ただ王安石一人が政事の名人であったが、儒者組と流儀違いの改革で以て悪評を得るまでに仕立て上げられてしまった。儒者は死物を信じる流儀があるので「かたく孔・孟の言を準として、棄利愛民を宗旨としたるもの也」と断じ、その後はいよいよ「棄利愛民を儒者の宗旨と定むることになれり」という訳であります。利を棄てることが儒者の言う人物となり、そうであるが故に儒者は皆貧しく、貴人武人は利を棄てることであるとなって、利を棄てなければ悪人となってしまう。利に明るい人間は山師という悪名を受けることになった。また「古より興利の民をにくむこと」も奇怪の論と言う。民から年貢を取ることを思えば、興利より外にないではないか。それは町屋で言う金儲けである、とまで断言します（「稽古談」[104]）。

徂徠によれば「利害は我為によきとあしき也。俗語にはすさまじく甚しきことを利害といふ。争利、興利、趣利、専利、遂利、姦利など皆財なり。名利功利の利是なり。故に鈍に対する利あり、害に対する利あり、義に対する利あり、名に対する利あり」[105]であります。また徂徠門下の太宰春台も「人は必利を争ふ」存在とまで言っております[106]。海保青陵が「興利」を敢えて肯定的に論じた所以でもありましょう。しかしながら、総じて「功名と利得」（管子）を含意して「功利」と無縁ではないと思われます「富貴」ではありますが、本居宣長の言う「儒者の富貴を願はざる」でありましたでしょう[107]。

『左伝』で「利」を読み解く　「天下は一人の天下に非ず、天下は天下の天下なり」（『六韜』）

国家功利主義の国中国（ヴェーバー）

福澤が得意としていたと自負しております『左伝』を見ますと、そこには、礼と利との関係が散見され、礼に適った利は是認されている点、注意すべきでありましょう。徳・義は利の基本とされているのです（「僖公二十七年」）。「天、民を生じ、ために君を置く」というのは民に利あらしめんがためであり、よって文公も利があるというのです（「文公十三年」）。上の者が民の利をはかるのが忠という訳です（「桓公六年」）。政権の要は、名によって威信が生まれ、威信によって器が保持され、器によって礼が実施され、礼に由って義が行われ、義に由って利が生じ、利によって民が安定する、と言う論理です（「成公二年」）。『周易』にある元亨利貞についても「利」とは各人の義の総和であり、誰にでも利が行きわたるならば義の調和となるということであるというのです（「襄公九年」）。「義は利の本。利を重ねすぎると妖害が生じます。当分は利の積み重ねは控えられるように」（「昭公十年」）との警鐘もありますが、君子は行動に礼を思い、行為には義を思い、利の為には礼に背かず、義に照らして心に疚しいことのないようにとも論じております（「昭公三十一年」）。義に適った利は肯定され、礼に基づく利は推奨されているとも読めますが、丸山眞男の言う集団的功利主義のすすめとも読めます。[108] しかし民が安楽に過ごすことが為政者の基本である、ということで、これは普遍的に見られる為政者論でありましょう。[109] その意味では個人の利の問題が問題かもしれません。

尚「天下は一人の天下に非ず天下は天下の天下なり」は、治者の正統性を問う場合に、天下動乱期、戦国期や幕末期に唱えられたスローガンと物語的に言われますが、その出典である周の太公望の撰と伝えられております兵法書『六韜』の「文韜」には、その説明として「天下の利を同じくするは、即ち天下を得て、天下の利を擅にするは、即ち天下を失ふ。」とあります。これに対する「解」を見ますと「君能く人と與に天下の利を同じくする、即ち必ず天下を得る。天下の利を専擅す、而して人と與に之を共にせずは、即ち必ず天下を失ふ。愚謂ふ、孔子は罕に利を言ふ、孟子は利を言わず。太公聖人の流れ、而して首に利を以て言ふ。何ぞや。蓋し利は将に人の利を欲する也。将に天下の利を欲する也。若し夫れ一己の私の擅にす、而して惟ふ己の利を欲する乎、此れ孔子以て罕に言う所以なり。孟子言わざる所以なり。太公の言、その旨ある歟[110]」。これを読めば明らかでありますように、元々は君主の「利」の独占を批判した成句であります。「利」を「天下」＝民と共有して初めて

「天下」＝国は治まるという意味合いであります。

マックス・ヴェーバーの言う宗教的・功利主義的な福祉国家の性格（Charakter eines religion-utilitarischen Wohlfahrtsstaates）の一面でありましょう。「中国には現世肯定的な功利主義 der weltbejahende Utilitarismus と、あらゆる面の道徳的完成の手段として富には倫理的価値があるという確信とがあった」とまでヴェーバーは結論付けております。西欧近代に見られる形式的な法と実質的正義との間から生まれる緊張に依拠する自然法的に個人主義的な社会問題といった問題ではないと言っております。[111] もちろんそれが国富を意味するならば普遍的な思考ではあります。「功利」の位相、即ち日本では宋・明・清代の朱子学を正統とした士大夫層に相当する身分が存在しておりませんでしたので「利」を強く否定するほど「利」へのチャンスが一般になかったことも考える必要が、渡辺浩氏が論じられておりますように、[112] あります。

翻って現在でも「それは功利的過ぎる」とマイナス評価で使用されております。"Principle of Utility" を「功利主義」ではなく「実利主義」と訳し「利」を「功」するよりは「実」とするとした陸奥宗光の気持ちも分かるというものです。[113]

ミル功利論と正義論の現在

「功利」は、しかしながら現在、学会では市民権を得ております。「実利」ではなく「功利」が定着しておりますので、訳語にまつわる問題は暫く措くにしましても、功利主義と銘打った学会も設立され、ジョン・ロールズ『正義論』をはじめとして政治哲学を論ずる際、常に取り上げられる用語でもあります。唯意訳の意味合いもありましょう、最近では utilitarianism を永井義雄氏のように「最大幸福主義」と訳される例もあります。[114]「利」はなべて利益の意味合いで用いられ、幸福との直接の関係は既に瞥見しましたように、儒学には登場していないようです。

ところでミル功利論が今尚よく読まれていることを実感しましたのは、私が在外研究でオックスフォードにおりました時、今から二十年ほど前の事ですが、ミルの『功利主義』を大教室で満員の受講生を前に二学期に亘って、同じニュー・コレッジの政治学者（A. J. Ryan）と倫理学者（J. C. B. Glover）が講義していたことです。依然としてミル『功利主義』が政治学や倫理学の古典たることを失っていない証であります。福澤はそれを百四十年ほど前に精読しているのです。むろんその背景には先ほど触れましたロールズの『正義論』が刊行され（一九七一年）、アングロ・サクソンの知的世界を功利主義哲学が支配してきた状況に終止符を打つべく，それに取って代わるルソー哲学とカント哲学の系譜に属すとも言うべき社会契約の伝統を再生することを主眼とした政治哲学があり、その潮流の下に置かれて、改めて功利主義哲学を再考するものであったのでありましょう。

丸山先生の教示　快苦に於ける量と質

大学院生時代にミル功利論の福澤の書き込みについて調査研究した訳ですが、その論文草稿を丸山先生にお見せし、閲覧を請いました。丸山先生はその際、三つの留意点を記されました。付紙の貼付の意味も含めて手沢本調査の上で参考になると思いますので、ここに紹介しておきます。第一に、ミルの見解で、特に注意をひいた箇所を福澤が要約したに留まるのか。第二に、それとも福澤自身の共鳴した見解か、第三に、またはそこから福澤が初めて学んだ見方か、区別と証明の要あり、というものでした。この着眼・共鳴・学習という丸山先生の三つの教えを念頭に置いて福澤のミル功利論の理解に迫ってみたいと思います。

先ずは快苦に於ける量と質の問題を取り上げます。この命題は有名なベンサムからミルへの転回ということでよく言われております。即ち「満足スル豕ニ為ルハ不満足ナル人ト為ルニ若カズ」とのミルの有名なテーゼで、日本でも大河内一男が東大の卒業式で述べた事で有名にもなりましたが、福澤はそれを要約して直接書き込んでいるのです［**図2**］（M⑩二一二関口三〇―一頁）。福澤が共鳴してノートをしていることは、「人の品行は高尚ならざる可からずの論」として「事物の有様を比較して上流に向ひ、自ら満足することなき一事」（③一〇五）と既に展開していることを想起すれば自明と思われます。福澤にとって「幸福ト満足トハ自カラ別アリ」とのミルへのアンダーラインと要約書き込みはその意味では満足することのない向上心との関連で把握され、満足に満足したといえども、ミルと共に（M⑩二一二関口三〇）それは幸福とは言えないのです。「満足する豚」と功利主義者を定義付けたのは、カーライルです。カーライルは「豚哲学」（pig philosophy）と功利主義を罵ったのですが[115]、それに対する批判をミルはここで行っている訳であります。痩せたソクラテスの奨励です。これには知性に基づく生き方を最も幸福な生き方としたプラトンやアリストテレスの見解をミルが踏襲していると見ることも出来ます。高尚な霊感を持ったとミルが見なしますプラトン（M⑱二三五関口五九）は人間を、物を学ぶ理知的部分、これは学びを愛する部分とか、知を愛する部分であり、それとそれに由来する気概的部分、これは勝利とか名誉を愛する部分でありますが、これらに加えて欲

14 UTILITARIANISM.

満足スル豕ニ為ルハ不満足ナル人ト為ルニ若カズ

It is indisputable that the being whose capacities of enjoyment are low, has the greatest chance of having them fully satisfied ; and a highly-endowed being will always feel that any happiness which he can look for, as the world is constituted, is imperfect. But he can learn to bear its imperfections, if they are at all bearable ; and they will not make him envy the being who is indeed unconscious of the imperfections, but only because he feels not at all the good which those imperfections qualify. It is better to be a human being dissatisfied than a pig satisfied ; better to be Socrates dissatisfied than a fool satisfied. And if the fool, or the pig, is of a different opinion, it is because they only know their own side of the question. The other party to the comparison knows both sides.

It may be objected, that many who are capable of the higher pleasures, occasionally, under the influence of temptation, postpone them to the lower. But this is quite compatible with a full appreciation of the intrinsic superiority of the higher. Men often, from infirmity of character, make their election for the nearer good, though they know it to be the less valuable ; and this no less when the choice is between two bodily pleasures, than when it is between bodily and mental. They pursue sensual indulgences to the injury of health, though perfectly aware that health is the greater good. It may be further objected, that many who begin with youthful enthusiasm for everything noble, as they advance in years sink into indolence and selfishness. But I do not believe that those who undergo this very common change, voluntariiy choose the lower description of pleasures in preference to the higher. I believe that before they devote

図２：John Stuart Mill, *Utilitarianism*, Fifth Edition, 1874, p.14 の福澤諭吉の書き込み。慶應義塾図書館蔵。

望的部分に分別し、こちらは金銭を愛する部分とか利得を愛する部分ですが、これは食物や飲み物や性愛などに類するものと同じというのです。そうして知を愛する人は利得を愛する人よりも勝っており、これに由来する快楽は最も快く、最も快い生き方となると述べ、利得を愛する人間の快楽を最下位に位置付けております。知を愛する人が生活の気品と美しさ、それに徳の点に於いても勝っているというのです。[116] 量的快楽よりは質的快楽の優れた面を指摘し、後者が前者に比してより幸福という訳であります。

「功利」と「英知」――プラトンとアリストテレス

ミルはベンジャミン・ジャウェットの編になるプラトン『対話篇』第一巻に[117]'Utility and wisdom'即ち「功利と英知」と書き込んでいることが確認できますが、これはミルが功利論を執筆後（プラトンの英訳対話篇が出版された同年のミル生存中に最後の第四版が刊行されています）、あるいは『宗教三論』を執筆する（死後ですがヘレン・テイラーによって刊行されますが）、その際に『功利論』を振り返ってプラトンを参考にしていることの傍証にはなるように思います（John M. Robson, M⑩ CXXV-CXXIX、五五一）。また父ミルやベンサムとは異なるダンテ神曲地獄編によって脚色ないし転用したとも指摘されています賢明な功利主義を打ち出しているアリストテレスは[118]（M⑱二三五関口五九）、ミルが『自由論』で、知性が善き人となる条件とも言い、これは本性、環境、教育に依拠するとも論じているように思います。[119] また幸福論は『ニコマコス倫理学』の第一巻と第十巻の、正義論は第五巻の主題ですが、ことに第一巻はミルがアンダーラインや傍線、あるいは+や×などを付しながら精読の跡をその手沢本から見ることが出来ます。ミルはプラトンの対話編をよく読んでいることがその所蔵本からも分かりますが、ナイフを入れていない頁もありますので、すべてを読んでいる訳ではないようです。尤も幼少期の父との読書に於いて主要なプラトンの作品は読んでおりましょうが（M①二五朱牟田二八）。アリストテレスについては『ニコマコス倫理学』は一七一六年にオックスフォードから刊行されたウィルソン版を読んでいることが、やはりオックスフォードのサマビル学寮にあるミル父子所蔵本から分かりますが、特に第一巻第十章までは六十六箇所ほどにアンダーラインやサイドラインが引いてあったり、あるいは×印が記されていたりして精読の跡を確認することが出来ます。快苦と幸福の問題が最終巻の主題ですが、冒頭部第一巻は政治学の問題と共に善と幸福の問題が論じられております。快苦と徳の問題を扱っている第二巻も七十箇所ほどにサイドラインやアンダーライン、それに若干の名辞が書き込まれていて、同じく精読の跡を確認出来ます。アリストテレスも師プラトンと共にミルの功利論に深く影響を与えている訳ですが、こうした教養を踏まえてミルは論理学でも比較の必要性を指摘して、意志と行為を理想的な高貴さ、即ち福澤の言葉で言えば「高尚」にまで育み得る優れた能力のある人々が個々人の憧れる状態にまで生活を高めることを論じております（M⑧九五二佐々木三四五―六）。

しかしながら高尚なる生涯とは何を意味するのでありましょうか。内村鑑三にもそれと同様な題名、「勇ましい高尚なる生涯」だったと思いますが[120]、それを内実としたエッセーがありますから、この時期にはその観念が時代の要請にも合っていたのかもしれません。快苦に於ける量と質の問題に即して考えますならば、快に於ける質如何ということになるかと思います。

「ノーブルフヒーリングヲ勉テ養成ス」

福澤は「ノーブルフヒーリングハ若キ草木ノ如シ　社会中ニ交ル己ガ地位ト其生活ノ有様ニ由テ容易ニ消滅ス可シ　今ノ少年ガ妻ヲ娶リ官員ニ為リテ後ニ気力ヲ失フガ如シ　サレ𪜈中心ニ勘弁シテ賤シキ快楽ヲ悦テ尚高ノ気風ヲ投棄セント欲スル者ハアル可ラズ　必ス心ノ内ニハ一点ノ廉恥存スルモノアリ　旧友ガ折々尋問ニ来リ或ハ近辺ニ居ヲ移サントスル抔　再ヒ近カントスルガ如キハ即チノーブルフヒーリングノ未タ全ク枯死セサル者ナリ　蓋シ人ニ交ルノ要ハ此フヒーリングヲ勉メテ養成スニ在リ」と書き込んでおります**［図3］**（M⑩二一三関口三二―二）。時に俗物とか拝金宗と言われましたが、福澤はノーブルフヒーリング、即ち高尚な感情を極めて重視しております。ここでもノーブルフヒーリング（noble feelings）とミルが言っているところを、彼なりに学び取ってノートしているのが分かります。「今ノ少年ガ妻ヲ娶リ官員ニ為リテ」云々は日本の事例です。福澤が日本の場に於いて、ミルのノーブルフヒーリングはどういうものだろうかと考えているのですね。「サレ𪜈」以下は福澤の意見です。だから「尚高ノ気風ヲ投棄セント欲スル者ハアル可カラズ」、即ち一時の快楽のみで満足するような人間はいないんだ、心の内には一点の廉恥があるんだからと。それは福澤も学習しておりますように、ある程度は高尚な能力と比例しますが「誇り」（pride）や自由や個人的独立への愛（the love of liberty and personal independence）」ではなく、人が誰しも持っている「気品の感覚」（a sense of dignity）、福澤の次のパラグラフでの書き込みから判断して分かりますが、福澤の訳で言えば「尚高ノ気風」であります。福澤が読了した一年後に西周は「自重之意」と訳しており

ITS MEANING. 15

themselves exclusively to the one, they have already become incapable of the other. Capacity for the nobler feelings is in most natures a very tender plant, easily killed, not only by hostile influences, but by mere want of sustenance; and in the majority of young persons it speedily dies away if the occupations to which their position in life has devoted them, and the society into which it has thrown them, are not favourable to keeping that higher capacity in exercise. Men lose their high aspirations as they lose their intellectual tastes, because they have not time or opportunity for indulging them; and they addict themselves to inferior pleasures, not because they deliberately prefer them, but because they are either the only ones to which they have access, or the only ones which they are any longer capable of enjoying. It may be questioned whether any one who has remained equally susceptible to both classes of pleasures, ever knowingly and calmly preferred the lower; though many, in all ages, have broken down in an ineffectual attempt to combine both.

From this verdict of the only competent judges, I apprehend there can be no appeal. On a question which is the best worth having of two pleasures, or which of two modes of existence is the most grateful to the feelings, apart from its moral attributes and from its consequences, the judgment of those who are qualified by knowledge of both, or, if they differ, that of the majority among them, must be admitted as final. And there needs be the less hesitation to accept this judgment respecting the quality of pleasures, since there is no other tribunal to be referred to even on the question of quantity. What means are there of

図３：John Stuart Mill, *Utilitarianism*, Fifth Edition, 1874, p.15の福澤諭吉の書き込み。慶應義塾図書館蔵。

ます[121]。それを幸福の本質の根幹とミルは論じるのですが、福澤は「其名ヲ当ルニハヂグニチノセンスト云ハンカ」と書き込みをして同意しております（M⑩二一二関口三〇）。そうした点を踏まえての「尚高ノ気風」であるのです。柳田泉ではありませんが「自尊の念」と訳した方があるいは良いかもしれませんが[122]、福澤文明論の用語で言えば「一人の人として独一個の栄辱を重んずるの勇力」ということになるでありましょう（④八〇—一）。福澤のこの時の名辞としては「ノーブル」と後にルビを振る「高尚」であったと思われます。そしてその後の書き込みが面白い。旧友が時々疑問を問い質すためにやってくる、あるいは近くに住まいを移そうとする、これらの行為はまさにノーブルフヒーリングが今以て全く枯れ果てていない証であると。西は「高雅之情」と訳しておりますが[123]、難しいことを言っている訳ではありません。『論語』学而篇冒頭部に「朋あり遠方より来る。また楽しからずや。」とありますが、そういう感情がノーブルフヒーリングだというのです。孔子は、宋学的解釈ですが[124]、学ぶことが「悦」であり、もとより心の問題、即ち内面的なものではあるのですが、しかし次句に「楽」とあるのは外面的なもので、学んだことを遠方より慕ってやってくる友人と分かち合うことによって得られるものであるというのです。即ち学ぶことは喜びであり、人と学びについて語り合うことは楽しいものである。そうして最後に君子が登場しますが、仮令そうした学を通じての悦や楽を他人が認めてくれなくとも不平を溢（こぼ）すことなき人こそ君子である、と断言しているのです。「古の学者は己の為にし、今の学者は人の為にす」（『論語』「憲問」）であります。そこで謳われている「君子」は'a true gentleman'と英訳されておりますが[125]、それを「真正の「ジェントルマン」君子」として、'character'を「品行」として、スマイルズの『自助論』の目標とも言うべき理想的人間論を謳っている章に於いて訳したのが敬宇中村正直であります。「品行貴族」（'an aristocracy of Character'）[126]がスマイルズの理想的人間類型であります。福澤は「抑も気品とは英語にあるカラクトルの意味」（⑮五三三）と論じ、スマイルズの『品行論』*Character*（1872）の 'character' の次の一節の冒頭部に不審紙を貼付して着眼しております。中村正直の訳によって紹介しておきます。「品行ナル者ハ心術見識ヨリ発シ、忠実信義ニ基ヅキ事実習練ノ智慧ヨリ出テ行状トナルモノ也[127]」。

立身出世するとノーブルフヒーリングを失くしてしまうけれども、しかし完璧になくなるということはないんだということを、福澤は恐らく経験を踏まえて言っているのです。「人ニ交ルノ要」でありますので、これを養い人と人との間の交際を確かにしなさい。ギゾーが文明史論でフランスが文明の発信地となっているのも交際という国民性があるからであって[128]、これを受けての『学問のすゝめ』十七編では、福澤はより広い交際論を説いておりますが、「唯其人の活発なる才智の働と正直なる本心の徳義とを以て次第に積で得べきものなり」（③一三八―一三九）との交際上に於ける名望を培う方便を論じております。その要も「ノーブルフヒーリング」と言えなくもありません。丸山先生も感想を述べられましたように、福澤の観察眼の確かさをそこに見ることもあるいは出来るかもしれません。

最大幸福原理と学者職分論

それから「大幸福ノ旨ハ苦痛ヲ去テ楽ニ富ムニ在リ　而シテ其幸福ノ性質ヲ判断スルニハ自誠自存ノ習慣ヲ兼テ事物ノ実験ニ富ミ　利害得失ヲ比較スルノ働アル人物ヲ要ス　結局世ニ先テ人ヲ導キ一

般ノ手本ヲ示スハ学者ノ職分ナリ　今ノ学者決シテ迂闊ニ日ヲ消ス可ラズ　行状ハ正シカラザル可ラス　働ハ活潑ナラサル可ラズ」と書き込んでおります［図4］（M⑩二一四関口三五—六）。「大幸福ノ旨」というのは最大多数の幸福原理を指します。ハチソンが唱え、[129]ベンサムによって一般化された「最大多数の最大幸福」の「幸福」は、確かに「苦痛ヲ去テ楽ニ富ム」ことであって、その量と質を判断するのは誰なのか、それは self-consciousness 即ち自らを意識することと self-observation 即ち内省すること、福澤の訳語で言えば「自誠自存」、福澤は前者を self-conscience と誤読したのか、道徳的意味を含んだ自らの良心との意味で「自誠」としているようですが、自ら観察する能力を兼ね備えて、それで物事の経験に富み、物事に照らし合わせ、利害得失を比較する能力を有する人物が必要である、とミルの説を要約しているのです。その後の「結局」以下はミルというよりは福澤の意見です。「結局世ニ先テ人ヲ導キ一般ノ手本ヲ示ス」、これが学者の職分であるんだ、という訳です。だから迂闊に日々を過ごさないようにということで、先に論じました学者奴隠論と基底に於いて相通ずる考え方だと思います。あるいは橋川文三が中野重治の言葉を借りて述べた、「心を高処に寄せる」ある種の明治人のスケールの大きさを福澤も持ち合わせていたとも言えるでしょう。[130]

これにはさらに、ヘーゲルの言う人間の一般的能力としての「完全性への衝動」（ein Trieb der *Perfektibilität*）もさる事ながら、[131]ヴィクトリア朝英国の時代精神とも言えるマッシュー・アーノルドの言う、人としての完全性(perfection)の追求、[132]言い換えれば先ほども触れましたが、中村正直が『西国立志編』と邦訳したスマイルズ『自助論(Self Help)』の言う「真正の君子(the true gentlemen)」への途を図る精神を享けたものと思われます。確かにそれは両義的性格を有するも「成り上がり者(parvenu)」を意味し、正統ジェントルマンがギリシ

ITS MEANING. 17

According to the Greatest Happiness Principle, as above explained, the ultimate end, with reference to and for the sake of which all other things are desirable (whether we are considering our own good or that of other people), is an existence exempt as far as possible from pain, and as rich as possible in enjoyments, both in point of quantity and quality; the test of quality, and the rule for measuring it against quantity, being the preference felt by those who, in their opportunities of experience, to which must be added their habits of self-consciousness and self-observation, are best furnished with the means of comparison. This, being, according to the utilitarian opinion, the end of human action, is necessarily also the standard of morality; which may accordingly be defined, the rules and precepts for human conduct, by the observance of which an existence such as has been described might be, to the greatest extent possible, secured to all mankind; and not to them only, but, so far as the nature of things admits, to the whole sentient creation.

Against this doctrine, however, arises another class of objectors, who say that happiness, in any form, cannot be the rational purpose of human life and action; because, in the first place, it is unattainable: and they contemptuously ask, What right hast thou to be happy? a question which Mr. Carlyle clenches by the addition, What right, a short time ago, hadst thou even *to be?* Next, they say, that men can do *without* happiness; that all noble human beings have felt this, and could not have become noble but by learning the lesson of Entsagen, or renunciation; which lesson, thoroughly learnt and submitted to,

図４：John Stuart Mill, *Utilitarianism*, Fifth Edition, 1874, p.17 の福澤諭吉の書き込み。慶應義塾図書館蔵。

ア・ローマ的教養を背景に持つのに比してヴェーバーが説いたプロテスタント的資本主義の精神を有する者、あるいはスマイルズ的自助資本主義の体現者としてのジェントルマンであったでありましょう[133]。父トーマス・アーノルドも中産階級の要請を受けてか、パブリック・スクールで、その階級の子弟教育に相応しいクリスチャン・ジェントルマン、あるいはクリスチャン・イングリッシュマンの養成のための大改革を校長としてラグビー・スクールで行い、功を奏したのでしょう、以後パブリック・スクールの増設が進み、「紳士を造る工場」とまで言われるまでになりました[134]。『武士道』の著者として有名な新渡戸稲造が第一高等学校の校長として、その改革に当たって範としましたのはアーノルドのラグビー校でした[135]。カーライルも人格の完成を目したゲーテの教養小説（ビルディングスロマン）を英訳しております。ゲーテとの往復書簡は時にエッカーマンを交えながらカーライルが国境を越えた良き師ゲーテによってより高みに導かれていく一端を知ることが出来、それ自体一つの教養小説を読むが如き感想を抱かせます[136]。英国は大英帝国と呼ばれると共に「成り上がり者」宜しく、財産に加えるに教養を持つより立派な社会的地位（respectability）を求めることを道徳的目標とし賛辞するスノッバリーの時代でもあったのです[137]。また貴族であっても戦争による平和の獲得、それに伴う個人的自由への熱意と野外競技を好む野蛮人（the Barbarians）であるが故に外面的教養に長けても内面的教養に欠けるとアーノルドの息子マッシューは活写しております[138]。そうしてスマイルズの『自助論』は加藤弘之が若き明治天皇に侍読として教えたテキストでもありました[139]。

拝金宗福澤と活潑心と学者の精神

それでは、次に拝金宗福澤と言われる所以に迫ってみましょう。福澤は、ミルが恵まれた環境にありながら人生を価値あるものにするに充分な快楽を見出していないのは自分の事しか気にかけていないからであると論じている所に、「所謂守銭奴ニハ楽アル可ラズ」と書き込みます（M⑩二一五関口三九）。幸運な環境にあっても、自分の事しか考えない人物は「守銭奴」であると福澤はミルの意を汲んで、卑近な例を出して書き込んでいるのです。そうして死後に個人的な愛情を注ぐに相応しい対象を、取り分け人類全体に関心を持ちつつも同胞の感情をも陶冶してきた人は、死の間際でも、若さと健康あふれる活力があった時と同様な人生に対する生き生きとした関心を抱き続けているとの箇所に福澤は、「銭ヲ愛テハ活潑心ヲ保ス可ラズ」と要約して書き込みます（M⑩二一五—六関口四〇）。

ミルに言わせれば精神的涵養（mental cultivation）が足りない人ですが、福澤は銭を愛する人に代表させている訳です。「活潑心」というのは、「アクチーヴ　パッシーヴ　学者ノ精神ココニ在ル可シ」と書き込んでいますように（M⑩二一五関口三八）、“passive”に対する“active”なんですね。ミルは幸福が人生の目的であるにしろ、それは閃光の如き快楽で永久に燃え続ける炎ではないが、受け身というよりは活発なものであると言っているのです。しかも全体として人生が与えられる以上のものを期待しないような在り方であったというのです。但し「幸福ハ享ク可ラスト云フト雖𪜈不幸ヲ除クニハ異論ナカル可シ況ヤ酒色遊蕩一時ノ快楽ヲ以テ幸福トセサル位ノヿハ此方モ承知ダ」とミルの意を汲みながら書き込んでいる訳ですが（M⑩二一四—五関口三六—七）、酒色遊蕩の類が一時的であるにしろ人生全体から見て閃光的である例として言っているのではありません。福澤は能動的たることに学者の精神を見出しているのです。「学者」が'the philosophers'の訳にしろ、学ぶ者は消極的よりも積極的たれということです。銭のみを愛する守銭奴が福澤の考えからほど遠いことが分かります。まさに「人は為すことある可きの造物なり」[140]（①三八九）であるとチェンバーズ経済論から学び、ミル代議政論からのヒントを得ている活動的人物像（M⑲四〇九水田九一）の再確認とも言える書き込みです。

但し福澤はトクヴィル民主政論を読んで着眼した箇所、そしてミルにアメリカ人をダラー・ハンターではないかと思わせた一節を見て考える必要もあります。即ちヨーロッパでは通常は休息なき気質、独立への極端な愛着と並んで富への際限なき欲望を社会にとって恐るべき資質と見なしているが、アメリカでは平和の継続を保証する要素そのものであり、落ち着きなき情熱がなければ住民は特定の地に集中し、旧世界と同様な満足なき欲望を持つであろう。新世界の幸運は居住者の悪徳が悪徳に劣らず社会にとって利益となるからである。ヨーロッパ人が貪欲と称するものをアメリカ人は賞讃に値する勤勉と名付けている。ほどほどの望みとして美徳と考えているものをアメリカ人は気が弱いとして非難している。このようにトクヴィルがアメリカ社会を描いている所に福澤はサイドラインを引き「不徳モ亦社会ニ益ヲ為ス」と毛筆で記した和紙を貼付します[141]。さらにアメリカ人を動かしているのは政治的なるものよりは商業的情熱である。商取引の習慣を政治生活に導入している。秩序を好むのも事業の繁栄のためであり、堅実な商取引の基礎であるからである。またアメリカ人は大財産を浪費する進取的勇気よりも、大財産を蓄積する良識を選ぶ。世間に通用している実際的な計算が危険を知らせるからである。理論よりも名誉に於いて実践を保持するのである。福澤はやはりサイドラインを引き「肉体ノ変化ヨク人ノ心事ヲ変ス」と毛筆によるメモした和紙を貼付しております[142]。

福澤が「不徳」と言っておりますのは「名誉の掟」（the rules of honor）が活きていたヨーロッパ的倫理観から見ればということですが、[143]社会的利益は「不徳」によっても齎される、と認識したのです。明治十年頃の日本では「悪徳」（vice）という徳は考えられませんので福澤は「不徳」と認識した訳です。また現実的なアメリカに在っては常識に則ることがまた財産維持には相応しいとも読める箇所にも着眼しております。福澤はトクヴィルやミルを踏まえたものとしても「守銭奴」が国家の利害に関係し、それも容認出来るとの一面の認識を持ちあわせていたことも留意する必要があると思います。丸山の言う結果本位的功利主義的思惟の表明とも言える書き込みではあります。「彼の殖産家が蓄積に熱心する其心事の底を叩くときは、必ずしも国の為めにするの目的にも非ざる可しと雖も、国家公共の眼を以て概して之を視れば、其私の熱心こそ立国富強の本源なれ。」（⑥三二八）ということであります。

もちろんこうした言説の背景には「吾々は今日尚ほ我日本人の銭を軽んずるを見て堪へざるものなり」（⑥三二八）とのヨーロッパ的倫理ならぬ日本的倫理、あるいは先に論じました儒学的「利」観があったからでもあります。福澤は「人間の欲情多き中にも最も劇しく最も永続するものは銭の慾にして、八十の翁媼(をうあう)死を見ること近きに在るも銭の貴きは少年の時に異ならず、否な愈々老して愈々其貴きを知るもの丶如し。」（⑥二五一）とまで言っております。日本に於いてダラー・ハンターを見ているが如き表現ですが、しかし福澤はそうであるがためか「銭は学生の身を害して、君子たる高尚の性質を傷ふの媒介たり。其用法を慎まざる可らざるなり」（⑬三〇八）と戒めてもおります。デモクラシーは諸条件ないし境遇の平等を齎し、そこに多数者の暴政と共に富への希求が前面に見られるようになったとはトクヴィルから学んでおりますミルや福澤の共有するところでありました。しかしそこにトクヴィルの言う高尚ではありませんが明晰にして確実な「利益の正しい理解」(the principle of self-interest)、これは当代に残された最も必要な哲学理論、あるいは常識的判断とも言えるかなとも思いますが、それを持ち合わせなければならないということでもあります、[144]ミルにとっても福澤にとっても。それは「義」と「利」の問題でもあります。

バックルのスミス像

義と利の問題は前にも触れましたように儒教に於いても常に問題にされ、義が利に優先することは儒者にとってある意味では自明なことでありました。プラトンも『国家』で欲望的部分に金銭を愛する部分と利得を愛する部分を規定しておりましたので、[145]古今東西を問わず利益の問題は取り分け功利の名で以て語られてきたと申し上げてもまんざら嘘ではありません。但し福澤はスミス『国富論』の歴史的意義を既に『学問のすゝめ』五編(明治七・一八七四年)に於いて確認しており、利の正当な意義付けを改めて学んでもいるでありましょう。福澤は中間階級出身者が文明の推進力になっている例としてワットと共にスミスを挙げ、「始めて経済の定則を論じ商売の法を一変したるは「アダム スミス」の功なり」とし(③六〇)、バックル文明史を読むことによっても赤の付紙を貼付しながらその『国富論』にある自由貿易の原則とその結果についての立論が、時代が進展することによって政治家に受け入れられたとして、「昔年の異端妄説は今世の通論なり、昨日の奇説は今日の常談なり」の例として描いております(④一三、⑪二二二)。[146]スミスは経済の法則を論じ、富裕の源を論じ、智恵の働きを最大限活かしているという訳です。「積年有形の理学」の研究の結果であります（④八四、九〇、九八）。その中には「分業の効能」論や「財用の不足」と「物産の生起」論もあります（④三一八、⑳一八一）。また「利用厚生」の四文字が『書経』にあるからといって、「神農仲景流の御講釈」をスミスが盗用して経済論を著したという「安気なる者」たる「老儒先生」もいない訳ではないが（⑧八〇、五一七）、「世界中の経済論をでんぐりかへし」て、商品や労働こそが宝であって、金銀は真実の宝でも資本でもなく売買の取次であるとの漫言を著しております（⑪三二三）。また商売の盛衰や物価の高低は需要供給の程度により、時に売買の変動が起きるのは投機のなせる技であるとスミスの伝授を描いております（⑪三六三）。また自由貿易の理を説いた称賛すべき学者である（⑫五九）と頗る高い評価を下しております。バックルは矛盾するようですが歴史に於けるスミスのような英雄（？）の役割を、時勢論を踏まえながらも、高く評価しているのです。福澤は紹介しておりませんが、バックルはトーマス・ブラウン（宗教）、ボイル（科学）、さらにはエドマンド・バーク（政治）もスミスほどではなくとも同じくそれぞれの分野に於ける画期的役割を論じております。

スミス『国富論』を福澤が直接読んでいるか否かは検証に値しますが、冒頭部の分業論は福澤の高弟小幡篤次郎が『生産道案内』（尚古堂、明治三年）の巻之下に「骨折を分かつ事」として訳述しております。[147] これはしかし『国富論』そのものからよりは、その分業論を通俗的に解説したRichard Whately, *Easy Lessons on Money Matters, Commerce, Trade Wages, for the Use of Young People.* それに初歩的な教科書である「マンヂヴール」(Manziburu) の「第四リーダー」から追加翻訳したものからかもしれません。[148] 福澤には「凡そ人として私の利を思はざる者なし。今後我人民の次第に事に慣る、に従て、次第に其利を永年に平均するを知り、次第に私利の大なるものを求るに至らば、特に富国の論を喋々せずして富国の実は言はざるの際に成る可きなり」（④六三六）とのスミスを思わせる言説もあることを付言しておきます。

福澤とスミス

ここではしかし福澤が目にしたバックルを通じてのスミス像をミル功利論との文脈で紹介したいと思います。基本は利己心と利他心の問題であります。バックルはスミスが利他心を論じた『道徳情操論』（*Theory of Moral Sentiments*, 1759.）と利己心を論じた『国富論』（*Wealth of Nations*, 1776.）を取り上げるのですが、それは人間の諸々の行動を科学的に研究するためであり、不自然な見方を取ることなく人間の行為原則を一般化しようとする試みであり、スミスをその二番手として取り上げます。フランシス・ハチソンがスコットランドに於けるそうした研究の嚆矢なのでしょう。しかし二番手であっても世界史上に名を遺しているのはスミスであり、福澤もその著作に登場させるのはハチソンではなくスミスであります。しかも福澤が取り上げているのは『国富論』のスミスであって『道徳情操論』のスミスではありません。バックルがあらゆるスコットランド思想家の中で最も抜きんでていて偉大なスミスを理解するには両書を共に一つのものとして理解されなければならないとしているにもかかわらず、であります。バックルは『道徳情操論』は人間性の他人に対する同情的側面を、『国富論』はその利己的な側面を研究したものであると論じます。しかし経済学者は富の法則を発見することが目的であるがために、人間性の利己的なる部分を選択して考察し、しかも富の追求に於いて他人よりも自己を満足させることを考えるのが人間であるというのです。それは人類の一部分に過ぎないので、他の諸領域を凌駕するが如き論法を経済学は取ってはならないという訳です。バックルは『国富論』のみならず『道徳情操論』も取り上げないならばスミスの偉大さは半減するとすら言っているのです。[149] 同情心こそが人間行動の主要原因という訳ですが、[150]「仁」の観念が伝統的に根付いていたと思われることもあってか、あるいは福澤も「人生本来の本心」と見る至善本来の極意としております「恕の道」即ち己の欲せざる所を人に施す勿れとの古聖人の教え（『論語』顔淵・衛霊公）の観念[151]があったこともあってか（⑥二二四）、さらには道徳と利益が一致すると見て取った手島堵庵『町人身体なをし』（安永六・一七七七年）や、あの井原西鶴も商売は約束を守り律儀でなければならないと指摘していることもあってのことでしょう（『日本永代蔵』貞享五・一六八八年）。さらには「信は長久の策」（『町人常の道』享保十九・一七三四年）との十七世紀初頭に成立した諺 Honesty is the best policy.（正直は最善の策）といった市場道徳論が普及していたがためか、[152] はたまた歴史的画期性を生んだのは利己心の方が利他心よりも顕著であったがためか、福澤もスミス情操論に言及することはありませんでした。この点は福澤が無視したというよりは福澤も援用しておりますように歴史を動かす要因と関連するかもしれません。

バックルは『国富論』が十八世紀に人々の注目するところとなり、立法上の一大変革の近因となり、より深く分析するならばその本の成功は結論的には立法上の変改のさらなる遠因にして一般的要因になろうと論じております。[153] またスミスはバックルによれば賃金の相場の遠因の把握には失敗したものの、その近因が人間性の気前の良さではなく、その利己心にあることを明らかにしたことであるとしまして、問題は需給関係の一つですが、労使関係に於いて相互が出来る限り他の利益を奪ってやろうと競う利己心によるというのです[154]。ここでバックルは先に見ました歴史に於ける「近因」と「遠因」を使用します。

スミスの件で付言しますと、福澤は「アダム・スミスが経済に自由貿易の理を説き、其説の美は即ち美にして我輩の最も称賛する所なれども、扨て之を直に我国の実際に適用して果たして差支なきやと云へば、之に答ふること難し。又米国の学士ケレー氏所著の保護貿易論の如き、引証の明なる、論法の巧なる、是亦我輩の甚だ称賛する所なれども、其全体の所説を其ま丶我国に採用して不都合なきやと云ふに、是亦然りと答ふるを得ず。」(⑫五九)と、自由貿易か保護貿易かのいずれの経済学説も称賛に値するが、いずれを取るかは、やはり鵜呑みにするのではなく、国情を考えて主体的に判断すべきことを説いております。そうした上で統計的手法も踏まえて福澤は『実業論』で一朝一夕ならざる考えをした上で自由貿易を説いております(⑥一八一)。話が逸れましたが、福澤のミル功利論の読みの問題に戻ります。

幸福と自己犠牲

さて、ミル功利論には「良将ガ討死シ義士ガ身ヲ殺スモ　其不幸ヲ以テ他ノ幸ヲ致サンガ為メノミ　若シ然ラサレバ山伏ガ業ヲスルモノニ異ナラズ　唯奇ヲ示スニ足ルノミ」との福澤の書き込みがあります［**図5**］(M⑩二一七関口四四―五)。これは有名な「楠公権助論」を思い出しますね。幸福と自己犠牲の問題です。他人の幸福の為なら命をも惜しまないというテーマです。功利の原理を前に

it, unless the happiness of others, or some of the requisites of happiness ? It is noble to be capable of resigning entirely one's own portion of happiness, or chances of it : but, after all, this self-sacrifice must be for some end ; it is not its own end ; and if we are told that its end is not happiness, but virtue, which is better than happiness, I ask, would the sacrifice be made if the hero or martyr did not believe that it would earn for others immunity from similar sacrifices ? Would it be made, if he thought that his renunciation of happiness for himself would produce no fruit for any of his fellow creatures, but to make their lot like his, and place them also in the condition of persons who have renounced happiness ? All honour to those who can abnegate for themselves the personal enjoyment of life, when by such renunciation they contribute worthily to increase the amount of happiness in the world ; but he who does it, or professes to do it, for any other purpose, is no more deserving of admiration than the ascetic mounted on his pillar. He may be an inspiriting proof of what men can do, but assuredly not an example of what they should.

Though it is only in a very imperfect state of the world's arrangements that any one can best serve the happiness of others by the absolute sacrifice of his own, yet so long as the world is in that imperfect state, I fully acknowledge that the readiness to make such a sacrifice is the highest virtue which can be found in man. I will add, that in this condition of the world, paradoxical as the assertion may be, the conscious ability to do without happiness gives the best prospect of realizing such happiness as is attainable. For nothing except that consciousness can

図５：John Stuart Mill, *Utilitarianism*, Fifth Edition, 1874, p.23 の福澤諭吉の書き込み。慶應義塾図書館蔵。

して、義士は自らの命を絶つと。そうでない場合は、山伏、ミルが柱の天辺に登った苦行僧と言っているのを福澤は山伏に置き換えているのですが、その業と同じで、「できる」ことの証にはなっても、「しなさい」ということにはならない。奇抜な行いを見せているだけの話である。『学問のすゝめ』で「人民の権義を主張し、正理を唱て政府に迫り、其命を棄てゝ終をよくし、世界中に対して恥ることなかる可き者は、古来唯一名の佐倉宗五郎のみ」（③七六）と断じている彼の宗五郎は、幸福と権利との違いはあるものの、結果的に人の為になっているという意味で、人間に見出し得る最高の徳(virtue)の持ち主という訳であります。これは周知のように福澤がウェイランドの『修身論』[155]を援用したものであり、福澤自身が明治七年十一月七日慶應義塾五九楼仙万の名を以て『朝野新聞』に寄稿した「学問のすゝめの評」において明らかにしております（①三九—四〇）。ウェイランドはその経済学がミルに依拠しているとの説もありますが、道徳論と同様その影響はないようであります。ミルの政治経済学や功利論の出版や発表とウェイランドの政治経済学や道徳科学の講義年度を比較勘案しますと分かります。この点はともかくマーチダム（martyrdom）についてのミルの議論を、福澤が義士論で応えているのです。

ただ福澤は、「上ノ二十三葉ニ云ヘル義士ノ討死山伏ノ業モ之ヲ徳ト云フ可シ　徳ハ則チ幸福中ノ一カ条ナリ　但コレヲ幸福ニ達スルノ方便トハ云フ可ラザルノミ」とノートしております（M⑩二三五関口九一—三）。これはミルが個人、行う当人が幸せと考えているならば、それは幸福の総量に加算されるので、その意味では全体の幸福を損なわない限り、自体望ましいものとなり、認められると論じているところです。福澤はこのミルの考えを受けていると言えます。金銭欲や功名心、それに権力欲はそれぞれ手段であったものが目的になってしまっているが、それをも幸福の一部としてミルは位置付けます。福澤はそれを「功名ヲ好ムハ銭ヲ好ムニ等シ　少シク趣ヲ異ニスルモ結局コレヲ他ノ方便トシテ好ムニ非サルヿ多シ　考レバ空ナルガ如クナレ𪜈人心ノ定則ナリ」と書き込んで首肯しております（M⑩二三六関口九三―五）。「馬ニ乗レバ馬ガ面白クナリ旅ヲスレバ旅ガ面白クナリ　養生ノ為トハ思ハレズ」であります（M⑩二三六関口九五―七）。私徳の公徳性を考える上で重要な問題です。

美徳「高尚な気品」「ヘラクレスの選択」

以上これらのノートから見えてきますのは、快楽の「快」というのは「量」よりも「質」が重要であるとのミルの議論に沿いながらも、「質」の問題が「ノーブルフヒーリング」と密接に関わっていると認識している福澤の姿であります。福澤は渡辺浩氏も指摘しておられますように、「高尚（ノーブル）」に極めて高い価値を置いております。[156] グラッドストーンがミルを「理性の聖者」（the Saint of Rationalism）と呼んだことは有名ですが、ミルもまた福澤と同じく「高貴（ハイ）な精神（マインド）」、即ち「ノーブルフヒーリング」の持ち主であったのであります。[157] ミルが幼少期に父ミルから薫陶を受けて学んでいるクセノフォーンの話もその問題を考える上で参考になりましょう。その『ソクラテスの思い出』として有名な『回想録』*Memorabilia* で登場させている「ヘラクレスの選択」、即ち「美徳（Virtue）」との名を持つ女性と、友人達からは「幸福（Happiness）」、嫌われ者からは「悪徳（Vice）」とのあだ名で呼ばれる女性をして語らしめ、両者を対比させ、「美徳」を選ばせる教育論です。日本語で

virtueを「美徳」と訳されるのはかなり後のことで大正四年、一九一五年刊行の斎藤秀三郎の所謂『斎藤英和』には「徳」あるいは「徳行」ないしは「善」はあっても「美徳」は登場しません。尤も福澤自身は明治七年に「美徳」を使用しております（③一〇九）。「善、力、威勢、勇シキ〻、徳」が幕末期の堀辰之助の訳です。英語でvirtueと訳される Αρετη（アレテー）は、ギリシア人にとって善さを意味する普通の語でありました。それは精神の完成状態を指しており、その時々にいつでも広く認められている行為上の理想に合致するvirtueとは、その意味では適訳ではない。何故ならばソクラテスの哲学はそうした順応主義を「通俗的美徳」として斥けるからである。これは英国の代表的な古典学者の説でありますが[158]、それはともかくといたしましても、virtue「美徳」への道が治者教育であったとしても、ミルは「美徳」を選んでおります。見た目は麗しく、振る舞いは高貴さが漂い、身体は清らかさが備わっており、目は慎み深く、容姿は自然体で、純白の衣に装われていた女性が「美徳」の何たるかを説くのです。それに対して性的魅力を備えたふっくらとした柔らかな肉体をし、顔はその自然な白さや桃色をより際立たせる化粧をし、容姿は実際よりも高く見せようとし、目は大きく見開き、その美貌を総て露わにする衣を纏い、時に自己を見つめ、また人が自分に気付いているかどうかと見まわし、しばしば自分自身の影をそっと見ているような女性が「幸福」を説くのです。ヘラクレスに先立って説く後者の女性は、最も安易な道を示し、あらゆる愉快を提供し、一切の苦労をさせないようにするとして色々具体例で以て説き伏せようとするのです。労苦を舐めずしてあらゆる愉楽を味わわせ、手短で楽な仕方で「幸福」を説く女性に対して、先を越された後一人の女性は努力を説き、それが「最も祝福された幸福」（the most blessed happiness）に至ると説いているのです。青春の分かれ道は「美徳」を説く女性に従うか、あるいは「幸福」を説く女性に従うか、いずれかの選択を試されるのです。努力が報われない、あるいは生まれながらにして何ら苦労することなく幸福の糧を貪るのは、教育論であるとしてもミルの採る所ではなかったのです。父ミルが註釈や説明を加えながら、ヘラクレスの選択をミルに説いたであろうことは容易に察しが付きます。この話はプロディコスが語るヘラクレスの教育の話ですが、クセノフォーンにとっては堅忍不抜の勉励こそ善美(strenuous effort leads up to good and noble deeds)に到達せしめると説いたソクラテスと共通するものでした。まさに「艱難辛苦汝を玉にする」との諺の源と捉えることが出来ますが、ソクラテスも同様な趣旨をヘシオドスの『労働と日々』から引用しており、プロディコスの「ヘラクレスの選択」にも挙げられておりますような格言が当時広く教訓として流通していたのでありましょう。福澤が『学問のすゝめ』初編で挙げております「実(まこと)を語(かた)る教(おしえ)」を説いた『実語教』(③二九)にあります「玉磨かざれば光なし。光なきをば石瓦とす」、あるいはそれへの影響を及ぼした『礼記』学記篇で論じられている「玉磨かざれば器と成らず」であり、[159] 昭憲皇太后の「金剛石もみがかずば　たまの光は　そわざらん」であります。学問を通しての人格形成への道を説く点は美徳への道の教えとも読めましょう。

ミルが美徳の道に影響されていることは、ミル自身もその書からソクラテスの人柄に対する深い尊敬を植え付けられたとあることからも判断出来ます。ソクラテスはミルの頭の中には理想的な人格者として考えられており、これはプラトンの書いたものからもその高い道徳的規準としてミルに刻まれたのでした。正義、節制、誠実、忍耐、取り分け労働を厭わない労苦、公の幸福を慮る精神、人はその持っている長所で、物はその有する有用性によって評価すること、従って放縦で安楽で怠惰に耽る生活とは反対の意味での刻苦勉励する生活への評価であります。これはヘラクレスの選んだ美徳であって、その反対のたとえ幸福と映ろうとも悪徳ではありません。幸福哲学と呼ばれる功利主義は美徳の道を培うことによって至福を得るのです。これは確かに結果本位主義的道徳のように見えますが、ミル功利説を考える上で参考になると思います[160]（M①四九朱牟田四九）。

「高尚（ノーブル）な気品（ハート）」は福澤にとって教育を尊んで文明の考えを養うことによって得られるものであり、学生や教員に求めるものでもあります（⑲七二四―二五）。万巻の書を読み百物の理を講ずるとしても、一片の気品がないなら身は賤丈夫たることを免れないと福澤は述べておりますが（⑲七八八）、これも高尚な精神、ノーブルフヒーリングの要請であります。ミル功利論読書からもそれを窺うことが出来ましょう。その意味では福澤を批判している内村鑑三が先に述べました「勇ましい高尚なる生涯」と軌を一にすると言っても過言ではないかもしれません。むろん内村にはこの世は悪魔が支配する世の中ではなくて、神の世の中であると信ずることがその前提にありますが。

『孟子』の「貴」あるいは「天爵」と「人爵」

ところで『孟子』に「貴きを欲するは人の同じき心なり、人人己（ひとびとおのれ）に貴き者あり、思わざるのみ」（「告子章句上」）とあります。「貴き」を「とうとき」と訓じるのが一般的ではありますが、誰しもが己の内に貴いものを持っているのにそれに気づかないのだ、ということであります。朱子はそれを「本然の善」と解して「天爵」即ち「徳義を尊ぶ自然の貴」とし、他人による禄高を伴うそれを「人爵」としております。孟子によれば「天爵」は「仁義忠信」であり「人爵」は「公卿大夫」としておりますので、朱子の言う徳義を尊ぶ自然もつまるところ仁義忠信でありましょう。仁斎は「己に貴き」を「仁義の心」として「良貴」を「自然の貴」としておりますが、いずれも人間に具わっている精神的気高さを言っていると思います。[161] ただ「仁義」とか「仁義忠信」の意味内容はともかく、福澤の言う「ノーブルフヒーリング」との共通性を喚起させます。

余談ですが孟子が論じている「天爵」を福澤は無形であるが故に「俗界の俗利俗名」に惑わされている大和尚の華族に列する位記を「独立自由」即ち「宗教の独立」にとって遺憾として批判しております（⑫一八〇―一）。「人爵栄誉」を華族の名称としながらも、それは「児戯に等しき虚位虚名」であり、「飼犬の首輪」であるのです（⑫三三六、四九四、⑥三六六）。「華士族ノ禄位モ人々ノ思ヒ〳〵ニテ正ナリ又不正ナリ」（M二四四関口一一五―六）との書き込みから分かりますように、一面の見識を持ちながらも「人為の人爵」は「自由平等の域」に達するには「虚名の新造」でした（⑫六一七）。「独立自尊の心を以てすれば、位階爵禄、総て是れ浮雲の如し」（⑱五八六）でもあります。「名誉の道徳律」は「官爵」という「人爵」ではなく「天爵」にこそあるのでしょう（⑥一〇八）。ただ福澤は進化論を知るに及んで「人爵」を「系図の名家」、「天爵」を「智徳の名家」と区別しまして、智徳の遺伝性に着眼して使用していることにも留意する必要はあります（⑧一五―六）。

道徳に於ける経済の論理（ミルとトクヴィル）

次に、道徳に於ける経済の論理について考えてみます。これは丸山先生も福澤にはそういう点があるとおっしゃっていましたが、ミル功利論の福澤の読みにそれがどのように現れているかと申しますと、「自禁シテ従テ益スル所アルヲ要ス　道徳上ニ経済ノ論ヲ当ツ可シ」との書き込みに於いて確認が出来ます（M⑩二一八関口四六―七）。元々功利的とマイナスイメージでそれを使用する場合、利益や金銭を得る手段として語られることが多く、幸福との関連で使用される場合は少ないと思います。そうでなくとも社会思想の講義でおっしゃっていましたが、清水幾太郎先生の言う幸福計算ではないかと言えば言えます。[162]あるいはソクラテスの弁を以て述べますならば快苦を図る計量の術であってそれは必然的に一つの技術であり知識でもあります。[163]ベンサム的に言えばミルが指摘していますように、あらゆる道徳的判断は分析され、それが人間の幸福の総計を増大させるか減少させるかの判断に転換する「幸福計算」こそがベンサムの目指した目的であったでありましょうし、「良心」も根本原理というよりは幸福計算から引き出されるものであったのです。[164]ここでは自己放棄が人類の全体であろうとその範囲内にある個人であろうと、他人の幸福、あるいはその手段に役立つときには幸福の総量が増えるので称賛されるということです。人類全体にとって利益があるとすれば、自らの禁欲は功利主義道徳に適うという訳であります。滅私奉公もその意味では功利主義道徳と矛盾することはないと言えます。興味深いのは先にも見ましたように、福澤がミル経済論でも援用していると思われますトクヴィルの、人間の悪徳さえも美徳と同じように社会に役立つことがあると新世界に於ける幸福さを指摘し、フランスあるいはカナダのフランス人と比較しつつ、親の家を出て、祖先の眠る土地を離れ、今生きている者も死せる者をも捨て去って「富を求めて走れ」、これがアメリカ人の賞讃に値するものとしている箇所がありました。サイドラインを引いて着眼し、「不徳モ亦社会ニ益ヲ為ス」

と記した付箋の貼付のことであります。[165] 益を功利とすれば徳と思われない行為も社会にとっては徳となる訳です。徳は得なり否、得は徳なりであります。このトクヴィル問題は別にしましても、量と質の問題を考慮しつつ福澤はミルと共に功利性原理の道徳は、経済の論理と不可分であるというのです。

次の例は「悪ヲ罪セントスルノ心　コレヲ正ト云フ　然リト雖𪜈此心ヲ目シテ真ニ之ヲ性義ト称ス可ラズ　之ニ社会ノ利害ヲ謀テ始テモラルト云フ可キノミ」との書き込みです（M⑩二四八―九関口一二九）。ミルは正義の心情は人間に本来備わっている仕返しないし復讐の感情であるとして、それは社会全体が損なわれる場合に適用されるとしても道徳的ではなく、社会的共感に服して従う場合に初めて道徳的たり得るというのです。誰かに不愉快な行為を受ける場合、己に害が及ばなくても社会に危害が加わり有害となると思う場合には、人は社会的感情が働いて、全体にとっての善なるものと調和することを考えますから憤慨します。これをミルは道徳的と見なすのです。福澤はミルの論を要約して書き込んでいる訳です。社会との関係、社会との共感というようなものを考えて初めて人間本来の心情、「性義」即ちモラルと言えるというのです。「性義」は「正義」の誤りとしましても福澤が思わず「性義」と記した点にも福澤の人間観を見る思いを禁じ得ません。「人ト共ニスルノ益ニ非サレハ之ヲ心ニ考ル者ナキニ至ラン」（M⑩二三二関口八三―四）であります。

もともとモラルというのは、モーレスという風習というのが語源であると言われております。従ってモラル・サイエンスは風習、即ち社会の学であり、社会科学を意味します。ミルの場合は、社会科学プラス心理学です。[166] だからモラル・サイエンスの研究にはエソロジーが入ってきます。エソロジーとは聞きなれない用語ですけれども、動物行動学よりは性格学、あるいはむしろヴェーバーの「エートス」[167]と言ったら、身近かどうかは別にしましても、分かると思います。エートス論、それを踏まえろということです（M⑧八六九佐々木二二〇―一）。個性や道徳的慣習、あるいは国民性が対象になるわけです、モラル・サイエンスの。

　話が逸れましたが、福澤は社会的利害関心を謀ることが道徳的であるということに確信を持っているようです。さらに興味深いのは「果シテ然リ　人ヲ待ツニ及ハズ　独立ノ気象トハ蓋シ此辺ニ存スルモノナリ」との書き込みです（M⑩二三三関口八五）。「此辺ニ存スル」というのは、ミルの言う、多少なりとも社会的感情が発達している人を指します。従いまして独立不羈とか、独立、独立と言うけれども、社会について何も考えないということではない、ということですね、「独立ノ気象」とは。ここは福澤がそう書いている訳です。もちろんこれはミル自由論に於ける個性論の問題とも関係してくるのですけれども、いずれにしましても「独立ノ気象」を福澤は、ある種の社会性を前提にして言っている訳です。さらに「事物ヲ悪ムニ勘弁熟慮スル者ハ必ス社会ノ事ヲ気ニ留ル人ナリ　若シ然ラザレハ必ス心ニ慊キヿアルナシ」との書き込みがあります（M⑩二四九関口一三〇）。正義が踏みにじられた時に生まれる憤慨が真に道徳的感情であるためには、それが非難に値するかどうかを考え、自分自身のみならず他人の利益にもなる規則を主張していることを感じとることが必要である、とミルは述べているのです。福澤はその点を「勘弁熟慮」する人が社会の事に気を留めると要約したのであり、そうでない場合ミルは自覚的に正義に適おうとしないことになると述べ、福澤はその点を指して心に満足することはない、と断じているのです。そこにはミル原文と比して、より人間性に信頼を置いた福澤の感想表現があると思います。考える人は、必ず社会のことに気を留めているんだ、ということです。

「人ニシテ人ナリト思フ一点」

次に紹介します書き込みは、ミルが功利の原理の究極的制裁について論じている功利論第三章の福澤の読後感のまとめと言っても良いのですが、ミルに対して福澤がどう考えていたかが明確に出ている点で重要なノートです。福澤は第三章の最後の余白に、「宗旨ト云ヒ　輿論ト云　恥辱ト云ヒ　栄誉ト云ヒ　皆是外物ナリ」とまず書き込みます。宗教、輿論、恥辱、あるいは栄誉というものは皆外面的なものである、即ち外的制裁力となるものである。そして続いて「〝誠意誠心世ノ裨益ヲ謀ルハ天帝ノ命スル所。衆人ノ称スル所ナルガ故ニ之ヲ行フモノナリ　之ヲ天命、人心ニ従フト云フ〟。これはミルが論じているところの要約です。それで引用符を付して「此説ハ」と受けて「所謂他力ノ誠心ナリ」という訳です。そうして「余カ考ハ之ニ異ナリ　如何ニモ此説ノ如ク上帝ノ命ヲ現ニアルモノトセン歟、獣類ハ之ニ従フテ同類ノ裨益ヲ謀ル心ニ乏シ　唯人ニシテ始テ然ルヲ得ルハ何ソヤ　之ヲ人力ト云ハサルヲ得ズ　人力ヲ以テ十全ニ達ス可キナリ　或ハ云ハン此人力ヲ附与スルモノハ上帝ナリト　サレバ答テ云ハン　此賜ヲ受テヨク処生スルモノハ人ナリ　結局際限アル可ラズ　モラルサンクションハ　人ニシテ人ナリト思フ一点ニテ沢山ナリ　上帝論ノ極意ハ賞罰ノ外ナラズ　賞罰ノ性質タルヤ決シテ美ニ非ス　余輩ノ心ヲ動カスニ足ラサルナリ」と記し、「明治九　四月十三日　諭吉誌」と署名しております［図6］（M⑩一二三関口八七余白）。

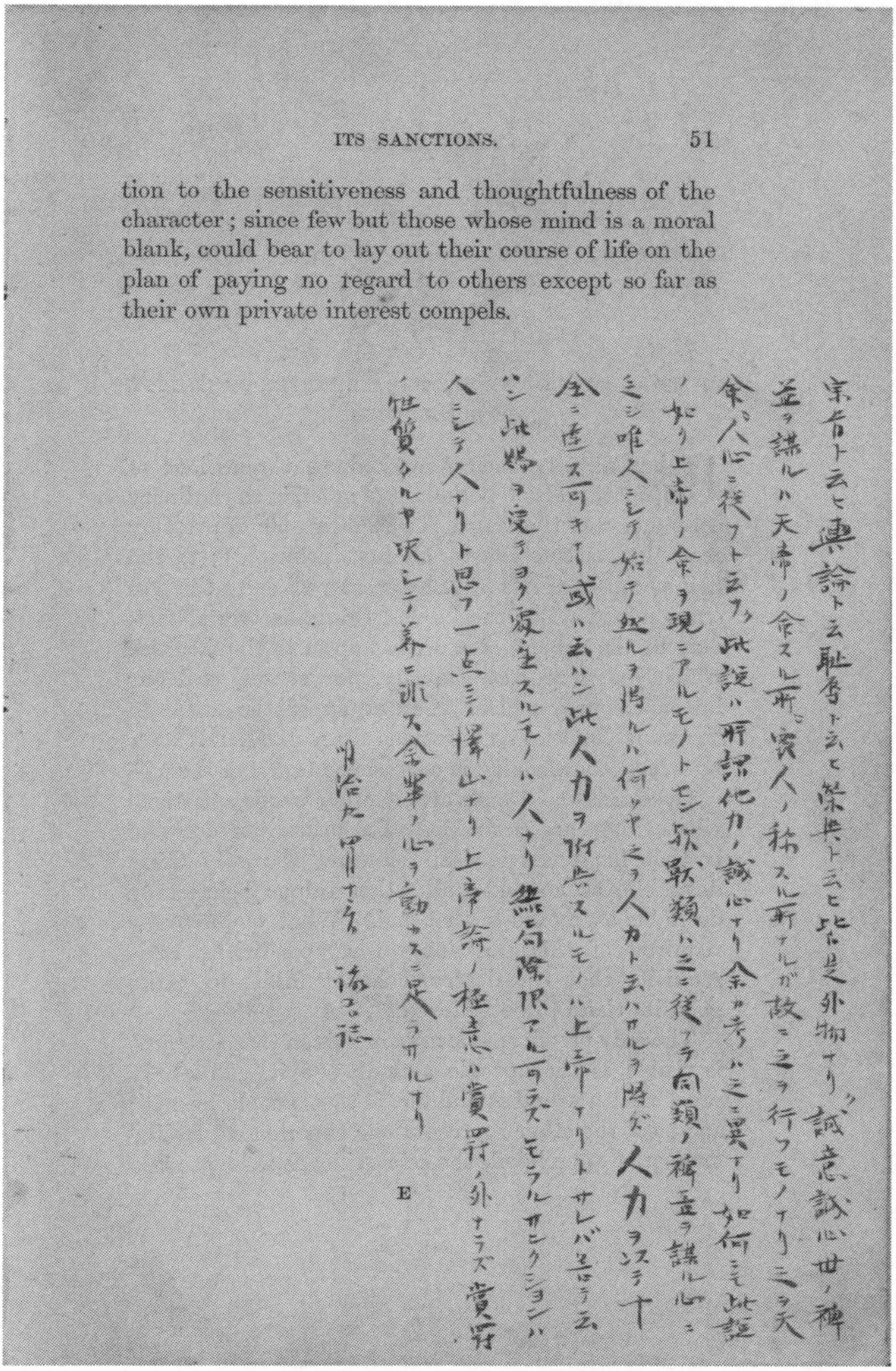

ITS SANCTIONS. 51

tion to the sensitiveness and thoughtfulness of the character; since few but those whose mind is a moral blank, could bear to lay out their course of life on the plan of paying no regard to others except so far as their own private interest compels.

E

図６：John Stuart Mill, *Utilitarianism*, Fifth Edition, 1874, p.51 の福澤諭吉の書き込み。慶應義塾図書館蔵。

ミルの挙げている例がミル自身の説かどうかという問題もございます。ミルはソクラテス的対話法宜しく、いろいろな意見を出しながら、これはどうだろう、あれはどうだろうと論を進めているからです。いずれにしましても福澤に言わせればミルの述べている制裁論は「所謂他力ノ誠心」なのです。他力即ち外的制裁の考え方です。しかし「余カ考ハ」と、そこで福澤が断ずる訳ですね、むろん解釈によってはこの「余」はミルを指しているのでは、との意見もあるかと思います。ミル自身、内的制裁に重きを置いているからであります。それは良心と言われるもので、人を動かすのは主観的感情であり、それに比例して人を動かす力が働くのである、とミルは論じているのです。福澤は「他力　自力」と書き込んで、「忠義モ可ナリ信心モ尤ナリ　其際ニ様々ノ品物ガ交ルユエ妙ナ物ニナルナレドモ　一片ノ情　誠ハ人心ノ内部ヨリ生スルモノナリ」と内的制裁の力に確信を抱く一方、他方に於いて「木石ノ如キ馬鹿者ハ宗旨トカ世間ノ評判ト云フモノニテ制スルノ外ニ術ナシ」と外的制裁の必要なことをミルの議論を要約して書き込んでいるのです（M⑩二二八―九関口七三―四）。福澤がミルを代弁し、「余ガ考ハ之ニ異ナリ」以下についてノートをしていると言えないこともない訳であります。しかし「諭吉誌」との署名まで書き込んでいることを勘案しますならば、ミルの意見を踏まえているとしましても、「余」以下が福澤自身の見解であることが、断定的文面と共に、分かると思います。従ってミルではなく福澤は「如何ニモ此説ノ如ク上帝ノ命ヲ現ニアルモノトセン歟」、ここでは上帝論、即ちキリスト教を挙げてその教えが現に生きているのであるとしても、あるいは「獣類ハ之ニ従フテ同類ノ裨益ヲ謀ル心ニ乏シ」、動物はしかしながら同じ種類の動物たちの利益を考えて策をめぐらす心を持ち得ない。そうして「唯人ニシテ始テ然ルヲ得ルハ何ソヤ」、どうして人間だけがそうしたことを成し得るのか。これはまさに「之ヲ人力ト云ハサルヲ得ズ」と、人の力と言わざるを得ない。「人力ヲ以テ十全ニ達ス可キナリ」、だから人の力こそが完全に全うさせることが出来るのであると。「或ハ云ハン此人力ヲ附与スルモノハ上帝ナリト」、しかしながら人に力を与えているのは神ではないのか。それに対して、「サレバ答テ云ハン　此賜ヲ受テヨク処生スルモノハ人ナリ」、神の恩恵を受けて、最善を尽くしてそれを生かす者は人であると。「結局際限アル可ラズ」、堂々めぐりになる。そこで結論は「モラルサンクションハ　人ニシテ人ナリト思フ一点ニテ沢山ナリ」、だから道徳的制裁というようなものは、人にして人なりと思う一点で充分であるということになる。「上帝論ノ極意ハ賞罰ノ外ナラズ　賞罰ノ性質タルヤ決シテ美ニ非ス」、だから賞罰論というのは決して素晴らしい考え方ではない。「余輩ノ心ヲ動カスニ足ラサルナリ」、だから私自身の心を動かすには充分ではないんだ、と断言します。福澤にとっては、道徳的制裁モラルサンクションというのは、人にして人なりと思う一点で充分であるという訳であります。

　人間の本性の中には善を差し置いて悪と信じる者になびくものはない、とプラトンがソクラテスに託して述べた事にも通じるでありましょう。[168] あるいは「人間よ人間的であれ。それがあなたがたの第一の義務だ。あらゆる階級の人にたいして、あらゆる年齢の人にたいして、人間に無縁でないすべてのものにたいして、人間的であれ。人間愛のないところにあなたがたにとってどんな智恵があるのか」とのルソーの言葉を思い起こす方もいらっしゃるかと存じます。[169] 確かにそこには超越者を認めることのない人間性への大変な信頼があります。また「天命を知る」という孔子の言葉がございますが（「為政」『論語』）、これは天から人間に賦与された天賦と解して、それを徳性とし、その具体的表現を「仁」としますならば、人に生まれながらに具わっている徳性を活かすことが人と人との相親しみを齎し、学を加えることによって（「陽貨」同上）平和な社会生活を送ることが出来るということになります。これは儒教の精神と言えなくもない訳であります。[170] 確かに福澤は「此迄の漢学にあらず」とした「文学」である「西洋学」が「人々見聞を博くし、人の人たる道理を知らしめ、銘々向ふ所を知り安ずる所を得ば、各才不才の分を守るを知り、之を小にすれば一身の楽にもなり、之を大にすれば国家を憂ふるの大趣意を解し」と認めておりますから、「人の人たる道理」には「西洋学」を学んで初めて可能とも受け取れる言辞を吐いております（⑲三六―八）。またウェイランドのモラルサイエンスを「新船来の徳論」として論ずることになり「面目を新にし」たと述懐しております（①四八）。その意味ではそれまでの徳論を斥けているように見えます。

ここでミルの名誉（?）のために付言しておきますが、ミルも後に宗教論を著しますが、その第二編「教用論」（Utility of Religion）で慈善を施せば神の報酬を受けるとの教えはキリスト教では至善とされているけれども、それは「人間性の宗教」（the Religion of Humanity）には及ぶものではない。利己的な欲望を正当に凌駕し理想的な対象に感情と欲望を真摯に向けるのがその宗教であり、キリスト教に見られる神の報酬を前提とする教え自体は既に徳（virtue）とは言えないというのです。その所以を、「人間性の宗教」を唱えたコントやスペンサーと異なり、古代ギリシアの哲学に求めているのです（M⑩四二二―三、J・S・ミル著／ヘレン・テイラー編／大久保正健訳『宗教をめぐる三つのエッセイ』頸草書房、二〇一一年、八九―九〇頁）。福澤の高弟小幡篤次郎は第二編を訳すに当たって、「漢士孔孟の教え、我武士道の如き宗教外に大振し、世を化し人を動すの教ある」を知るならばその確信を得るであろうか、と問題提起をしまして、「人間性の宗教」、小幡の訳では「人道宗」、が普及するか否かは分からないが、ミルの企てが数年であるのに比して数百年来「漢土孔孟の教」と「武士道」、福澤は「日本の士人は忠誠宗の信徒」とまで揚言して良しとまで言っておりますが（⑨二八五）、その儒教や武士道によって「人を動かす教」としてきた「我上等社会の人」にとっては自明であったであありましょう。「知徳を両全する人たるを得る」道を得れば道徳的制裁は人にして人なりと思う一点で充分であるとミルも持ち得たと言うことであります。福澤の書き込みは、小幡の儒教や武士道論との関係を衝いた訳者序を併せ考えますと福澤の宗教論と共に福澤と同様な視点を、古代ギリシア哲学ではありますが、ミルが持っていたことを見る思いがして、興味深いものがあります。「宗教の外に逍遥してよく幸福を全ふするは、我日本の士人に固有する一種の気風」でありまして宗教戦争を起こしている「西洋諸国上等社会」とは違うのであります（④六二〇）[171]。

「本然の性」（朱子・仁斎・徂徠・松陰）

しかし人には非自覚的ながらそれまでの徳論で以て「西洋学」の徳論を読んでいることは否定出来ないようですので、ここにその一端を紹介したいと思います。宋学的に言えば邪悪な気を去って透明にしての「本然の性」の顕現化であります。確かに朱子は「人心とは人欲なり。道心とは天理なり。天理人欲他の與めに劈けて両片と做さは自然に分曉ならん。堯舜禹所伝の心法只此の四句なり」[172]として「天理」が「道心」として「人欲」を「人心」となして「人」と「天」とを対比して「天」の「人」に対する規範と見なしてはいますが、その「人欲」も「天理」、即ち「本然の性」に戻れば

「人」として規範性を帯びるのではないでしょうか。「晦菴先生の学、放心を求めて善性に復するを以て根本となす」(173)は本然の性が善であることを朱子が論じ、その学問の本質は人間が善性に復することにあることを謳っております。後に性悪説を唱える考えが登場しましても「人の性は本と善なり」とし「善は固より性なり。然れども悪も亦之を性と謂はざる可からず」であり、だからこそ「聖人学んで至る可きか、曰く然り」という訳であります(『近思録』巻一之十四、二十一、巻二之三)。これは朱子が唱えたとされ荻生徂徠などが批判する「聖人学びて至る可し」にも見られます。朱子は孟子の性善説が唱えられている滕の文公の章句にある「孟子性善を道ひ、言と必ず堯舜を称せり」の註の一節に於いて「聖人学びて而して至る可ことを知て、而して力を用に懈らざらんことを欲して也」と論じ、程子の「性は、則ち理也。天下の理、其自る所を原るに、未だ善からずこと有るなし」と註釈しております。性は人が天より受けた理であり、渾然たる至善にして未だ悪はないのであって堯舜はその具現者であるという訳ですから、衆人も理が蔽われている私欲を取り払えば性としての善の体現者になり理に適うという訳です。それには内的な訓練、即ち怠ることなき学習によって成就出来るということです。仁義も外的なものとして求めるものではないのです。(174)

それを批判的に踏まえて註を施したのが伊藤仁斎です。仁斎は孟子が三人の聖賢の例を挙げて「聖賢の必ず学びて至る可を明す」として太子に志を立て、力を励まし、事とする所に怠らないように努めなさいとの助言をしたと註で論じております。堯舜という聖人ではなく春秋時代の斉の景公の臣である成覸、春秋時代の魯の人で亜聖と称せられた孔子の弟子である顔回こと顔淵、それに顔淵と同じく魯人であり陳の人で孔子の弟子である子張の門人である公明儀の三人の言葉を以て聖人ではなく聖賢は学習することによって成れるとしております。興味深いのは仁斎が「孟子の時、世衰、道微にして、功利の説、人の骨髄に淪み、仁義の美を為すを知らざるのみならず、而して自視こと甚だ卑し、以て仁義を行ふ能わず。故に性善の説を倡へ、亦必ず堯舜を以て之を実にす。而して曰く道は一のみ。蓋し性善を為すと雖も道に由って之を導かざれば、則ち其徳成すこと無し」と論じ、性善は聖人と我々と類を同じくすることで少不同がないことはあり得なく、必ず道を以て一つとするのである。従って性と言わずして道と言うのである。このように論じている訳ですが「功利」が「仁義」に代わって人々の心に染み渡っている世の中になってしまったからこそ、「仁義」の満ちた国にするために将来の滕の国王となる太子に孟子は性善を唱え、堯舜を例に挙げて、道が普遍的に一つであるのでそれを学んで聖賢たれ、と言っているのです（『孟子』「滕文公章句上」[175]）。

ところで「先王の聡明叡智の徳は、これを天性に稟く。凡人の能く及ぶ所に非ず」として「故に古者は学んで聖人となるの説なきなり」との言説を吐いていますのが荻生徂徠です。「思・孟よりしてのち、儒家者流立ち、すなはち師道を尊ぶを以て務めとなし、妄意すらく、聖人は学んで至るべし、すでに聖人となるときは、すなはち挙げてこれを天下に措けば、天下自然に治らん」と断じ、そのテーゼを「老・荘の内聖外王の説にして、外を軽んじて重きを内に帰す。大いに先王・孔子の旧に非ざるなり」と道の体得者、即ち聖人と道の実践者、即ち帝王とを区別し、道の実践者を軽んじて道の体得者を重んずる説であると徂徠は言うのです。徂徠にとって「先王なる者は聖人なり」であって、それは「天下を安んずるの道なり」であります。それは礼楽刑政を建てる者以外にはあり得なく、学んで誰しもが出来るものではない。従いまして「聖人は学んで至るべからず、仁人は学んで能くすべし」というのであります。「聖人」ではなく「仁人」こそが孔子が「仁」を教え「聖」となる事を強いることがなかった理由というのです。後世の人は子思・孟子・程子・朱子が先王・孔子に勝っているからだと言うのです（「弁道」[176]）。徂徠によれば「夫れ人欲浄尽することは、豈に人の能く為る所ならんや」とし「本然の性、気質の性は、もと孔孟の言の合はざるに苦しむが為にして設く」として、既に胚胎の初めから気質があるからして古にはその言葉がなかったとし、孟子の性善説もおおよその意味で述べているのであって、舜も聖人の教えに従って道を天下に行えば、聖人の治も難しいことではないと言っているのである。然るに朱子学者は身を聖人たらしめようとしている。しかし程子も朱子も聖人にはなり得ない。孔子の後に聖人が存在したことはない。従って宋儒は空言を述べて人に出来ないことを強いているのである。気質を変化するなど経書には登場しない。よって「気質は天の賦する所、豈に変ず可けんや。人各々資稟に随ひて以て材を達し徳を成し、諸を国家に用ゆ。……三代と雖も亦た然り。豈に必ずしも変ずることを須ゐんや」という訳であります。刀鋸椎鑿、即ち刀や鋸、あるいは椎と鑿宜しく生まれ付きによって適材適所に使う。それが徳を成すことであり、それぞれ国家に用いればよい、という訳であります。「天理人欲」は『楽記』に登場しますが、「人欲を去りて以て之を尽くすと言はず」であり「人欲情尽することは豈に人の能く成る所ならんや」というのが徂徠の前提であります（「徂徠先生学則」[177]）。真に徂徠にとって「満世界の人ことごとく人君の民の父母となり給ふを助け候役人に候」であります。どこまでも聖人の道は天下国家を治めることであり、身の行儀などは下たる人から侮りを受けない程のものであり、本然の性を顕わすための学び、無瑕の玉のごとく修行しても国家を治める道を知らなければ何の益もないという訳です（「徂徠先生答問書」上)[178]。

但し維新の英雄を育んだ師として夙に有名な吉田松陰は、福澤の著作からは不思議なことにその名が登場することはありませんが、人たる所以を学ぶことを旨とし、人の最も重んずるべきものを君臣の義であり孝悌忠信に在るとしておりますから(「松下村塾記」[179])、人の人たる所以を忠孝に求める考え方もあったことも事実です。恐らく武士層ではそれが常識であったと考えた方が妥当ではありましょう。福澤に言わせれば儒学者の最大の欠点は孝悌忠信の道徳の一品を以て人生を支配せんとする気風にあると断言しております(④五二八)。数百年来周公孔子の徳教によって育って満腔唯忠孝の二字あるのみの士族は、一身を藩主に奉じて君の為に死ぬほか心事はなかったのであります(⑤三五六)。福澤は仁義五常の他に道徳の教えがあることをウェイランドの道徳科学に接しても知るのでした(④四七七)。先の戦時中には武士道が国体論に包含され盛んに喧伝されておりますが福澤にはそうした面は文明論に於ける批判(④四四—五)や教育勅語を念頭に置いて作成させたと思われる「修身要領」に於ける日原昌造が提案した「独立自尊」を旨として、忠孝論を全く無視していることなどを見れば(㉑三五一、三五三—六)、なかったと思われます。道徳論は人生を万物中の至尊至霊のものとして自尊自重し苟も卑劣なことは出来得ないというもので、忠孝などは自然を原則とすれば、その一端に過ぎないという訳です(⑦一六七)。福澤が好んだ万物の霊としての人の尊厳意識であります。

「人道宗」「衆生皆仏」「世ノ中ニ悪人ハナイ」

ウェイランドの道徳論は「万物を主宰する天」が存在する所以を法則の存在証明に求めており、それは自然界の法則と同様に人間の道徳にもそれがあるとの論理です。[180] ミルもこの当時の宗教論をベンサムの原稿に基づいて書かれ、フィリップ・ボーシャンの仮名で出版されたジョージ・グロートの『自然宗教が人類の現世的幸福に及ぼす影響の分析』(一八二二年)、これは宗教が正しいか否かについては触れないで、啓示という特殊な問題については一先ず措いておいて、宗教が広い意味で役に立つかどうかを論じたものですが、この種の議論こそ今まさに宗教に関して重要であるとして、その理由としまして、当時にあっては教義を本心から信じる気持ちが揺らぎ、信仰が薄らいでいることを挙げ、加えて殆どの人が道徳や社会規範には宗教が役立つので必要だと考えているからだと論じております(M①七三朱牟田六八)。科学の時代にあって啓示を否定する人が現れても不思議ではありません。先にも触れましたが儒学的教養を持ち、封建主従の制度に制せられた上流士人(⑦二八三)にとって欧米世界が道徳の基礎に置いているキリスト教の聖典であります聖書にある滑稽な叙述を見て不可思議に思ったことが、[181] キリスト教世界にも起こっていたのであります。それ故に自然宗教や理神論に逃げ場を求めて、これもキリスト教のどの宗派に劣らず矛盾に満ち道徳心に反すると言っているのです。ミルにとって「功利性の原理」(principles of utility)こそが知識や信念を一つに構築する要石(the keystone)であり、思考の統一性を与えるものでした。そして一個の信条を、主義を、哲学を、そうして最良の意味での宗教(the best senses of the word, a religion)をしてそれを広めるべく社会に対する一生の大目的になったとも感じたと述懐しております(M①六九朱牟田六五―六八)。ベンサムの代弁書とも言えるグロートの著書からミルが学び取ったのは真の宗教の先に功利主義があるということであります。これを福澤がスペンサー『社会学研究』を読んで記した書き込みを土台にした「覚書」に於ける宗教進化論とも言うべき見解と比較してみましょう。

即ち「モラルスタンドアルドは人々の地位に由て幾十百段もある可し。次第に其地位を移して上の方に進み、稲荷様の信仰を止めて仏法を信じ、又これを止めて今の耶蘇を信じ、又これに疑を容れてウーチリタリスムなどを考へ、追々に惑溺を少なくするを得ば御目出度し。結局宗教は人間に必ず存して必ず滅す可らざるものなり。其要は之を改進せしむるに在るのみ」(⑦六六四)[182]。福澤が記した utilitarianism なる語がスペンサーの該当箇所にはありませんが、スペンサーが恐らくコントに由来する'Religion of Humanity'(「人間性の宗教」M⑩三二八、清水幾太郎先生の訳によれば「人類教」[183] Religion de l' Humanite)と論じているのを福澤はミルの『功利主義』を手にしながら思ったのではないでしょうか。「宗教ノ色ハサメルモ其種ハ消滅ス可ラズ」と感想を記し、さらに「宗教ハ唯変化改革ス可キノミ　決シテ元素ヲ失ヒ尽ス可キモノニ非ス　今ノ所謂宗教今ノ所謂教化師ナドコソ可笑ケレ　決シテ宗教ノ可笑ニ非サルナリ」と結論的にスペンサーの宗教的偏見論を読み終えるに当たって書き込み[184]［図7］、福澤宗教論の一端を総括し、先の覚書に記すに至っております。スペンサー『社会学研究』を読み終えてミル『功利主義』に取り組み、改めて「覚書」にスペンサーの読書から得た知見に自らの感想を綴ったのでしょう。

福澤に於ける人間性を見ますと、両極併存的な見方がありますが、それは人間性を根本的に信頼する側面と、しかし人間にはスペンサーが指摘しているような偏頗心があり、これが愛国心などと結び

THE THEOLOGICAL BIAS. 313

generates an unwillingness to see that a religious system is a normal and essential factor in every evolving society; that the specialities of it have certain fitnesses to the social conditions; and that while its form is temporary its substance is permanent. In so far as the anti-theological bias causes an ignoring of these truths, or an inadequate appreciation of them, it causes misinterpretations.

To maintain the required equilibrium amid the conflicting sympathies and antipathies which contemplation of religious beliefs inevitably generates, is difficult. In presence of the theological thaw going on so fast on all sides, there is on the part of many a fear, and on the part of some a hope, that nothing will remain. But the hopes and the fears are alike groundless; and must be dissipated before balanced judgments in Social Science can be formed. Like the transformations that have succeeded one another hitherto, the transformation now in progress is but an advance from a lower form, no longer fit, to a higher and fitter form; and neither will this transformation, nor kindred transformations to come hereafter, destroy that which is transformed, any more than past transformations have destroyed it.

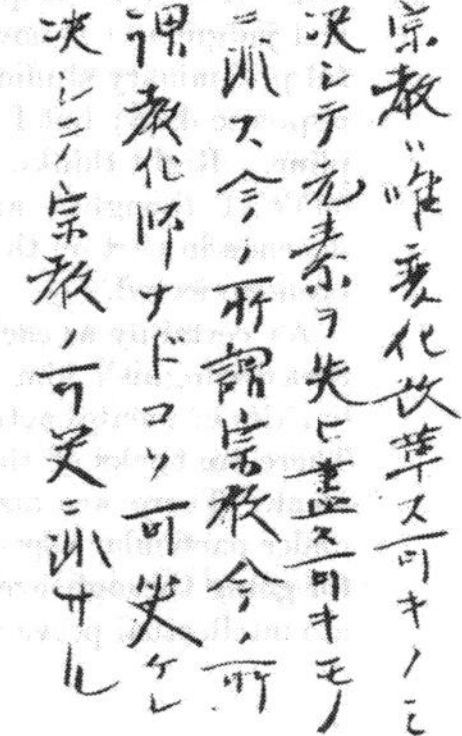

図7：Harbert Spencer, *The Study of Sociology*, 1874, p.313の福澤諭吉の書き込み。慶應義塾福澤研究センター蔵。

付き、「一視同仁四海兄弟の大義」に対して「報国尽忠建国独立の大義」に傾斜する契機と認識しておりました（④九四、一九一）[185]。福澤が晩年に著しました自伝には「元来私の教育主義は自然の原則に重きを置て、数と理と此二つのものを本にして、人間万事有形の経営は都てソレカラ割出して行きたい」とその教育方針が「数」と「理」による「実学」、即ちサイエンスと「経営」即ちアートを基本とする一方、他方に於いて「道徳論に於いては、人生を万物中の至尊至霊のものなりと認め、自尊自重苟も卑劣な事は出来ない、不品行な事は出来ない、不仁不義不忠不幸ソンナ浅ましい事は誰に頼まれても、何事に切迫しても出来ないと、一身を高尚至極にし所謂独立の点に安心するやうにしたいものだと、先づ土台を定めて」と論じ、「東洋」に於いて欠如しているものを「有形に於いて数理学」と、「無形に於いて独立心」に求めて「数理」と「独立心」を挙げておりますが（⑦一六七）、その「人生」を「至尊至霊」と認めていることは福澤の「人にして人なりと思ふ一点」が背景にあったでありましょう。もちろんそれを「独立心」と結び付けているのは、欧米体験やその地での講義、シンモン・ベルヘンテによって教示されました「自主任意」即ち「天稟の才力」を伸ばすこと（①二九〇）や不羈独立を謳っているアメリカの「独立宣言」（①三二三）、チェンバーズ社の経済論に於ける「人は其人の人にして、猶天下は天下の天下なりと云ふが如し」（He belongs to himself.）との学び（①三九二）、ブラックストンから学び取った「人生無係の通義」即ち「人生天賦の自由」（①四九三―五）なども挙げることが出来ると思います。「本然の性」が法によって担保されれば、そこに見られる君臣上下ではない平等性と解釈されるなら（「権理通義の同等」（③三七―八））、「人生の至宝たる人権」（⑫四八八）ともなり得ましょう[186]。

福澤の書き込みに戻りますが、「人ニシテ人ナリト思フ一点……」はまた通俗的な「まごころ」とも仏法風に衆生皆仏の表現とも言えなくはありません。楽天的と言えば楽天的、オプティミスティックと言えばオプティミスティックですけれども、福澤の核心にして確信であると思います。「有徳の善人必ずしも善をなさず、無徳の悪人必ずしも悪をなさず」（④一一二）であるのですが、バックル文明史を読んで不審紙を貼付して着眼しているように、「人の性は平均して善なりと云はざるを得ず」（④一〇二）であり[187]、「世ノ中ニ悪人ハナイモノダ　人ニ鬼ハナイ」とノートをする所以です（M⑩二三三関口八五―六）。

正義と功利

それでは次に、正義と功利についてミルが論じている箇所に現れている、刑罰論との関係から福澤の正義論を見てみましょう。刑法学者は今でもミル功利論の第五章を問題にするようですが、福澤はミルが挙げている正義とは何かをやはり問答方式で議論を進めます。ここでは福澤の結論とも言うべき立場を紹介しておきます。福澤は、ミルが正義観には見解の相違や議論があるとして具体例を出しつつ論を進めている所に、次のような書き込みをしております。先ずは「甲　刑ハ唯悪事ヲ償フタメノミ　他人ニ見セシメノ為ニ非ス」と。刑罰は悪事を償うためにあって、他人に見せしめるためにあるのではないという意見です。これは見せしめの刑罰は不正であり、受刑者にとって善となるときに限って正しいという説です。刑法で言う目的ないし教育刑論に相当します。次は「〇乙　人ハ何ヲ働クモ勝手次第ナレ圧　唯他人ヲ懲ラシメ戒メノ為ニスルノミ」と書き込みます。人間というのは当人の善だけが問題なら、当人が自分の善をどのように考えようと、それに介入する権利がない以上は何をやっても自由勝手だ。けれども他人に悪が及ぶのを防ぐために罰するのは自己防衛という正当な権利行使であるから差し支えない、との議論です。他人を懲らしめ戒めるために刑罰を科するということです。これは刑法でいう一般予防説に相当します。三番目として福沢は、「○丙　罪人ノ罪ハ本人ノ所為ニ非ス　世間ガ悪ナルユヘ罪人モ出来ルヿナリ　之ヲ刑スルハ不正ナリ」と書き込みます。これはロバート・オーエンの考えを念頭に置いてミルは言っている所ですけれども、犯罪者は自ら性格をつくったのではなく、受けた教育や取り巻く環境が犯罪者を犯罪者たらしめたのであり、当人に責任はないという議論です。社会が悪いのであって当人は悪くないという説です。一種の環境説であります（M⑩二五二—三関口一三八—四一）。

これら三説はミルによればいずれも正しい正義の規準であると論ずるのですが、福澤は明確に、「余カ説ハ甲ニ同意ナリ」と記します。私の考えは甲、だから刑罰はただ悪事を償うためだけに執行され、それこそが正義に適うという考えです。ミルは受刑者自身の善を目的とする目的刑論を例として挙げているのですが、福澤が学び取って自らの立場としているのは、刑は只悪事を償うためのみの贖罪論であります。これは目的刑論とはむしろ反対の考え方であり、同害報復論であります。福澤は見せしめのための刑罰が不正であるとの論を読んで、受刑者の善を目的とする目的刑論ないし教育刑論を思い浮かべる前に、その反対論とも言える同害報復論を自己の見解にしたようです。「刑罰ハ決シテ他人ヲ戒ルニ足ラズ　罪アルモノハ其罪丈ヲ償ヒ　金ナレバ利足ヲ付ケテ取返シ　時ナレバ手間代ヲ償ハセ　ナチュラル　コンセクウェンスヲ引請ケシメテ沢山ナリ」というのが福澤の立場であ

HOW CONNECTED WITH JUSTICE. 83

for the good of the sufferer himself. Others maintain the extreme reverse, contending that to punish persons who have attained years of discretion, for their own benefit, is despotism and injustice, since if the matter at issue is solely their own good, no one has a right to control their own judgment of it; but that they may justly be punished to prevent evil to others, this being an exercise of the legitimate right of self-defence. Mr. Owen, again, affirms that it is unjust to punish at all; for the criminal did not make his own character; his education, and the circumstances which surround him, have made him a criminal, and for these he is not responsible. All these opinions are extremely plausible; and so long as the question is argued as one of justice simply, without going down to the principles which lie under justice and are the source of its authority, I am unable to see how any of these reasoners can be refuted. For, in truth, every one of the three builds upon rules of justice confessedly true. The first appeals to the acknowledged injustice of singling out an individual, and making him a sacrifice, without his consent, for other people's benefit. The second relies on the acknowledged justice of self-defence, and the admitted injustice of forcing one person to conform to another's notions of what constitutes his good. The Owenite invokes the admitted principle, that it is unjust to punish any one for what he cannot help. Each is triumphant so long as he is not compelled to take into consideration any other maxims of justice than the one he has selected; but as soon as their several maxims are brought face to face, each disputant seems to have exactly as much to say for himself as the others. No one of them can

G

甲刑ハ唯悪事ヲ償フタメノミ他人ニ見セシメノ為ニ非ズ○乙人ハ何ヲ働クモ勝手次第ニシテ唯他人ヲ懲ラシメ戒メノ為ニスルノミ○丙罪人ノ罪ハ本人ノ所為ニ非ズ世間ガ悪ナルユヘ罪人モ生ズルコトナリ之ヲ刑スルハ不正ナリ○余ガ説ハ甲ニ同意ナリ刑罰ハ決シテ他人ヲ戒ルニ足ラズ罪アルモノハ其罪丈ヲ償ヒ金ナレバ利足ヲ付ケテ取返シ時ナレバ手間代ヲ償ハセナクテナラヌコンセクヱンスヲ引請ケシメテ沢山ナリ

図８：John Stuart Mill, *Utilitarianism*, Fifth Edition, 1874, p.83 の福澤諭吉の書き込み。慶應義塾図書館蔵。

ります［図8］（M⑩二五二―三関口一三八―四二）。「ナチュラル　コンセクウェンス」に該当する用語はnaturalはあっても、ここにはありません。従ってミルではなく福澤自身がそれ、即ちnatural consequenceを使用しているのです。ここでも「人間の本性」に対する信頼と言いますか、それに賭けている福澤を見ることが出来ます。従って刑罰論も自然な帰結を引き受ければ、それで充分であるというのです。ただ悪事を償うためのみに刑罰があり、それは自然にして正義に適うまさに「性義」というのです。これは刑法で言う応報刑論です。同害報復とか、あるいは等価応報にも通じる考え方です。目には目を歯には歯を、との報復律（*lex talionis*）、つまりミルもそれが自然なものと認めているように、あるいは人々の内心の要望と説いているように、それが原始的正義観念かもしれません。福澤は、それに換えて手間代とか利息とか、当の害に相応しい等価のものを科すというのです。刑罰が犯罪に釣り合う量刑が多くの人々の抱く正義の基準とミルが論じていることを慮れば、その福澤流の具体的方策とも解釈出来ますが、難しく言うとカントの言う同害報復権（*ius talionis*）です。カントはそれのみが刑罰の質と量とを確定的に示し得ると言います。[188] 福澤はそれが議論されているカントの「法論の形而上学的基礎論」を読んでいる訳ではありませんが、ミルを通じてミルというよりはカントに同意しているということです。

「一片の道理」

以上簡単に紹介しましたように福澤はミル『功利主義論』を非常に詳しく読んでいる訳ですが、福澤は「与ふるに天下の富を以てするも、授るに将相の位を以てするも、我金玉一点の瑕瑾に易ふ可からず。一心此に至れば天下も小なり、王公も賤し。身外無一物、唯我金玉の一身あるのみ」（⑤三六三）と述べております。自分自身の内面を金玉になぞらえて、それが外的な富とか位階とかに優越すると断じているのです。ノーブルフヒーリングの表現でもあります。そのことを考えれば、天下も小さく、王侯貴族も取るに足りないものだと、福澤は強調しているのです。まるでカントの有名な『実践理性批判』の結論部冒頭の「我仰ぎみる綺羅星輝く天空と我が内なる道徳律」[189]を想起するような言辞と思想ではありませんか。福澤は同時に「銭を好む心の働を見て直ちに不徳の名を下すべからず」とも述べ、「その徳と不徳との分界は一片の道理なる者」であると断言します。「一片の道理」が大切であるということですが、「この分界の内にある者は即ちこれを節倹と云ひまた経済と称して、当に人間の勉む可き美徳の一箇条なり」と言うのです（③一〇九）。お金儲けをし、利益を追求することは決して悪くはないが、ただそこには理というものがなければならない、一片の道理に裏付けられていなければならないということです。有名な福澤の初期の書簡にも出ていますね。「利禄は人の欲する所、小生と雖ども其禄はほしく思ひ候。独り如何せん、一片の天理、仮令ひ君公一万石の禄を半にして五千石を給せらるゝとも、理を棄て禄を取ること能はず、断然謝絶仕候……」と。「不分明なる理」による世禄で「一身の面目を汚し世間に一の悪例を遺し候義は、死を守て不致積に御座候」という訳です（⑰八〇―一）。内村鑑三に言わせると、こういうことがむしろ利を理で以て肯定化しているということになるのかもしれません。批判の根拠です。利欲を学理的に正当化し、良心の譴責なしに利欲に走るのを肯定することになるという訳です。[190]良心の問題が欠けているとの内村の批判が当たらないことはこれまでの議論で分かると思いますが、そのように批判される契機もあった訳であります。

しかしながら、ここはやはり道理の問題が重要です。節倹とか経済という場合は確かに物理である学理との関係が想起されますが、道理という感覚をもって経済活動なり営利事業を行えということでありますす。「平生智徳事業の帳合を精密にして勉めて損亡を引請ざるやうに心掛けざるべからず」と智徳事業の棚卸しの必要性を述べ、商品などの事業の棚卸しと同じように「心事の棚卸」を勧めている所以です（③一一八）。

政治の目的と最大幸福原理

功利の原理とも言うべき最大幸福原理の問題が出ましたが、福澤は「統計の実数を利用して以て最大多数の最大幸福を謀るが如き」と、所謂ベンサムの言う最大幸福原理をバックルから学んだ統計論を以て導入し、さらに「政治の目的は国民の最大多数をして最大幸福を得せしめるに在り。之を善政治と云ふ」と善き政治の目的としております（⑪一一八）。その場合に於いても「文明進歩の目的は国民全体を平均して最大多数の最大幸福に在るのみならず」として、ただ単なる最大多数の最大幸福ではないと主張します。そこはミルを読んでいる福澤です。「其幸福の性質をして次第に上進せしむに在り」と言うのです。幸福に於ける質の問題が提示されております。所謂ベンサム的功利論に解消されないミル的な功利論です。それを踏まえて、彼は『福翁百話』に於いて述べているのです（⑥三四八）。あるいは再論ですが福澤が編纂せしめました「修身要領」に於いても「天下万衆と共に相率いて最大幸福の域に進む」を期す、と功利の原理の一端が導入されております（㉑三五六）。文明論で伊藤正雄先生が指摘されておりますように、福澤は『大学』にあります「至善に止まる」を援用しておりますが[191]、これが福澤の「人間交際の至善」であったとも言えましょう（④四八）。

ところで福澤はよく人の人たる所以、あるいは功利論の書き込みにも登場しました人にして人なりと思う一点、を強調していました。その際の含意はしかし道徳的側面のみではありません。福澤は「凡そ人生に最も大切にして人の人たる所以は独立の一主義あるのみ」と明治二十四年の慶應義塾での演説で謳っております。そこでの独立を独立たらしめるのは「生計の銭」ですが、「人生の独立の母」である銭はしかし「一身を静にして精神の自由を妨げず、自由に思ひ自由に言ひ又自由に行ひ、人をも咎めず天をも怨まず、眼中人を見ずして独り我心の高尚優美を養ひ、物外に悠々として自然の楽みを楽まんとする方便」であります（⑬一五九）。そこで次に人の人たる所以と不可分と思われます「自由」の問題について考えてみたいと思います。

四　自由(リベルチ)と独立（一）――「一身独立」

自由はどのように見られていたか　丸山眞男の福澤国家論

自由の問題は独立のみならず権利の問題とも絡んできます。これまでも色々論じられています。最近でも小室正紀氏や宮村治雄氏、さらには大久保健晴氏の論稿がございます。(192) 古くは「独立自尊、個人自由の主義は、直ちに不徳なる利己主義となり、厭ふべき弱肉強食とならずんばあらず」と幸徳秋水が批判しております。(193) 自由は弱肉強食の源になってしまうと言うのです。また「自由論」の流行が「歴々の子君子」をして主として「闔門の自由」に走らせ、「活発の働」を宴楽に用いて「敢為の力」を「遊興」に尽くしてまさに「内の淫風を外に発露して之を制するものなきが如し」との状況を齎してもいました（④二四八）。己を責めることなく人に求める「中人以下の凡庸」なのが「忠義武勇」しか知らない「士族の品行」でもありましたから、「門閥由緒」によらないで「人々の才徳」に相応しい地位を得る時代となっては、「自由」も才徳なき士族の面々には不公平に映ったでありましょう（④二四二―六）。ミル功利論を読んでの感想ではありませんが、「昔年ノ仁徳ハ今日ノ暴政」でありますます（M⑩二五八関口一五六―七）。あるいは門閥制度が法で以て定められていれば先にも触れましたがモンテスキューの言う法が暴威を振るっている日本との認識も生まれましょう。(194)

こうした中、注目すべきは「国家を個人の内面的自由に媒介せしめたこと——福澤諭吉という一個の人間が日本思想史に出現したことの意味はかかって此処にあるとすらいえる」と丸山眞男が『三田新聞』に、戦時中の昭和十八(一九四三)年に寄稿していることです。[195] 個人主義とか自由主義というものは、功利主義もそうですけれども、この時期、徹底的に叩かれておりました。これは甲南学園の創設者平生釟三郎の日記の編集に携わって感じている所でもあります。三谷先生のご指摘の如く、昭和十年頃から、即ち天皇機関説事件に端を発した国体明徴運動が盛んになり、クーデターを試みた二・二六事件が勃発して失敗に帰しますが、玉沢光三郎検事の言う合法無血クーデターとも言える国体明徴運動の方は成功しました。[196] 新体制が近衛新体制と呼ばれましたように昭和十五年にはその形成というよりは完成を見る時期であります。その間の昭和十二年の日中戦争が始まるほぼ二ケ月前に『国体の本義』が文部省から出され、国体観念の正統化が進みますが、そこでは西欧近代思想を個人主義であると規定し、個人主義が徹底的に叩かれております。[197] ギゾーが西洋近代に齎したゲルマン族の遺産であると紹介し、あの文豪ゲーテも評価し、福澤も「バルバリアンノ功徳」として着眼し、「自由独立の気風」とした個人主義の思想でありますが(④一三六)。[198] ただ『国体の本義』は想定されるほど欧米思想全体に対して拒否反応を示している訳ではありません。国体を明らかにして、それに沿う形で西洋文化を摂取醇化し、日本文化を創造して世界文化の進展に貢献することを目的としております。[199] 欧米の個人主義を批判し、そこから派生すると考えられました自由主義を排除するのが目的であったのです。従いまして西洋思想でも全体主義やナチズムに見られる指導者原理(フューラープリンツィップ)などは導入される訳です。[200] 滅私奉公が奨励され、個人の持つ意味というものは、この時代にはタブー視と言いますか、まったく無視されております。個人を滅しての尽忠報国の思想です。だから丸山が福澤に託して説いた福澤の歴史的意味は同時に丸山の同時代への抵抗を意味するという視点からでも、重要であるということになります。福澤の著作もこの時期、色々削除され、非公表を余儀なくされております。[201]

「文明の政治」と自由

そこで個人の自由の問題からミルとの関係を見ていく訳ですが、その前に福澤の自由の導入史を二、三見てみましょう。「自主任意、自由の字は、我儘放蕩にて国法をも恐れずとの義に非らず。総て其国に居り人と交て気兼ね遠慮なく自力丈け存分のことをなすべしとの趣意なり。英語に之を「フリードム」又は「リベルチ」と云ふ。未だ的当の訳字あらず」（①二九〇）。これは有名な『西洋事情』初編にある一文ですが、'liberty' の訳としては「自由、掛リ合ノナキコト」と堀辰之助の『英和対訳抽珍辞書』（慶応二・一八六六年）と、同時期に刊行された英和辞典に見られます。また 'liberty' が「自由」と訳され、それがまた我儘放蕩との意味もある、と長崎通詞によって一般的に使用されていた例も確かにあるようです。[202]「自由」の意味内容の変遷については宮村治雄氏の研究を見て頂くとしましても、元々は『続日本紀』の用例を見ましても、価値中立的で拘束されない意味であったようです。鎌倉期には「霊剣自由の恐れあり」とか「当今（とうぎん）の御代に至つて、仏法王法（ぶつぽうおうほう）互に相対せり、などか朝威を以て仕らざる、自由の辞状尤罪科也」（『源平盛衰記』）の用例があり、[203]思いのままとの意味で、やや否定的イメージを感ずる程度であります。江戸期の用例を拾ってみますと、福澤も翻訳に際し参照し、康熙帝がその入用のみならず学士輩を無事に苦しめては政略上に煩わしいことも慮って編纂せしめた「支那開闢以来の大辞書」である『康熙字典』（①一〇、⑨八一―二）には、「漢土ヨリ創ル字ナレド、其中ニ其此マデ会得シ難キヲ自由ニ用タルモ義ヲ取違タルモ有ベシ。」あるいは「古人ノ用来レル外ハ自由ニ為ベカラズ。[204]」とあり、これらは「自由」を解し難き字を思いのまま使用し、また先例に囚われることなく勝手に使用しているとの意としており、肯定的イメージはないにしろ価値中立的であります。さらに懐徳堂の中井竹山はその弟子である豊後の脇蘭室に宛てた書簡に於いて、「老夫愈々打続順快致、一身之自由は随分出来候て、執筆も粗致し能相成候。夏中には清快も致すべき程之勢に存ぜられ候[205]」と認めている「一身之自由」は、病が快方に向かい身が自由になったことを述べており、ここに「自由」はやはり肯定的表現ではあっても否定的表現ではありません。[206]むろん一般的にはより流通しております仏教の教えに登場します「自由」は、例えば「女に三事隔・五事礙あり、何をか三と謂ふ、少にして父に制せられ、出嫁して夫に制せられて自由を得ず、長大にして子に難る」（「超日明三昧経」巻五）にありますように、女人は生涯「自由」を得ることなく「不自在」である、と説いております。これは儒教に於いても説かれ（『礼記』巻二）、貝原益軒「和俗童子訓」の一部を改竄した書と言われます『女大学』にも説かれて、福澤も「罪業深き女人」との仏書の教えと共に批判しておりますが（③八一）、ここに見る「自由」は無論、肯定的であります。

「自由」という文字は世間的にはそれこそ自由に使用され、「意のまま」との含意がありますので、公儀などが忌み嫌った用語と言えるかもしれません。[207]ホッブズが外的障害物の欠如として'liberty'または'freedom'の用法例を考慮しながら定義していることを考えれば、[208]それなりに符合する適訳ではあったのではないかと思います。ただ先に触れましたように幕末期には長崎通詞などが我儘と解して訳したため、福澤がその訳に注意を投じて「未だ的当の訳字あらず」と記したと思われます。そこで「自主任意、自由の字は、我儘放蕩にて国法をも恐れず」というような意味ではないと紹介している訳です。ただ「人と交て気兼ね遠慮なく」ということですから、そういう意味では他者との関係という含意は、既にここに出ております。

ミル女性論とブラックストン英法釈義

福澤が『学問のすゝめ』に導入していますミル女性論は、人間性の第一の最も強い欲求は自由であるとして、法なき間は法なき自由を望むが故に義務の意義と理性の価値を学ぶことによって、自由の行使には義務と理性による規制を望むようになる。だから義務の意義と理性の価値を学ぶことが大切である。自由は、義務の意味と理性の価値に照らし合わせて行うものである、と言った自由論もあるのですが（M㉑三三六大内一八四）、有名な、『西洋事情』二編で紹介しております、ウィリアム・ブラックストンという法学の大御所で安易な学者とも揶揄されました英法学者がいます。[209] 彼の影響力はアメリカなどにも及び、その学説を批判したベンサムは功利主義の祖ともなり、その意味では歴史的には計り知れない存在ではあります。そのオックスフォードで初めて教えられたと言われるイングランド法の註釈書に、「試みに見よ、世界万国、法律を設けずして善く人民の自由を存するものある乎」（①四九六）との福澤が訳した自由（「処世の自由」）と法（「天下一般の大利」）を謀るべく、「一人の身を制し其身体を御する」）との不可分性を謳った箇所があります。これは'Where there is no law, there is no freedom.'という、ジョン・ロックの『統治二論』（一六九〇年）二編の一節からの引用です。[210] ブラックストン法釈義の最初の方は、だいたいロックの考え方をそのまま踏襲しております。福澤はブラックストンを媒介としてロックの自由と法、あるいは政治社会の構成原理について邦訳し、幕末維新期に国の有様について紹介しているということであります。むろんこうした自由と法の不可分性、あるいは自由と我儘との相違については、福澤がロンドンでベルヘンテの講義を聞き、[211] あるいはジョン・ヒル・バートンが著した教科書を読み、[212] 『西洋事情』の初編や外編で紹介しておりますが、体系的論理構成上はブラックストンに負うところ大ではなかったかと思います。

学問の修得が自由を生む

さらに福澤はサイエンスの修得が自由を齎すとの認識を持ち、その点を強調していたことは先にも触れましたが、申すまでもありません。サイエンスを修得することが人を万物の霊たらしめ、それが延いては人を自由にするからです（②二三五―六）。サイエンスは人を惑溺や偏見から解放し、それが心身の自由を齎すことは『学問のすゝめ』をはじめとする福澤の主要な主題でもありました。福澤が『学問のすゝめ』八編を著すに当たって参照しました「始めて仁義五常の外に又道徳の教あるを知り」と認めたウェイランドの『道徳科学の基礎』、この「一時脳中に大騒乱を起したる」書に遭遇したこともあってか（④四七七―八）、再説になりますが、福澤はバックルが『国富論』と共に強調しておりましたスミス『道徳情操論』について沈黙しておりますが、そのウェイランドの道徳論の第二編第一章「人の心身の自由」（personal liberty）を「人の一身は他人と相離れて一人前の全体を成し、自から其身を取扱ひ、自から其心を用ひ、自から一人を支配して」として、その大意を訳出して具体例で以て『学問のすゝめ』で展開しております。これについては後に論ずるとしまして、ここでは草稿段階での「天に対して其責に任ず可きものなり」（⑲二一八）となっていたものが「務む可き仕事を務る筈のものなり」（③七八）に変わっていることを指摘しておきます。[213] 自由のために天の被縛性を敢えてここでは表に出さなかったのでしょうか。

自由論に於ける他者、あるいは怨望論

確かにサイエンスの修得が惑溺や偏見からの自由を生み、延いてはそれが物事を公平無私に視る契機を齎し、他人の自由への尊重も生まれるでありましょう。付言の意味で紹介しておきますが、サイエンスはまた民主的思考を齎していることも福澤はバックルを読むことによっても確認していると思います。「学問の講堂」（the hall of science）は「民主主義の拝殿」（the temple of democracy）となり、「人間の偉大さ」（the greatness of men）は「肩書」（titles）や「生まれ」（birth）と何の関係もないことを知らせた、と自らは学歴のないバックルは宣言しているのです。[214] それは既存の先入観や習慣から人々を自由にするものであったのです。「門閥制度は親の敵でござる」（⑦一一）は学問によって打ち破られる時代の到来という訳であります。まさに福澤も「旧藩情」（明治十・一八七七年稿）に於いて断言しておりますように、「既に学校に心を帰すれば門閥の念も同時に断絶して其痕跡を見る可からず」であり、学校は「門閥の念慮を測量する試験器」と言っても良い存在となったのです（⑦二七六）。「四民同権の一新世界」は学問によって開かれ（⑦二七五）、『学問のすゝめ』初編の冒頭で「天は人の上に人を造らず、人の下に人を造らずと云へり」との宣言は単なる枕詞としてのそれ

ではない、ということが分かります（③二九）。ちなみにその初編は明治四年の中津に学校を開くために出しました小幡篤次郎との共著という形での冊子でありますが、「旧藩情」に記されております中津市学校開設に於ける学校規則の趣意とまさに重なっております[215]。

ミルももちろん、先に論じました「独立の気象」ではありませんが、他者への配慮に細心の注意を払っております。その『自由論』には、ある人自身にのみ関係する所ではその人の独立は絶対的であり、その人は自身の肉体と精神に於いて主権者であるとしながらも、如何なる人の行為も社会に責任を負うべき唯一の部分があるとして、それは他人に関係する部分である、と論じております（M⑱二二四関口二八）。「他人に関係する」他者感覚というのが自由や独立を考える場合は不可分であるということです。シンモン・ベルヘンテによる「文明の政治」のレクチャーにも、十九世紀中葉ですから、ミル的な考え方も、ロックのそれと共に広まっていたと思われます。他人の権利を無視しての自由の行使はあり得ない、ということですけれども、福澤は従いまして「人たる者は他人の権義を妨げざれば自由自在に己が身体を用るの理あり」（③七九）と導入するのです。

そこで自由がないとどうなるのかと言いますと「元来人の性情に於て働に自由を得ざれば其勢必ず他を怨望せざるを得ず」との怨望となって表れます。従って「人の言路は開かざる可からず、人の業作は妨ぐ可からず」（③一一一―一二）という訳です。先に触れましたミル代議政論第三章にある問題です。そこには全人類の内で最も嫉妬深い（envious）のは東洋人（the Orientals）であるとの明言があります（M⑲四〇八水田八八）。福澤はこのミルの評価を真に受けている訳ではありません。「彼の西洋の学者が常に東洋諸国の人を評して、嫉妬の念深くして外国の人を忌むなど云ふは、未だ事実の詳にする能はざる腐儒の論なり」（⑦六六一）と福澤は記しております。これは恐らくスペンサー『社会学研究』の一節を読みながらメモした覚書です。

文明の野蛮（スペンサー）　文明の弊害（チェンバーズ）　機会の公平（ミル）

スペンサーはそこで「愛国心の偏見」について論じておりますが、福澤が着眼しておりますのは「野蛮人」（savage race）と「文明人」（civilized race）を対比し、「野蛮」が粗野にして無教養を意味していたのが残虐にして殺伐を意味するようになったとして、そこに野蛮に対する偏見が生まれたという所です。福澤は「野蛮ノ実義」と書き込み、さらにスペンサーがこの偏見に基づく黙信とも言うべきものを正すために「カピタンコックノ話」と福澤も書き込んでいるキャプテン・クックのタヒチ島の話を挙げます。そこには文明化された訪問者よりも現地人の高潔な様が描かれており、それは驚くべきことであるとして、むしろ野蛮と称している文明人の方が残虐にして殺伐であり、野蛮人が文明人からむしろ残虐性なり殺伐性なりを習った旨を記しております。福澤が「野蛮の人民は決して文明の人を嫌ふものに非ず」と記し、先の引用文の後に「野蛮の者が外国人を嫌ふは実に然りと雖ども、其然る所以の原因は、野人に在らずして文明と称する外人に在り。日本にても支那にても亜米利加にても印度にても、初て外人に接して直に之に敵したるものあるや。日本の攘夷論も葡萄牙人の悪弊を悪てより自から人心に浸潤したるものなり。近来二十年斗り復た交際を始めたれども、其間に外人の不正を感じ、遂には又攘夷の論を再発することある可し」（⑦六六一）と記しております。キャプテン・クックのタヒチ報告ではありませんが、文明人より野蛮と見なされた民の「野蛮的行為」の原因は文明人に在りという訳であります。ポルトガル人の不正が日本人をして攘夷の心を培ったのであり、近年の欧米人による不正が攘夷論を喚起させるとの論理であります。文明の野蛮の問題です。

もちろん文明の弊害については福澤も早期に認識しております。文明の進展は経済的格差を齎し、それが貧しい者を悪事に追いやること、それに文明の利器の発明は伝統的手法によって成り立っておりました工業や商業従事者をして生計の道を失わせ衣食に窮させることになるからです（①三九七）。これはバートンの手になるチェンバーズ版経済書の「文明開化」（civilisation）の説く所でありました。[216] この「文明の野蛮」の問題は暫く措くとしましても、文脈的にはミルのそれとは異なりますが、福澤が先の覚書にある腐れ儒者として挙げている西洋の学者の一人にミルも挙げ得るということです。ミルによれば機会が公平に与えられていれば、自由競争の原理が働いて勝ち負けに伴う怨望は起こらないというのです。人生に於ける成功が宿命あるいは偶然の結果であって努力の結果によるものではないと信じられたり考えられたりするのに比例して怨望が国民的性格になるとして、ミルは東洋の道徳学者の説や物語を例に挙げて論じているからです（M⑲四〇八水田八八）。怨望が起こるのは努力に相応しい成果を得るチャンスがなく、不公平な境遇にある場合です。資質の問題もあろうかと存じますが、自由競争、フェアな条件での自由競争が保障される社会の実現、そうすれば敗者も合理的根拠の下、納得する故、怨望は起こらない。努力に相応しく報われるという今から思えば楽観的見解であります。興味深いことには先のチェンバーズ版経済書にも文明の弊害を克服するには「世人をして一般に世の形勢を了解せしめ、其心を労し其力を役して、新に衣食を求む可きの方向に導くの外、他に方策なし。凡そ人として義気廉節を守り心力を労して憚ることなくば（every honest and industrious man)、仮令ひ相競ひ相争ふの世（the most high-strained system of competition）と雖ども、活計の路を得ること疑なし。即ち是れ文明の世界中に求む可き活計の路なり」[217]（①三九七）と説いております。バートンは文明の弊害を克服して進展させるのは張り詰めた競争社会にあっても真面目にして勤勉な人、言わばスマイルズ的自助精神の持主であればその立ち位置を得ると言っているのであります。

ミルは受動的性格や活動的性格も嫉妬心と関係してくると論を進めますが、東洋人に前者のタイプが多く、次いで南欧人と言うのです（M⑲四〇八水田八八）。福澤はしかし活動的性格を良しとして、人生活発の気力は物ごとにコミットすることであり、「自由に言はしめ、自由に働かしめ、富貴も貧賤も唯本人の自から取るに任して他より之を妨ぐ可からずなり」（③一一四）と説きます。それはまた文明の規準ともなります。

「自由の気風は唯多事争論の間に在て存するもの」

「蛮野の自由」が人を餓死させ、力で暴虐を恣にする自由であり、罪を犯しても罰を受けることなき自由であったのに対して「文明開化の自由」は法を設けて社会一般に適用して初めて言える「真の自由」であるとは、やはりバートンの説を福澤が紹介した自由でもあります[218]（①三九五）。福澤は「文明進歩の程度を計るに其標準とす可きもの少なからざる中にも言論の自由不自由は恰も人文の進退を表はすの信号とも名く可きものにして其束縛を弛めて次第に自由に移るは紛れもなき文明の進歩として見る可し」（⑥三〇四）と論じ、言論の自由不自由が人文の進退を表す信号であるが故に自由にものを言わせて、自由にお互い切磋琢磨し、文明の進歩を図れという訳です。切磋琢磨は積極的人生を齎します。ミル功利論に於いても確認しました学者の精神、活動的自助的人間像の提示であります。ミル代議政論に登場する最良な人間類型、アングロサクソン人の理想型でもあります（M⑲四〇九水田九一）。

同時に福澤はギゾー文明史を熟読しております。ギゾーはよく知られておりますように、福澤の表現を借りれば「此異説争論の間に生じたるものは必ず自由の元素たりしこと明に証す可し、故に単一の説を守れば其説の性質は仮令ひ純情善良なるも之に由て決して自由の気を生ず可からず。自由の気風は唯多事争論の間に在て存するものと知る可し」（④二四）です。これはギゾーが一八二八（文政十一）年四月二十五日にソルボンヌでの欧州文明史第二回の講義で話している主題ですが、西欧近代と西欧古代及びアジアとの違いは、異説争論の有無にある。即ちお互いに議論を叩き合わせて新たな展開を示す所に西欧近代の特徴があり、それは社会的には権力の偏重の有無となって現れているというのです。一つの排他的原理があって、それが支配的となっているところでは自由が生まれる余地はないという訳です。不自由を感じても自由に討論するところに自由は生まれ、尊敬心も相互性に基づく同等同権の下での競争であれば勝ち得ることが出来、文明への道程になるということであります（⑦六五七―八）。「文明の自由は他の自由を費して買ふ可きものに非ず。諸の権義を許し諸の利益を得せしめ、諸の意見を容れ諸の力を逞ふせしめ、彼我平均の間に存するのみ。或は自由は不自由の際に生ずと云ふも可なり」（④一四五―六）であります。ギゾーの言う自由に不可欠なものとして唱えた諸々の利益、諸々の権利、諸々の力、諸々の社会的要素の同時的な顕現と行動の福澤なりの表現と言えます[219]。

「独一個人の気象」をギゾーとミルから見る

福澤は、文明論で著しました「日本文明の由来」に於いて、古来義勇の国と称せられている日本、中でも天下大乱、豪傑割拠して攻伐やまざる武の最盛期と謳われた足利末期は、剽悍にして果断、誠忠にして率直である武人が、一敗国を亡ぼし、一勝家を興し、門閥由緒に無縁でも功名自在、富貴瞬間に獲得でき得た時代であった、と指摘しております。それは恰もローマ末期の北狄ゲルマン族がローマ帝国に侵攻した時代を彷彿させる状況を呈していたとギゾー文明史を読みながら福澤は思ったでありましょう。しかしゲルマン族がヨーロッパに「自主自由の元素」を遺したのに対して、日本の武人は「自から独立自主の気象」を生じさせ、「我国民の気象」を一変させる元素を遺すことはなかった。「独一個人の気象（インヂウヰヂュアリチ）」がローマ末期の蛮族に比して戦国期武人には欠けていたというのです。天下を取るがために兵どもが上洛するも、彼らは王室権威に頼る精神から京を目指したのであり、上杉謙信が将軍足利義輝から偏諱（へんき）を賜わって名を上杉輝虎と改めたのも依頼心の表れであった。誉れ高いはずの武人にあったのは上洛や偏諱あるいは改名冒姓といった「卑劣なる所業」を「恥」と思わない精神である。「独立自主の気象」や「独一個の気象」、はたまた「独一個の独立」、即ち'individuality'が日本には見るべくもなかった。何故か、それは開闢以来「権力の偏重」が社会の隅々まで行き渡っていたからである。その為せる技が君臨し続けたのは、一面人心を鍛錬して清雅、福澤が文明論を著すに当たって多くを参照援用した匿名英訳ギゾー文明史に於けるヘンリーが脚註で記し、物理的意味で論じた文明の一面である「リファインメント」(refinement)[220]を齎した、しかし古を信じかつ慕い、己の工夫を少しも交えることなく社会の停滞不流の元素を流し込めた儒学、その罪とも言うべき「メンタルスレーブ」(mental slavery)、即ち「精神の奴隷」が幅を利かしていたからである。「乱世の武人に独一個の気象なし」というのであります(④一六三―六八)。

注目すべきは福澤が、「精神の奴隷」に「メンタルスレーブ」と、「独一個人の気象」に「インヂウヰヂュアリチ」[221]と、わざわざ割註をして日本社会を分析していることであります。確かにギゾーには、福澤が「独一個人の気象」を生まない構造的要因とした「権力の偏重」の分析があります。ギゾーは西洋古代と東洋とを比較して、福澤の援用によれば「西洋の文明の他に異なる所は、人間の交際に於て其説一様ならず、諸説互に並立して互に和することなきの一事に在り」(④一三三)、それが弁証法宜しく「各自家の説を張て文明の一局を働き、遂には合して一と為る可し」となり、このことが現在有力な思想と化している自由(the liberty)を生んでいると分析するのです。即ち「是即ち自主自由の生ずる由縁なり」(④一三四)であり「彼我平均の間」に自由が存する理由であります(④一四五)。しかし「社会的秩序の諸要素の多様性」(the diversity of the elements of social order)が自由を生んでいる西洋近代との大きな相違が西洋古代や東洋にはある。それは単一原理(a single principle)と「単一の型」(one single form)の支配である。そこには自由ではなく専制(tyranny)が生まれる。何故か、「一個の排他的権力」(one *exclusive* power)に支配されているからである。福澤は付箋を貼付しながらギゾーの比較文明史的講義に着眼し[222]、ギゾーの言う「一個の排他的権力」を「権力の偏重」と銘打って、「単一原理」に立つ「単一の型」を日本文明の特質として展開しているのです。但し明治国家体制が天皇制国家として中央集権体制が整うのに従って福澤は逆にギゾーが西洋近代に見た多元性を徳川時代に見出して、「権力平均対峙競争の政策」を採った「世界古今絶倫無比の英雄」徳川家康を高く評価するに至ります（「国会の前途」⑥四〇―三）。ギゾー文明史第二講の福澤への影響は彼自身名を挙げて文明論の「西洋文明の由来」の冒頭部に援用していることからも確認出来るのですが、それではギゾー文明史に於ける'individuality'の位置付けは如何なるものであったでありましょうか。

ギゾー個性論をめぐるミルと福澤

福澤が使用したヘンリー脚註英訳ギゾー文明史には、'individuality'が二ケ所ほどしか登場しません。即ち一六五〇年のクロムエルは一六四〇年の彼ではないと論じ、福澤もクロムエルに変え、「今吾は古吾に非ず」（王淵）宜しく秀吉を以て登場させていますが（④五三―四）、それに続いてギゾーは「個性」にも確かに「多くの根茎」（a large stock of individuality）があるのも本当である、と講じている所です[223]。あと一つは、ヘンリーがローマの領民について、彼等の状態を知るのに最良の導き手は法律であるとして、例として近代との相違で最も特徴的なのは、一切の罪は科料（*fine*）で以て罰せられるということで、これこそが「蛮族の個性、個人としての独立の意識」（the barbarian sentiment of individuality, of personal independence）に重要である、と註を付している所でありま す[224]。

ヘンリーがアメリカの学生のために脚註を付した[225]一八三七年の匿名英訳版には、'l'intérieur de

l'homme'[226]を'individual character'としている等、[227]それなりに訳の工夫が見られるのですが、それにしても福澤は'individual'ではなく何故'individuality'に拘わったのでありましょうか。福澤はヘンリー脚註本の他に英訳の定番とも言える高名なエッセイストの子息で同名のハズリットが訳した版（F. Guizot, *The History of Civilization in Europe from the Fall of the Roman Empire to the French Revolution*, Translated by William Hazlitt, London: David Bogue, 1846）を手にしていたかもしれません。そこには'individuality'を一言で以て「人の内的にして個人的エネルギー」（the inward and personal energy of man）との定義があり、中世の指導的性格を意志力や精力を備えた強者の個性であったと、フランス文明を講ずる冒頭部で飾っており、索引でも説明が付されているのです。[228]

しかし福澤が「メンタルスレーブ」と組み合わせる形で「インヂウヰヂュアリチ」との割註を付したのは、単にギゾーに由来するものではないと思います。福澤にはそれなりに理由があった上での使用であったと考えられます。実際ギゾーに「メンタルスレーブ」なる用語は登場しません。また'individual'は、既に『西洋事情』外編のバートンの手になる経済論を紹介する際、「一人の身」と訳されており、しかも翻訳上の工夫が見られる興味深い例を提示していましたね。'He belongs to himself.'[229]を福澤は「人は其人の人にして猶天下は天下の天下なるが如し」と、「人」としての意識とその主体的活動の重要性を訴えるべき訳になっていたことを思い出して下さい（①三九二）。また『世界国尽』には「男は男一人なり。女は女一人なり。他人の妨を為さゞれば亦他人より妨げらるゝの理なし」（②六三三）とあり、さらに『西洋事情』初編冒頭部で「文明の政治」の第一条を紹介して、「天稟の才力」を伸ばすことが、その一つであり（①二九〇）、それはまた法的にはブラックストン『英法釈義』の簡約版の翻訳を通じて「一身の通義」（the right of persons）（①四九三）として改めて紹介しておりました。さらに『学問のすゝめ』に影響を及ぼしたウェイランド『道徳科学の基礎』から福澤は、「修身斉家治国平天下」（『大学』）を念頭に置いての「身も独立し家も独立し天下国家も独立すべきなり」（③三〇）との原則を学び、その精神は「一身独立して一国独立す」（③四三）との象徴的表現として『学問のすゝめ』全編、ある意味では福澤の全生涯に亘る理念として生きていると言っても過言ではないように思います。しかしこれらの例は、十九世紀英国に見られた、その意味で後に問題とするミルとも不可分な個性論を内包するも、どちらかと言えば普遍的理性が各個人に内在することを強調する平等志向の人としての権利意識の覚醒を促す啓蒙的個人主義として読まれ、広まっていったと思われます。

　むろん福澤が戦国動乱の武人に比すべきゲルマン族の西欧近代に齎した元素として「自由独立の気風は日耳曼の野蛮に胚胎せり」と記しました時（④一三六）、福澤が援用しましたのは「バルバリアンノ功徳」と書き込んだギゾー文明史に由来し、そこには他の何人にも代え難い個人の尊厳を希求する自由志向の歴史的ロマン主義への契機がないとは言えません。ギゾーが描いたゲルマン族の武人には、ギゾー夫人が仏訳しギゾーが校訂したギボン『ローマ帝国衰亡史』に描かれている「質朴にして不羈独立」（simplicity and independence）の状態を保ち、「不撓不屈（ふとうふくつ）の自由愛」（unconquerable love of freedom）[230]の持ち主宜しく「個人的自由への愛」（love of individual liberty）との論があり、福澤が書き込んだ「自ラ人ト思フハ愉快ナリ」（the pleasure of feeling one's a man）との精神をそこに見出すことは容易いと思います[231]。そうして福澤が文明論に導入する際には「自らを認めて独一個（どくいっこ）

の男子と思ひ、自ら愉快を覚る(おぼゆ)の心なり」(④一三五)とのギボンに通じるギゾーの該当箇所が援用されるに及んでおります。

問題は福澤がギゾーを読んだ時点で、「人」と思うこと自体が喜びであるとの認識が文明論を著すに当たっては、「人」を「独一個の男子」と改めていることです。「人」は言うまでもなく男も女も含めたまさに福澤が好んで使用した「万物の霊」(『書経』)としての「人」であります。「男も人なり女も人なり」(③八二)であります。「人」が「万物の霊」たることを自覚する場合、そこに男も女も不可思議な存在ではあるが、しかし普遍的存在としての万物に秀でた者、即ち人としての尊厳意識が齎されもしましょう。むろんローマを打ち破ったゲルマンの蛮族の活躍の主体は「男」であり、'man'は「人」ではなく「男」であったでありましょう。そしてその比較の対象とした戦国期日本も「女」というよりは「男」が主役であったと言えましょう。普遍的な存在としての人間の喜びよりは独りの男子としてのそれの方がギゾーの意図を汲んでも歴史的文脈より見れば、より適合的であったのであります。

中国化と米国化

ところで自由を個性との関連で論じたミル自身も、ギゾー文明史に深く影響を受けております。中でも福澤が西欧近代文明と他の文明との相違を学び取ったギゾー文明史第二講は、ミルによればギゾーの思考様式の特徴とも言うべき一般理論に充てられ、当代の学者や実際の政治家によっても注意深く考慮されるに値すると意義付けられております。即ちミルは福澤と同様に、西欧近代文明が複雑にして多用であり、それ以外の文明は統一性と単一性を特徴として持ち、一つの理念が社会組織の構造全体を支配しているとの分析を評価しているのです。対抗勢力間の共存的行動の長期に亘る持続性が史上唯一の例として近代西洋に見られ、それはヨーロッパ諸国民に絶えることなき「進歩の精神」（the spirits of improvement）を生み出したと指摘し、それがなかったならば東方諸国の静止的な専制諸国と同様、停滞か消滅かの危機にヨーロッパも陥っていたというのです（M⑳二六七、二六九―七〇、山下重一訳「J・S・ミル　ギゾーの歴史論」『國學院法学』第二十三巻第三号八八、九一頁）。そうしてミルは、英国の将来の反面教師として中国と米国の例を挙げます。

中国のように一つの中央機関に集められた訓練を受けた学問と教養ある階級が政府を形成することになったならば、また人民の如何なる力にも制約を受けることなく家父長的指導が生活の総ての営みに認められたならば、結果は軍事的な君主制や貴族制がそうであったのに輪をかけて、ヨーロッパは進歩に対立する「暗黒の専制」（a darker despotism）下に陥っていたであろう。また米国の趨勢と考えられている「数の力」（the power of numbers）――「大衆の意見と本能」（the opinions and instincts of the mass）の力――が社会の絶対的な支配を獲得して維持され、その決定に異を唱え、その権威に異議を申し立てる声が沈黙させられてしまうならば、「人間性の状態」（the condition of human nature）は、中国同様、停滞し同程度の低い水準になってしまうであろう。ミルはギゾー第二講での比較文明史論を読み、またギゾー文明史の聴講者で、その点を確認する福澤にも影響を及ぼしましたトクヴィル[232]を念頭に置きつつ、論評いたします（M⑳二七〇山下九一）。

そうしてミルはギゾー第二講でのゲルマン族の近代ヨーロッパ文明に齎した意義について、福澤も文明論で比較対象とした個性について論じます。即ち近代の「自由な精神」（the spirit of liberty）はゲルマン族の「個人的独立への愛」（the love of individual independence）、つまり社会の必要と両立する限りに於いて個人の良心以外の如何なる権威からも僅かな干渉しか受けない行為の自由の主張があった。それは未開人の自我意識（the self will）が近代化され制限されたものである。ギゾーが論じ福澤が「バルバリアンノ功徳」としたそれをミルは正鵠を射たものである、と高く評価するのです（M⑳二七四山下九五）。

ところでギゾーが取り上げ、ミルが評価し福澤も導入しました、ゲルマン族に見られた男性的（manly）と言える人間類型は、ミルの生きたヴィクトリア時代に於いて価値を持つと考えられていたようです。それはやがて日本でも明治天皇が学び[233]、多くの明治人に受け入れられたスマイルズが謳った「自助」（Self-Help）となり、同じく「人物」（Character）となり、またマッシュー・アーノルドの「完全無欠への努力」（*a study of perfection*）やアメリカ人ではあるのですがヘンリーの「人間性の完成可能性」（*Human Perfectibility*）、さらに興味深いウェルズの言う強勢な精神（tough-minded）を持った「新侍」（the New Samurai）ともなっていく理想的人間像を提供する契機ともなったと思われます[234]。そうしてそうした思潮は既に彼らに先立つ文豪ゲーテの教養小説（ビルディングスロマン）である『ヴィルヘルム・マイスターの修業時代』（*Wilhelm Meisters Lehrjahre*, 1795.）となって現れ、カーライルがそれを英訳し（*Wilhelm Meister's Apprenticeship*, 1824.）、英国でも好評を得ていたのであります。さらにアーノルドの父トーマス・アーノルドをモデルとした小説であるトーマス・ヒューズの『トム・ブラウンの学園生活』（*Tom Brown's Schooldays*, 1857.）も著され、人間形成の時代相を見ることが出来得ましょう。

そうして遥か東方の日本にあっても英国留学から帰った文豪夏目漱石の手になる『三四郎』（明治四十二・一九〇九年）の作品にもその痕跡を見ることが出来るとの説も登場します。しかしそれは時代の急激な移り変わりを背景に持つ男女の機微を主眼に描いた作品でありますので、「自然は宝石を作るに幾年の星霜を費やしたか。又此宝石が採掘の運に逢ふ迄に、幾年の星霜を静かに輝やいていたか」との一句にその片鱗を見るに過ぎないと思います[235]。尤も漱石には三四郎の学生時代を執筆する中で近代文明批判を吐露していることが窺えます。最初の方のくだりに「囚はれちや駄目だ。いくらの日本の為めを思つたつて贔屓の引き倒しになる許りだ」と後に広田先生と分かる「どことなく神主じみた男」によるこの一句は[236]、福澤に於ける国を思う惑溺、ないし偏頗心への喚起を想起させて興味深いものがあります。偏見に囚われた人間であるよりも逆説を好む人間でありたい、とのルソーの一句もまた思い起こすべきでしょうが[237]。

文豪ゲーテのゲルマン的自由

ところで大陸にあっても同時代人として、ミルはもちろんギゾーより年配にして、ギゾー講義録を取り寄せていました先に見ました文豪ゲーテもまた福澤やミルが評価しているゲルマン族の独立意識と、これに由来する自由を、感動を込めて語っております。深い読みと透徹した目を具え、人が考え及ばないことでも、ギゾーにかかると重要な根源となって大きな意義を帯びてくる。特に目に付くものとして、福澤も取り上げています、「ゲルマン人は個人の自由という理念（die Idee der persönlichen Freiheit）を我々に齎してくれた。これこそ何にも増して、この民族に固有のものであった」との叙述を挙げ、それを「全く正しいではないか？ またこの理念は現在に至るまで、我々の間に生きていはしないか？」とエッカーマンに問いかけ、ドイツの歴史的出来事の起因をそこに求め、文学の多彩性、新生面を開拓せんとする詩人の独創性への思い込み、個人の自由という理念からする学者の本領発揮などを挙げております。英仏人は団結して相互に見習い、共通性を求め、人目に付くことや他人との相違を恐れるが、ドイツ人は他人のことを問題にすることなく、まさにギゾーが見抜いているように、一人ひとりの胸に個人の自由という理念が生きており、卓越したものがたくさん現れてくると、ゲーテは一八二九年四月五日エッカーマンにドイツ人が個性的であることを語るのでした。(238)

福澤やミル、それにゲーテが着眼したギゾーのゲルマン像、即ち'the feeling of personal independence'は、ギボンは言うまでもなくギゾー自身がその名を挙げておりますように、歴史家オーギュスタン・ティエリの『ノルマン人のイングランド征服史』（*Histoires de la conquête de l'Angleterre*, 1825.）やゲーテも着眼したと言われますアメリカの作家クーパーのインディアンを描いた小説の流行がありました。北米インディアンの粗暴な独立心を理想化し、束縛を嫌う有様を描いた異色な物語がローマ帝国の侵入者ゲルマン族を見る比喩として役立てられたというのです。その比喩はギゾーの聴講者の幾人かを虜にし、トクヴィルもその一人であったと言われております。トクヴィルは一八三一年から翌年にかけて合衆国の監獄所の調査と共に、ヨーロッパ史に於いて重要な役割を果たしたゲルマン族と当代の北米インディアンとを、クーパーの説の検証をも兼ねて、比較検討したというのです。[239]

むろんゲルマン族がローマへ侵攻する時、帝国内の住民の情景はギボンが描いているように「卑屈（サーヴァイル）」であった。そこに行動を起こす独立精神も自由や個性もなく、進取の気性も気力もなかった。東洋的専制との類似の停滞があったのみである。[240]またローマ帝国の衰亡要因のギボンとギゾーとの相違は法律への着眼の有無にあり、そこに歴史研究の進歩の度合いを示すとミルは記していますが、そこはまたヘンリーが民衆の状態を知る最良の指針となるのは法律であると脚註で喚起していますように、[241]法律の史料的意義をミルもまた確認いたします。ギゾーはクリア民という名の下での中産階級とその消滅過程の記録を法律集の立法に当たることによって、帝国衰亡の糸口を見出したのです（M⑳二六四山下八五）。

しかしギボンは、ビザンチン帝国に東洋的専制（despotism）を代表させ、これを無力（sterile）や無気力（lethargy）、それに卑屈がはびこるが故の停滞（static because servile）社会の一類型とし、自由（liberty）と活力（energy）の西洋社会を浮き彫りにしております。そしてギゾーは、個人的自由に加えるに、ミルや福澤、さらにはマルクスが確認していますような、社会の差異を伴った多様性の拮抗・対立・止揚に西洋近代文明の進歩の源泉を見出しているのです。その意味でギゾーが描いた近代ヨーロッパの多様性の概念の十九世紀英国的自由への主要な伝達者は実にギボンではなく、ギボン学者ギゾーであったと言えるのです。ギゾーの手になる推敲せられた自由な歴史哲学、古代文明、それに東洋に於ける支配的原理たる単一性に対する西洋近代の多様性と闘争、自由と進歩、勢力均衡や混合政体などの議論は、文化的、社会的、思想的、政治的、歴史的な自由主義といったヨーロッパ像の構築に役立ったのです。ミルが後にその中心的思想となる権威としてギゾーに同意と有益を見出すのは、その自伝に於ける無視には驚きを禁じ得ませんが、驚くに足りるということはありません。(242)

ギボンとギゾーとトクヴィル

さらにギゾーが提示したゲルマン族の習性は福澤が読み着眼したトクヴィルのアメリカデモクラシー論にも生かされます。新世界の森の中にヨーロッパの古い偏見が見出されるとして、タキトゥスが描いた習慣との類似性を北米の放浪の民に認め、トクヴィルはインディアンを美徳（virtues）も悪徳（vices）も偏見（prejudices）も自分自身のもので、生まれながらの野生の自立（the wild independence of his nature）の中で育ったとし、「誰もが平等（equal）でかつ自由（free）」であったと描くのです。そこにギゾーの講義に触発されているトクヴィルの姿を見ることも出来るでありましょう。この点は福澤との関連で見ても深刻であります。北方諸族のローマ帝国侵入やモンゴル族の中華帝国侵入の如き、征服された民族が開明的で征服した民族が野蛮である場合、蛮族は勝利によって力を保証されていますので文明人に対抗出来、対等なものとして対することが可能であります。学芸に驚嘆するも宮廷に教養人を迎え、学校も解放されるが故に好敵手にもなり得ます。しかし物的な力を持つものが同時に知識でも優れている場合は敗者が文明化することはあり得ない。逃げるか滅ぼされるかいずれかである。(243) 福澤は力と知識を兼ね備えていると見る欧米文明人の到来を目の当たりにしてトクヴィルを読みます。ここに留意せずにはいられないでしょう。事は日本民族の興亡の問題と関わるからであります。十九世紀日本は知識も力も欧米列強に劣っていると認識せざるを得ない状況下にあったからです。少なくとも富国強兵政策はこの視点から遂行せざるを得ないと考えざるを得ません（⑰八）。文明と野蛮の争いは、ギゾーやトクヴィルを読みますならば、野蛮であっても力があれば独立を確保出来、先進文明国から文明を学び、自国の文明化を図ることが出来ます。避けるべきは力も知識も劣る状態に留まっていることであります。福澤も含めたこの時代の知識人や政治家たちがトクヴィルを読みますならば、そのように考えても不思議ではありません。文明を誇ったインドや中国ですら、知識と力を持った欧米の支配下に入った、ないし入ろうとしているのではないか、という訳です。

抑圧委譲の原則

ところで福澤は何故、「独一個人の気象」あるいは'individuality'にこだわったのでありましょうか。また「精神の奴隷」あるいは'mental slavery'を殊更に日本社会の精神構造として嫡出したのでありましょうか。福澤が早い段階で個人の独立の必要性を訴えていたことは周知のことであります。「精神の奴隷」に通じる日本の精神構造については、『学問のすゝめ』で援用し、文明論でも時に利用されているウェイランドとの関連で確認しておきましょう。『学問のすゝめ』八編「我心を以て他人の身を制す可からず」で福澤はウェイランド『道徳科学の基礎』を援用しておりますが、既に触れましたように、その草稿「一身の自由を論ず」に於いて、「甲は乙の身を制し、乙は丙の身を制し、丁は戊を制し、遂に癸に至り、癸は還て甲の身を制す可し」（⑲二一九）と訳出しております。これはウェイランドが、仮にもAがBの身を思うままにする権利があるとして、これを真理とするならば、それは普く通じるはずである。即ちAはBを、BはCを、CはDを、最後にZは反転してAを思うままにすることが出来る、と論じているところの意訳であります。即ちそれぞれ別人の意志が他人の身体や知性を思うままにする権利であって、当人が当人自身の身や知性を思いのままにする権利がないということであります。これが果たして人間性と言えようか、目下の状態の改善となり得ようか、答えは自明である。[244] そして「身体」(a body)、「智恵」(an understanding)、「情欲」(passions and desires)、「至誠の本心」(conscience)、「意思」(a will) は、それぞれ人の本性上欠く可からざる性質 (necessary to a human nature) であって、これらの力を自由自在に用いることが「一身の独立」(a distinct and independent individual) をなすということであり、そこで「独立と云へば、独り世の中の偏人奇物にて世間の附合もなき者」のように聞こえるけれども、決してそうではない。人として世の中にいれば友がいない訳ではないし、友もまた己に交際を求めることは、当方が友を慕うようなものである。世間はお互い様である。それら五つの力を用いるに当たっては「天より定めたる法」(the laws imposed by his Creator) に従って、分限を超えないことが肝要なだけである。即ちその分限とは、「我もこの力を用ひ他人もこの力を用ひて相互に其働を妨げざる」を言うのであって、「人たる者の分限」(his own discretion, limit) を誤らないで、世の中を渡るときは、人に咎められることもなく、天に罪せられることもない。これを人間の「権義」(a right) と言うと福澤はウェイランドを援用して論じるのであります (③七九)。次いで福澤が得意とする具体例で説明いたします。禁裏様は公方様に、公方様は大名に、大名は家老に、家老は用人に、用人は徒士に、徒士は足軽に、足軽は百姓に、そして反転して百姓は足軽に云々と抑圧委譲の循環過程を論じ、「斯くの如きは則ち日本国中の人民、身躬から其身を制するの権義なくして却て他人を制するの権あり」であるとしまして、誠に人の身と心とは居処を別にして恰も「他人の魂を止る旅宿の如し」である。「奇なり、妙なり、又不可思議なり。これを天理人情と云はんか、これを文明開化と云はんか。三歳の童子にても其返答は容易なる可し」と結論付けるのです。そうして名分論も、「詰る処は他人の魂を我身に入れんとする」趣向に過ぎない、とウェイランドを日本の文脈に照らし合わせまして展開しております（③八〇）。この抑圧委譲の原則は、福澤も一部翻訳しました（⑦五六〇―三）、「主人にして奴隷」と日本人の行動様式を分析したペリー『日本遠征記』の述べるところでもあったのですが[245]、「甲は乙に圧せられ乙は丙に制せられ、強圧抑制の循環、窮極あることなし。亦奇観と云ふ可し」（④一四七）となって文明論でも再度援用されることになるのです。

しかし同時期ながら、文明論で改めて「精神の奴隷」と組み合わせる形で「独一個人の気象」を原語の註を付加してまでも説明しているのは、『自由論』でミルが自由の主題とも言うべき重要な用語として挙げているのを踏まえた上でありましょう[246]。しかも福澤が参照したのは『一千八百七十年倫敦出版　英国　彌爾（ミル）著　ON LIBERTY　自由之理　明治壬申二月発兌　駿河静岡　中村敬太郎訳　木平謙一郎版』と見返表紙右側を飾った明治五年刊行の中村正直の手になる訳書と言われていますが、むろん文字通りというのではありません。問題の用語は中村訳によれば「精神」ではなく「心中」が当てられ、「メンタルスレーブ」とルビが付されて「心中ノ奴隷」と訳されているからです。即ち「自ラ天良是非ノ心ニ原（モトヅ）キ、自由ニ思想シ、一己ノ意見ヲ立ルヿ能ハズシテ、他人ノ説、即チ世間総体ノ議論ニ、余儀ナク従ガフヿヲ、心中（メンタル）ノ奴隷（スレーヴ）トイフ[247]」が中村訳の該当箇所です。「世間総体ノ議論」とは'a general atmosphere'の訳でありまして福澤に言わせれば「衆論」で「国内衆人の議論」ですが（④六八）、文脈的にはミルが思想及び言論の自由の重要性を謳っている中で、思考の自由は偉大な思想家のためというよりは、むしろ「思想ノ事ヲ勤ムル聡明ノ民出シヿ」のために必要であり、「知力に富む活動的な民」（an intellectually active people）が偉大な思想家をその名にふさわしく鍛え上げるという点こそが重要であるという訳です（M⑱二四二中二―二五丁ゥ関口七九）。後に福澤はスペンサーを愛読しますが、その『社会学研究』にも、むしろ社会が偉大な人間を生じさせるとして、「ニウトンガホッテントットニ生レ」ることはないと書き込み、[248]「『ニウトン』は阿非利加の内地に誕生す可からず」（⑲五三二）と展開していることは既に触れましたが、礼儀の人の住む所ではなく、礼儀の国を目指しています福澤から見れば重ねて学ぶべき点であったと思われます（④五三）。民度が高い所に優れた人物は登場するということです。

「精神の奴隷」との関連で申しますならば、さらに福澤も読み着眼し、ミルがトクヴィルから学び取り、先に見ました「多数者の専制」、中村訳に依れば「多数ノ仲間ノ暴政（ゼタイラニヲフゼマジョリティ）」（the tyranny of the majority）（M⑱二一九中一―七丁ォ関口一七）、あるいは「世論の圧制」、中村訳によれば「意見ノ束縛」（the tyranny of opinion）（M⑱二六九中一―二十丁ゥ関口一五一）、さらには「慣習の圧制」、中村訳によれば「風俗規矩ノ威権又曰暴威」（the despotism of custom）（M⑱二七二中一―二十五丁ゥ関口一五八）も重要であります。多数者の意見が世論となり、それは慣習化する。そうすれば「人心ヲ強ヒ箝制ノ政」が行われ、社会的暴虐（social tyranny）となって生活の細部まで浸透し、霊魂までも奴隷化するというのです（M⑱二二〇中一―七丁ゥ関口一八）[249]。

官僚制国家への道と人民の統治

ミルの問題提起に従ってさらに考えてみましょう。ギゾー論にも登場した官吏登用試験の問題を取り上げます。もしそれが慣習化していれば、天下の秀才たちは政府の公職に吸収され、その結果は国民の一切の仕事がその指導と命令の下に入り、立身出世もそこに求めることになる。国の主要な能力の一切が政府に吸収され、それは政府自体の精神的活動と進歩性を失わせることにもなる。実践的知性を持ち合わせない繁文縟礼（はんぶんじょくれい）に精通した衒学政治、即ちペダントクラシー、中村の訳によれば「自ラ誇大ニスル政府」の世界であります。中国官僚、即ちマンダリンはまさにその例である。専制政治の道具にして産物と化する点に於いて中国官僚は下賤な農民と同じである。「人ヲ治ムル者ハ律法ノ奴隷ニシテ、人ニ治メラル者ハ、人ヲ治ムル者ノ奴隷ナリ。支那ノマンダリン（官府ノ長官ト訳ス）ノ如キ、タヾ君主専政ノ器具トナルモノニ過ズ」ということになる。斯くミルは論じております（M⑱三〇六―八中五―二十一丁ォ―二十五丁ゥ関口二四二―八）。

福澤が「学者職分論」を説き、学者の官吏志向に対する批判と私立の強調の理由、さらにはゲルマン族に比するに平安貴族に対する独立不羈の気象を持ったとされる坂東武者[250]ではなく敢えて戦国期の武士を対比させた一端はここにもあったのでしょう（③五一―四）。さらに福澤は「文官試験規則」なるものを著して「文官の技倆は……規矩準則を以て測る可らず」として「全く無形にして度量の見る可きものなければ、一定の試験を以て之を取捨するは到底能はざるの難事と云ふ可し」と断言し、官吏の技倆は単に学術技芸のみではなく、「日々万機の事に接して之に応ずるの材料」を要する故、通常「世事に経験して臨機変通の才」も不可欠であるのみならず、「稍や高等の地位を占むるもの」は、「履歴名望の以て人を服せしむるに足るもの」が必要とされるので、「才芸よりも寧ろ人物の重きを要する」ことになる。従って「今の試験規則を全廃するか、又は其試験は差し当たり必要なる筆算読書又は一般の法律規則等、普通概略のものに止め、人物財能の鑑定は全く長官の目鏡に一任し、以て大いに人物登用の路を開かんことを希望するものなり」（⑬三一八—九）とミルと同じ様に、官吏登用試験が齎す官僚の衒学政治化を恐れております。

むろんミルが例を出しその念頭に置いた中国は、嘗ては独創性もあり、人口も増加し、教育も普及し、多くの生活の技術に精通し、トクヴィルの言う諸条件の平等が確立されており、その意味でのデモクラシーの下、身分ではなく実力による科挙という高官の選抜試験まで導入されるに至っておりましたが、[251] まさに文明の極みに立ったと中華を謳歌するや否やその社会は停滞してしまった。その要因はミルによれば明らかであります。即ち人民が慣習の奴隷状態に陥り、個性を持たなくなったからです。「人民独自一己ノモノ無（ナク）ナリ、尽ク皆同様トナリシ時ヨリ開化ノ進歩止（ヤ）ミタリ」であります（M⑱二七三中三—二十七丁ゥ関口一五九—六〇）。ミルは代議政論の中でもエジプト文明と中国文明が永遠の停止状態（a permanent halt）になった要因として、精神的自由（mental liberty）と個性（individuality）の欠如を挙げておりますが（M⑲三九六水田六四）、官僚政治（bureaucracy）が衒学政治（pedantocracy）になり、優れた人々の個性を圧迫することは代議政治の自然な成り行きとしての集団的凡庸さへの道を歩むアメリカ問題でもありました。多数者の圧制（トクヴィル）が個性を圧迫するからです。その意味で教養ある少数者、高度の知性と人格を有する指導者の育成は重要なのであります。活動的で自助的な性格が多数による政治に好まれるとすれば、知的卓越性や実践的卓越性を伴わなければならないのです。むろんミルは自由なき陶冶は、主義の為には小賢しく振舞う聴訴官が育成されることはあっても闊達で寛容な精神を持つ人材は育たないと断言します（M⑱二四六関口八九）。それが一律的な国家による教育の修養であれば、国民を鋳型に入れたが如き完全に相等しいものにする仕組みとなるに過ぎなく、それは時の政府の支配的勢力が君主であれ、僧侶であれ、貴族であれ、多数者であるかを問わず、結局は支配的勢力を喜ばす類の人物養成となり、その教育が効率よく運営されればされるほど、精神の専制政治、延いてはその自然の成り行きとして肉体に対する専制政治を生み出す、と論じております。知的かつ実践的卓越者は一律的国家教育では齎されることはないということであります。仮りに国家教育を施しての場合は競い合う多数の実験の一つとすべきであると論じております。知的かつ実践的卓越性が要請される官僚の養成にあっても、こうした点に留意するべきでありましょうし、官僚たちの能力を高水準に保ち衒学政治に加担させないためには、官僚以外の官僚と同等な能力を持った人々の批判を受け入れるようにしておくべきであって、人類の為の統治（the government of mankind）に必要な諸々の能力を形成しかつ開発するような一切の職業を官僚に独占させてはいけないのだ、とミルは主張します（M⑱三〇二、三〇八関口二三三、二四七―八）。これは福澤の官民調和論の理論的根拠になったでありましょう。

さて、ミルは中国を例に出してヨーロッパと対比しつつ両者の相違を述べるのですが、それはミルにとって而して福澤にとっても、他人事ではありません。繰り返しますが、中国に代表される東洋諸国はヨーロッパ、中でもイギリスの反面教師となり得るからであります。中国はまさに警告的な実例なのです。中国に比すれば、ギゾーの言うようにミルにあってもヨーロッパは特性（character）と文化（culture）に於いて驚くべき多様性（diversity）がありました。中村訳によれば「奇異非常ナル種々ノ品行アリ、奇異非常ナル種々ノ教養アリシナリ」（M⑱二七四中三―二十九丁ゥ―三十丁ォ関口一六三）であります。ところがヨーロッパの現状は、すべての人々を一様なものにしようとする中国人の理想に向かって進んでいるとミルは言うのです。「天下ノ人民ヲ同一ニ為ンコヲ務ムル意見ニ向ヒタリ」であります。トクヴィルの『旧体制と革命』（*L'ancien régime et la Révolution*, 1856.）第二部第八章によればフランスでは一世代前と比較しても相互に類似性が増しており、イギリスはそれ以上とミルは認識しております（M⑱二七四中三―三十丁ゥ―三十一丁ォ関口一六三―四）。

ミルがギゾー論に於いて論じた進歩に対立する暗黒の専制は、『自由論』でも登場して中国化への歩みを懸念するものでありました。精神的自由のない所に個性はなく、個性のない所に進歩はなく、進歩のない所に文明はないというのがミルの考えである以上、精神の奴隷からの解放と幸福の一要素ともなる個性の擁護は不可分であります。ヨーロッパ、中でもイギリスの中国化はミルにとって多数者の専制が具現化するアメリカ化と共に阻止せざるを得ない傾向であったのです。

フンボルト個性論と英訳者カルサード

ミルがカルサードのフンボルト英訳から得ました個性論は、斯くして極めて重要な位置を占めることになります。フンボルトは人間の目的はその諸能力を最高度にまた最も調和的に発展させ完全に矛盾のない一つの全体たらしめることであり、「能力と発展との個性」、中村訳によれば「自己ニ具フル才能ヲ発生スルニ在リ」であり、ミルが引用しているカルサードの英訳によれば“the *Individuality of Power and Development*”であります。フンボルトの原文では“Eigentümlichkeit der Kraft und der Bildung”であります（M⑱二六一中三―四丁ゥ関口一二九）[252]。そうしてミルは、フンボルトに倣って個性擁護の為に二つの条件を提示します。即ち「自由と状況の多様性」、中村訳によれば「自由ノ事ト、職業地位ノ各様多般ナルヿ」（'freedom, and variety of situation'）、言い換えれば「人民各個ノ精神力量、及ビ許多ノ殊異ナルモノ」（'individual vigour and manifold diversity'）、これらの両者が相合して初めて「独創力」即ち「本来ノ面目」（'originality'）も生まれ、而して人類も進歩する（「人類ノ智識才能ヲ発出セン」）と言うのです（M⑱二六一、二七四中三―四丁ゥ、三十一丁ォ関口一二九、一六三―四）。

確かに福澤は、'individual'よりも、エネルギーを伴っている感がある「気象」をよりよく内包していると思われる'individuality'の方が妥当としただけの話かもしれません。しかしミルが展開している如き個性論は、「自から人々の内に独一個人の気象を存して精神の流暢を妨げず」として「人々自から其身に依頼して独立進取の路に赴く可し」（④一七二）など、個性に通ずる思想を強調していることを勘案しますならば、福澤はギゾー文明史論を契機としてミル自由論で以て哲学的に考察するに至っていると言えましょう。

「至尊の位」と「至強の力」

さて福澤はギゾー文明史を読みながら、西洋近代社会が一種無二の金玉と見なして極めて重視している自由独立の気風を齎す元素たり得ました不羈独立のゲルマン族に相違して、それに比すべき日本の武人にはそれがなかったと断言し、その要因を日本文明の特徴としました「権力の偏重」に求めましたが、それは確かに欠如理論ではあったかもしれません。しかし同じ文明論で福澤は、中国と比較して日本は一個の排他的権力が支配的ではなく自主自由を齎す多元的権力への契機を見出して論じてもいるのです。よく知られておりますように「至尊の位」と「至強の力」の併存であります。古典中国が百家争鳴宜しく多事争論であったが故に自由への契機を持ち合わせていたとしますならば、秦の始皇帝による中華帝国の成立は「至尊の位」と「至強の力」が合体し、そこに異説争論を禁じ、焚書坑儒もあり、さらに以後王朝交代はあっても独裁政治が続き、支配に好都合な儒教のみを正統として君臨させ、自由への道を閉ざすことになりました。尤も儒・道・仏の三教それぞれが等しく盛んであるが故に、康熙・乾隆二帝の清朝治世は「小堯舜」と称せられているとの中津藩蘭学者前野良沢の認識は[253]、徳川政権の思想の締め付け批判が背景にあるとしましても、ギゾーやミルの多様性の持つ意味との関係で興味深く映ります。

その点の中国史に持つ意義は差し置きますが、福澤の日中比較文明論の叙述は、後に読んで帝室の位置付けを論じる際に援用したバジョット『英国憲政論』(Walter Bagehot, *The English Constitution*, 1878.)の「尊厳的部分」(the dignified parts)と「実践的部分」(the efficient parts)、あるいは十六、七世紀に来朝した宣教師たちが天皇を宗教上の頭首と信じ、将軍を日本の本当の支配者、俗界の王、否皇帝とさえ称し、とりわけ日本の事情に詳しいことの権威でありましたケンペルが、十八世紀に著した書籍の中でこれら二人の主権者の一方を宗教上の皇帝、他方を俗界の皇帝とし、この見解が幕末期にまで踏襲された幕末欧米人の聖俗二元論的日本への視点、[254]江戸期の「禁裏様」（「天子様」）と「公方様」（「天下様」）との二元論的日本国理解の史的背景もさることながら、[255]二八四年に皇帝位に即いたディオクレチアヌス帝についてのヘンリーの脚註を参考にしていると思われます。即ち皇帝絶対性を確立するために、それまでの軍事的独裁、それ故に近衛兵の防衛のなすがままの決まりきった東洋的君主制を宮廷儀礼宜しく尊厳の持続性を保つべく、「一切の権力の中心」（the center of all authority）即ち「至強の力」と「一切の尊厳の源泉」（the source of all dignity）即ち「至尊の位」の保持者として玉座を位置付けた最初の皇帝であるとの脚註です。[256]中国皇帝下（とローマ皇帝下）に相違して、日本は「至尊必ずしも至強ならず、至強必ずしも至尊ならずの勢」があったが故に、両者の運動から生じる「一片の道理」も日本には生まれても中国には生まれない。「純然たる独裁の一君を仰ぎ、至尊至強の考えを一にして一向の信心に惑溺する」中国人に比すれば日本人は思想に富めるものであって、「惑溺の心も自から淡泊ならざるを得ず」と福澤は分析するのです（④二三―五）。ギゾー文明史に照らせば、同じ東洋と言っても日本は諸説並立し自由への契機、西洋近代文明への契機を持っていると言うことであります。

　このように日本文明の特徴を際立させている背景には既に触れましたが、「至尊の位」と「至強の力」を一体化させ中央集権化し、ある意味で中国化を図る新政府の動向に対する福澤の批判が窺えます。福澤は、権力平均の一事をギゾー文明史のそれの応用したものとして天皇を中心とする中央集権的な明治国家体制確立過程を念頭に置いて、徳川治政を再評価するのですが、福澤にはそれでも文明の後退に抵抗する理論的背景がありました。バジョットの国制論もその一つでありましょう。統治に携わる帰納的実践的部分と統治を統べる尊厳的部分とに分離し、君主を国民統合の象徴（a visible symbol of unity）とする、即ち福澤の言葉で言えば「一国の緩和力」との見方の導入であります（⑤二六五）。文明論で言えば「政府の実威」と「理外の威光」による「政府の虚位」の問題であります（④三四）。福澤は「学問のすゝめの評」に於いて、あるいは文明論でギゾー文明史を援用しながら政府の形態のみを見て判断する流出論理を批判し、その機能論理をも見るべきと戒めております。「立君も必ず不便ならず、共和政治も必ず良ならず」であります。一八四八年の二月革命後のフランスは共和政治で公平と雖も残酷であった。十九世紀前半のフランシス二世統治下のオーストリアは独裁政であったかもしれないが寛大の実があり、アメリカの合衆政治は中国政治よりは良いが、メキシコの共和政はイギリスの立君政に及ばない云々であります（①四六―七、④四二―三）。こうした論理を補強する論として福澤が目にしたものを加えて紹介しておきます。いわゆる「擬装された共和制」（disguised republic）論であります。

この「擬装された共和制」はモンテスキュー以来、イギリス政治について言われていることであります。バジョットの十九世紀という世紀に於いて英国人のような国民に相応しい政体と論じておりますことで有名ですが、[257] モンテスキューは「共和政が君主政の形式の下に隠されている国」、阿礼之の訳では「其外貌は立君政を装飾するも其実は共和政の名を下すも猶ほ愧ちさるものあり」であります。[258] そうして何よりも福澤が愛読したバックルのモンテスキューの論をまとめた叙述が参考になるでありましょう。それは「英国政治の直接の目的は政治的自由であり、英国人は他の何れの共和国にも勝った自由を有し、彼らの制度は事実に於いて君主制の仮面を被った共和国に他ならない」[259]であります。これとは逆に「共和政体という擬装をした絶対君主制」（an absolute monarchy disguised by the forms of a commonwealth）もアウグストゥス帝の整備した帝政機構を指してギボンは描いておりますが[260]。ミルは女性論で挙げておりますが代議政論こそが、ヘロドトスをも引用して最良の統治形態としております。しかしそれは国民の進歩に相応しい制度と言えるからでもあります。単なる制度信仰への疑問ないし醒めた認識は、「自由ノ体裁ト自由ノ実ト相当セサル証拠ハ合衆国ノ東方ニ於テモ沢山なり○代議政治ハ別ニ益ヲ為スニ非ス唯害ヲ妨クノミ人民固有ノ働ヲ働カシムルノミ」とのスペンサー読書へのノートにも見られます[261]。福澤は政治の分野のみならず他の分野に於いても「大人主義は行はわれずして多数主義に勢力を占めらるる」時代の到来を予期し、「大人より多数に変遷する途中の難渋」に目下あるとの認識（⑥一一）を踏まえた上で『帝室論』や『尊王論』を執筆し、帝室の存在理由を政治外に求め「万機に当るもの」ではなく「万機を統るもの」としてバジョット憲政論を参照にしての象徴機能に限定しようとして権力の偏重を防ぐべく論を張ったと言えます。そうした営為は明治憲法の機関説解釈にも寄与したでありましょう[262]。「王を尊ぶの心あらば之を尊ぶに其法を講ずること最も緊要なり」（⑥二九）であります。福澤の別の表現で申しますならば「国を思う心」ではなく「国を思う理」から来るものであったのです（①四七）。福澤の『帝室論』『尊王論』を権力平均論の文脈で見ますならば擬装された文明論と言って良いのではないかと思います。ギゾーあるいはミルから学び取った「力の平均」（③四九）、「権力平均の主義」「権力平均の旨」の徳川時代への評価の問題でありますが（⑥四三、六〇）、取り分け福澤がミルの言う人類の為の統治への眼からすれば個性の称賛の問題であります。明治九年、即ち一八七九年九月二十八日に著した「故大槻磐水先生五十回追憶の文」を見てみましょう。そこには「独一個人の精神を発達」させた「不羈独立の士」としての蘭学者たちへの自己をも投影した史的位置付けを行っている福澤の姿を見ることが出来ます。

目的なしの勉強と個性

「事を為すに外物を目的として為にする所あるものは独立の事に非ず。独立の事に非ざれば永遠に持続して其功徳を後世に遺すに足らず」と論じ、「名誉の為に勉強せん歟、名誉を得れば勉強も亦共に止む可し。利財の為に刻苦せん歟、利財を取るの後は又刻苦するを須ひず」として、「名の為に非ず、利の為に非ず、正に独一個人の精神を発達せんが為に勉強刻苦する者」こそ、「不羈独立の士」と称すべきであると福澤は断ずるのです。目的なしの勉強が個性の伸長と独立不羈を齎すことを述べ、蘭学者たちが「世人の耳目には豈に其説の新にして奇なるに非ず、却って奇にして怪ならざるを得ず」との奇説として受け取られるばかりか「毫も発論の自由を得せしめざりしは、時勢に於いて怪しむに足らざるものなり」ではあったが、「百折不挫、修身一日の如く、人をも畏れず世間をも憚らず、其唱る所の説を唱へて倦まざるの有様」を思い、「唯自己の精神を発達するを以て無上の快楽と為し、人心最高の部分を養ふの外余念なき者」であったのです。ミルではありませんが個性の自由な発展が幸福の主要な要素の一つであること、またそれが目に見える政治上、軍事上の成果を違業とするも、これらは人事上の一部であって、個性の伸長によって成し得る無形の人心変動も「文明の路に荊棘を除きたる者」なのです。後世の学者は「独一個の精神」を発揮し、「一個独立の精神」を発達させ、文明の進展に貢献すべきであると主張しております（④四〇七―九）。

確かに蘭学者たちは福澤が確認していますように、蘭書から得た知識に照らしました「実測窮理」の学によって、漢方医が拠って立つ陰陽五行論を批判し、「慣習の圧制」即ち惑溺から自由な視点を獲得していたと福澤は考えます。実験検証による法則の発見は陰陽五行で以て万物を解釈することを非としたのです。福澤が無目的の勉強に専念していた大坂は緒方洪庵の塾でも然りであったでありましょう。しかも「己の意に適するを適とす」（『荘子』）との意を込めて「適適斎」と号し、その名を「適塾」とした私によって立つ教育機関は、その名にふさわしく個性の伸長を素読・会読・講釈・独看という能動的学習法を取り入れて行う実力主義によってなる自由な知的空間を提供していたのであります（⑦六八―九）。

「独立」を顧みると　人間教育と個性教育

翻って中国古典には「君子以て独立して懼れず」（『易経』）の「独立」があり、福澤も援用していますし仏教用語の「天上天下唯我独尊」の「独尊」があります（⑥四三五）。また幕末期に広く読まれた佐藤一斎の「士は独立自信を貴ぶ」（『言志四録』一八一二―五三年稿）の「独立」もあります。福澤の厳父百助の詩文には「独立精神第一流」（『杲育堂詩稿』一八一八―三二年稿）を謳った「独立」があります。さらに江戸儒学界に一大旋風を巻き起こした荻生徂徠は「学は寧ろ諸子百家曲芸の士と為るとも、道学先生と為ることを願はず」（『徂徠先生学則』一七二七年）[263] と説き、「風雅文才之のびやかなる」方向を提示しております（『徂徠先生答問書』一七二七年）[264]。「聖人学びて至るべし」との宋学者の言う「人らしく生きる」に対するに「気質は天の賦する所、豈に変ず可けんや。人各々資稟に随ひて以て材に達し徳を成し、諸を国家に用ゆ」（『徂徠先生学則』）[265]とありまして、国家が利用する契機があるとしましても「聖人学びて至るべからざる」との「自分らしく生きる」徂徠学の個性論が江戸思想史に有した意義は無視し難いと思われます[266]。

さらに「それ人間の一心、万人ともに替れる事なし。長剣させば武士。烏帽子をかづけば神主。黒衣を着すれば出家。鍬を握れば百姓。手斧つかひて職人。十露盤をきて商人をあらはせり。その家業、面々一大事を知るべし」[267]（井原西鶴『武家義理物語』一六八八年）、あるいは「およそ人平等にして差別あるべし。……心平等といへども、事差別あり。差別の中心平等に当たる」[268]との僧契沖の説などは、分限論ではありますが平等な普遍的人間像を前提とした上で、身分相応の一分を図れとの個性論への契機を見ることが出来ましょう。また「自を抑て他を恵み、庶人の分を守て、希望を断つべし、倹をつとめて、吝なることなかれ」[269]との市井の人に修身を説いた市井の学者の言にも窺うことが出来ますように、また福澤も士族が恥辱を蒙れば、「武士の一分相立たず」と怒り、「一分とは武士たる者の権理」であるとして「分の字と権の字と其意味誠によく符号せり」（④五七三―四）と、面々一大事を知る個性の萌芽を権利として江戸期に求めてもいます。

さらに個性ある人は奇人変人とも思われますが、『近世畸人伝』が伴蒿蹊の手によって著されたのは奇しくも異学の禁が発せられた数ケ月後の寛政二年、即ち一七九〇年の秋のことでありました。それは「皆一奇の為に掩はれ、人復た本分の何人たることを知らず。故に概して畸人を以て之を目すと云ふ……性ニ率テ動キ、各々其ノ志ヲ求メ、其ノ迹或ハ中行ヲ失フト雖モ、其ノ当世ノ名利ヲ屑トセザルニ至リテハ、即チ一揆ノミ[270]」との六如散衲慈周の序文に見ることが出来ますように奇人列伝であり、その「方今、文明ノ盛、物ニ託シ世ヲ遯ル、ノ人、豈其ノ鮮少ナルカナ。余ノ如キハ固ヨリ奇ヲ好ムニ非ズ。其ノ好マザルヲ以テ、反リテ近古ノ畸人ノ多クヲ知ル。所謂傍観者ハ当局ヲ明カニスルノ類ハ是カ[271]」と浦世纘が序し、正編の挿画家花顛三熊思孝の手になる続編が八年後には刊行されるほど人気を博しております。「畸人」が個性であることは「万物ノ自然ニ任セ、天性ヲシテ各々足ラシム」との『荘子』のそれへの郭象の註に見える所でもあります[272]。

確かに福澤は蘭学の禁止令に触れて言論の自由がなかったことを記しておりますが（④四〇七）、個性論は庶民の間では広く行き渡っていたと言っても過言ではないでしょう。福澤も「徳川氏の政権は終始一の如く盛にして天秤は常に偏重なりしが、末年に及て人智僅かに歩を進め、始て其一端に些少の分銅を置くに得たり」（④七二）と過去を顧みているのであります。個性への契機は個体的存在としての量的個性観の契機が強いといたしましても、個体ごとに差が生じる質的個性観への胚芽は既にあったと言えるのではないでしょうか[273]。

ところで問題は、自分らしく生きると他人に迷惑をかけるのではないかとの素朴な疑問であります。ミルの個性論もその点、注意を払い、その矛盾なきことを強調していますが、福澤も同じです。福澤は既に紹介しましたように、ミル功利論の読後感として「モラルサンクションハ　人ニシテ人ナリト思フ一点ニテ沢山ナリ　上帝論ノ極意ハ賞罰ノ外ナラズ　賞罰ノ性質タルヤ決シテ美ニ非ズ　余輩ノ心ヲ動カスニ足ラサルナリ」と明治九年四月十三日に書き込んでいました（M⑩二三三関口八七）。そうして「自身の工夫を以て身を修め、天下後世に愧ぢざるの点を目安に定めて、以て徳を養ふ者」を指して「自力の道徳」とし、宗教に由来するそれを「他力の道徳」としつつも、「人の徳心」は普遍的に備わっている人としての本性と認めています（⑩一二四―五）。ということは根底に於ける人間性を踏まえた上で、即ち「人生の至宝たる人権」を妨げない限り（⑫四八八）、「天然に稟け得たる身心の働を用ひ尽して遺す所なきに在るのみ」（④二二）というのが個性ということであります。

ミルも述べますように、人間性（human nature）は模型（model）に従って作り上げられ、予め指定された仕事を正確にやらされる機械（machine）ではなく、自らを生命体と成している内的な諸々の能力の性向に従って、あらゆる方向に伸び広がる樹木（tree）なのです（M⑱二六三関口一三三）。中村訳によれば「人ノ性ハ、一模型ニ随ッテ造レル一機関ノ如キモノニアラズ。前提ノ規矩ヲ死守シ、運動作用ヲ為スモノニアラズ、樹木ト雖ドモ自己ニ具フル活底ノ勢力ヲ発出シ、四方ニ舒展シ、自由ニ暢茂生長セリ。人ニシテ樹木ニ如ザルベケンヤ」（第三冊、八丁ォゥ）との訳でありま す。ゼンマイ仕掛の型にはまった人生ではないのであります。中村の頭注にある「人性」は「一模型、一机関」の如きとは異なるのです（第三冊八丁ォ）。個性はしかし他の目的の為に与えられた本性を持つとの人間的卓越の型があり、それはミルによればギリシア的自我発展の理想というものであります。それには智慧（understanding）が必要なのです。そうして人間が高貴にして美的な鑑賞の対象（a noble and beautiful object of contemplation）とするのは個性的なものを削り取って画一的にするのではなく、それを全力で以て培い呼び起すことによってでありますが、しかしそれは他人の権利と利益によって課せられる限界内に於いてであります（M⑱二六三、二六六関口一三三、一四〇

―二)。これは人としての教育と個性を伸長する教育の必要性を認識させましょう。「人たる者は他人の権義を妨げざれば自由自在に己が身体を用るの理あり」（③七九）であります。これはウェイランドの『道徳科学の基礎』に依拠しての自由論ではありましたが、そこには「分限」を定義して述べております「我もこの力を用ひ他人もこの力を用ひて相互に其働を妨げざるを云ふなり」と。そうして「人たる者の分限を誤らずして世を渡るときは、人に咎めらるゝこともなく、天に罪せらるゝこともなかる可し。これを人間の権義と云ふなり」と断じるのです（③七九）。力のみならず知恵をも併せ持つに至った政府の出現は、確かに「古の政府は民の力を挫き、今の政府は其心を奪ふ。古の政府は民の外を犯し、今の政府は其内を制す。古の民は政府を視ること鬼の如くし、今の民はこれを観ること神の如くす。古の民は政府を恐れ、今の民は政府を拝む」時代でもあります。「文明の形」は次第に具わるが如きであっても人民は気力を一層失い「文明の精神」は次第に衰えるという訳であります（③五九―六〇）。既に触れましたように他人の魂を泊める旅宿の如き存在であっては文明の名に相応しくありません。個性を福澤が説く所以であります。

繰り返しになりますが、ミルは福澤も着眼しております「尊厳の感覚」（「ヂグニチノセンス」）と「尚高の気象」（「ノーブルフヒーリング」）を謳い（M⑩二一二―三関口三一―二）、「人格的尊厳」は人物教育から生まれる（M⑱二五六関口一一四）としておりますが、福澤はと言えば「学校の名誉を「学科の高尚なると、その教法の巧なると、その人物の品行高くして議論の賤しからざることによるのみ」（③一〇六）と主張しております。ここに福澤やミルと共に「人らしく生きる」人間教育と「自分らしく生きる」個性教育との融和を見ることが出来ると思いますが、如何でしょうか。

五　自由(リベルチ)と独立（二）――「一国独立」

「一国の自由」と「ナショナリチ」

ところで福澤は「自由独立の事は人の一身に在るのみならず一国の上にもあることなり」（③三二）と著作活動を始める当初から認識しておりました。自由独立は、個人の問題のみではなくて国の問題でもあるということです。「一身独立して一国独立する事」（③四三）との主題であります。それは「自由と報国は矛盾せず」（③一四八）との前提の下、『学問のすゝめ』での展開ですが、『文明論之概略』に於いても日本の独立について極めて熱心に説いております。当時の国際政治の動向を見れば当然と言えば当然です。スペンサー『社会学研究』の読書に於いても確認しておりますように、偏頗心たる報国心がなければ自然淘汰で亡びる、と認識されていた時代であります。[274] そして確かにそれもトクヴィルが論じ小幡篤次郎が訳した「天稟の愛国心」に「推考の愛国心」が取って代わらなければならないものでありましょう[275]（④二七五―七）。ここではミル論理学で社会科学の中でも最も遅れていると考えた政治的エソロジー、即ち国民性の研究についてミルなりの再考と思われます『代議制統治論』の後半部に於いて論じられている Nationality の問題、それをめぐる一国の自由の問題と関連します。福澤の国体論と国際政治論を考える上で極めて重要であります。

私が『福澤諭吉年鑑』の第五号に紹介しました福澤の国体観念がミル代議政論第十六章の冒頭部に於ける国民性論に由来することは今ではよく知られておりますが、当時は過去の福澤研究を繙いてもその指摘はありませんでした。後に丸山眞男『日本政治思想史研究』の英訳者ミキソウ・ハネが指摘していることを知りましたが、[276]福澤はミル国民性論を「国体とは、一種族の人民相集て憂楽を共にし、他国人に対して自他の別を作り、自から互に視ること他国人を視るよりも厚くし、自から互に力を尽すこと他国人の為にするよりも勉め、一政府の下に居て自から支配し他の政府の制御を受るを好まず、禍福共に自から担当して独立する者を云ふなり」（④二七）と翻訳します。ミル Nationality の定義です（M⑲五四六水田三七四）。ミル論理学で言うエソロジーの一環ですし、福澤も手にした『論説論考集』に収録されています「コーリッジ論」に見られる国民的感情の問題でもあります。但しミルはここでは通俗的意味での nationality を言ってはおりません。強く活き活きとした結合原理、つまり同じ政府の下に生き、同じ自然的もしくは歴史的境界の内部に住んでいる人々相互間の共同利益の感情であり、社会のある一部分が他の部分に対して己を異国人のように考えないことでありまず。自分たちの結合に価値を見出し、一つの国民を成しているとの思いを抱き、運命は一つであると感じ、害悪も共にし、共同の苦難にあっても己の役割を逃れるためにその結合を破ろうとする利己的欲望を持たない感情であります（M⑩一三三—六、塩尻公明訳『ベンサムとコーリッジ』有斐閣、昭和十四年、一〇三—七頁）。代議政論よりは明確ではありますが、同一の思想を見ることが出来ます。

ミルは一八三〇年代後半から四〇年代前半にかけて英仏両国に高まっていた帝国主義的進出の思想や部分的にはパーマーストン卿やアドロフ・ティエールの外交政策に対する嫌悪から、一八六〇年代中葉にコーリッジの国民性についての考えを取り入れていたと言われておりますが、[277]代議政論の第十六章で導入し、第十七章や第十八章で連邦制や属国の統治の問題と国民性論との関連で展開しているのです（M⑲五四六―七七水田三七四―四四二）。確かにミルがその国民性の理論を明確にイングランド人に適用しようとすることはなかったかもしれませんが、そしてその任を担ったのがミルの侍者とも言われるバックルであり、バックルがヴィクトリア朝中葉にイングランド国民性について唯一展開した作品、これこそが福澤も愛読し気炎万丈痛快適切なる説を福澤自ら吐いた講義のテキストと言われましたあの『イングランド文明史』であった訳ですが、[278]国民性の思想を文明史の文脈に据えることがバックルのミリアンとしての抱負であったという訳であります。[279]バックル文明史は歴史社会学とも言われますが、そこに著されているイングランドを中心に据えた比較文明史論を踏まえた国民性論を私たちは見ることが出来るという訳であります。[280]バックルは歴史の法則を発見しようと試み、スペンサーは自然進化と歴史の同一性を見出そうとしたのです。[281]ただバックルは心情的にはスミスやモンテスキュー、あるいはフランス百家全書派的フィロゾーフに親和性を持ったためか、ミルと同様、スペンサーのように生物進化論に近づくことはありませんでした。繰り返しになりますが、社会統計学に接し、それを歴史に活かし、歴史に於ける法則性を求めるとしても、統計学の援用からむしろそれと論理的に親和性のあるミル論理学の帰納法に着眼し、そこに描かれている演繹法と共に統計学を利用する方法を採っております。特にスコットランド文明を分析する際のイングランドとの相違について両者を対比しつつ論じていることにそれは表れています。

福澤とミル、それにバックルやスペンサーも加えた国民性論ないし国体論も興味深い問題でありますが、この点は別の機会に譲るとしましても、ここでは福澤が転回を図っております国体観念自体も重要ですけれども、より福澤が重要視したのは、ミルが引き続き展開している「国の存亡は其国人の政権を失ふと失はざるとに在るものなり」（④二七―八）との、やはり福澤が翻訳導入している主題であります。福澤は「国体」は「立国の大主義」であり、「世界の表面に国を分って独立の主権を全うする意味」と後に論じておりますが（⑯一二八）、文明論の議論を踏まえたものでありましょう。ミルは国民としての如何なる程度のものであっても、差し当たり同じ国民性の感情を持つ一切の成員を同一の統治の下に、そして他と区別された統治の下で統合する場合があると論じ、統治の問題は被統治者によって決定されるべきであると言っているに過ぎない、と議論を進めています。ミルの念頭には異なる民族間で構成されたオーストリア・ハンガリー帝国があったにしろ、そこに代議政に必要な統一された世論が存在しないのは当然であります（M⑲五四七水田三七六）。しかし福澤にあっては日本の政権の存亡、即ち独立の問題として極めて深刻でありました。「日本は日本人の日本なり」（④六二―二）でなければならなかったのです。

「国体」の転回

当時、米原謙氏ではありませんが、国体論をめぐる議論は種々出ておりました。[282] 第一は相対的普通名詞とも言うべき国柄とか、国の有様、あるいは政治制度を指して国体と称している場合です。加藤弘之が明治八年に発表しました『国体新論』に言う国体はその代表的な用法でありましょうし、小幡篤次郎が‘the social state’や‘society’を「国体」と訳しているのもその類でありましょう。[283] 第二は教育勅語発布以来極めて問題的観念となった特殊固有名詞とも言うべき国体の用法で、平田派国学もさることながら後期水戸学に端を発すると言われる国体観念です。それは尚武的価値を伴う神国思想であり、神との連続性を持った皇位継承の絶えることなき天皇の君臨と祭政一致を内包する思想を表しております。[284]むろん幕末期に国体思想を水戸学が提供したとしましても、昌平坂学問所では、旗本や御家人を入寮対象者とし徳川公儀の役人養成機関でありました寄宿寮では中村正直のように、諸国から集まりました藩士や浪人が入る書生寮が比較的自由な雰囲気の下で水戸学の議論が盛んであったのに比しまして、それに反発して「理直」にして「名正言順」の関係を重視し、「神州」とか「夷狄」とかに見られる優劣関係にある自他認識や、「古」からの「故典」を変えて「夷狄」と通行することを「国体」の断絶と見なす見解は国にとって害悪と見なし、普遍妥当な「国体」は洋学でもキリスト教でも敵視しない議論もあったようであります。[285]

福澤はしかし中村国体論ではなく、主流と化した水戸学的国体論を念頭に置きます。福澤はこの思想の中核観念とも言える皇統連綿の側面を「血統」、天皇家の line とします。恐らくバックル文明史に登場するブルボン王朝の存在理由の説明で linage とか line が使われていますので、[286]そこにヒントを得たと思われます。それから「政統」、ギゾーの匿名英訳で言う political legitimation, political legitimacy の翻訳です。[287]皇統連綿と政治制度との分離を図る訳ですが、それを踏まえた上で Nationality 観念を先ず以て論じている訳です。国体を国民性の問題として把握する訳ですが、国民性を保持するためには、言い換えれば国としての独立を保持するためには政権の担い手がその国民に委ねられていなくてはいけない、ということであります。ある国民自身によるその国民の統治は意味を持ち現実的であるが、ある国民を別の国民が統治することは存続することはないし、存続し得ない（The government of a people by itself has a meaning, and a reality; but such a thing as government of one people by another, does not and cannot exist.）と言うミルの原則を踏まえての福澤の主張であります（M⑲五六九水田四二三）。ミルの原則論をここへ持ってくる訳です。血統が保持されても政権の担い手が他国に握られていては国体の喪失と言うことになります。福澤は具体例として英国やオランダのアジアに於ける植民地統治を念頭に置いているのです。英蘭両国は東アジアを侵略するも旧の王は残存させ、英蘭両国が政権を担い人民を支配して尚、王も束縛しているとの例であります（④三〇）。

そこで先ほどの「独立の主権」の全うたる「国の存亡は其国人の政権を失ふと失はざるとに在るものなり」（④二八）を地球的規模で見まわして考えると如何、を福澤とミルとの対話を通して考えてみましょう。ミルは一般論として自由な諸制度に必要な条件は、統治の境界が民族間の境界とほぼ同一であることを主張しております。しかし何よりも地理的障害によってそれは妨げられ、さらに道徳的にして社会的考慮を踏まえてのある劣等後進民族が他の優越先進民族に合併吸収されることが経験に照らしてあり得ることを考慮すべきであると論じます（M⑲五四八―九水田三八〇―一）。その反対、即ち劣等後進民族に優等先進民族が吸収されることは、ギリシアのマケドニアによる吸収を例に挙げている如く文明と進歩に信を置いていますミルにとって最大の不運でありますし、ロシアによるヨーロッパの主要国の併合も同様であります（M⑲五五〇水田三八一―三）。もちろんミルは連邦の問題も扱っておりますから、吸収合併にまで行かなくても連邦では自由な諸制度は確保出来ないか、と問うことも出来ます。ミルはそこでその条件として第一に住民間に相互の共感があること、第二に外圧に対して個別的に対処出来ないこと、第三に各国の間に力の相違がないことを挙げております（M⑲五五三―四水田三八八―九一）。それでは東アジア世界に於いて朝鮮と中国と日本が連邦、連合を組んで自由な諸制度の下、欧米諸列強に抗することが出来るかと言えば、ミルの議論を読むにつけてもそれは無理だということが分かると思います。興亜論が登場したことを勘案すれば、可能性としてあったかもしれませんが、脱亜論を執筆せざるを得なかったことから分かりますように、福澤には三国の相違の認識がむしろ強くなっていったのではないでしょうか。ミルの議論から恐らく福澤は東アジアの連邦の不可能性を学んでいるでありましょう。

ここでしかし現実的なのは、ミルが第二章や第四章でも言っておりますが、第十六章と第十八章で特に論じていることであります。即ち「ある民族が多民族に併合吸収されることがある民族にとって利益」になる場合があるという指摘です（M⑲三九四―五、四一九、五四九、五六七水田五八―六〇、一一〇―一、三八一、四一九）。劣等・後進民族は、先進文明国に統治される方がまだしも良いのだという論理です。ミルは「コーリッジ論」でイギリス人にあっては、政治は全体として一つの必要悪と見なされ、それ故に可能な限りそれを隠蔽することが要求されたと分析し、政治は悪さ加減の問題と見ており（M⑩一四三塩尻一二一）、代議政論でも植民地統治は不完全さの選択に過ぎないと論じております（M⑲五七三水田四三三）。権力を得ることが利己的にして目前の利益に向かわせ人間を腐敗させるとの一般的視点からもそれは言えるのでありましょう（M⑲四四五水田一六四―五）。そして福澤もこの点、ミルから学んでいるかもしれませんが（⑭一三八）、国際政治にあっても植民地化、ないし併合によって「半開」ないし「野蛮」の地が「文明」の恩恵を蒙ることが出来、それは首肯出来ると学ぶことが出来ます、帝国主義のイデオロギーでもありますが。

英国のインド　フランスのブルターニュとバスコ　英国のウェールズとスコットランド高地

ミルが具体例を出しているのは、まずは遠方のインドの英国統治ではありません。ミルのインド論は福澤も目を通した『経済学原理』に見られますが、またミルがそこで援用しているのは福澤署名本として残っております「インドについての哲学的歴史家」、即ち父ミルの『英領インド史』であります。ミルは、社会的道徳的要因が人間の精神に及ぼす影響に対する最も通俗的見解は、人間の行為や性格の多様性を固有の自然的相違に帰する方法であると、バックル、遡ればモンテスキューが言及しております風土決定論的議論を暗に批判しながら、インドの小作人に対するアイルランドとの相違について論じています。風土決定論は福澤も文明論で疑問を提示しておりますので、ギゾーと共に、あるいはここでの叙述を読んだ上での論とも思えます（④一四八）[288]。ミルのインド論は興味深いのですが、ミルは一個の王国の諸事情すら習熟することなくベンガル諸州の全般を通じて英国的な地主を創造したと思って自己満足した、それも事実はアイルランド風の地主を作っただけであると分析します。新しい土地貴族は彼らにかけられた期待を裏切り、その所有地の改良の目的には何もしなかったと言うのです。ミルは父ミルの分析の誤りも指摘しながら、インド社会を分析し、英国統治の不完全さを土地問題に絡めて論じているのですが（M②三一九―二三末永（二）一四〇―七）、これは代議政論に於ける命題からすれば、インド住民の利益の為よりは英国本土の貴族の為の支配と映ります。

余談ではありますが、ミルのインドに対する見解はトクヴィルのアルジェリアに対するそれとは対照的であったと比較されることもあります。即ちミルの方が対外活動に対して啓蒙的であって、慎重であったというのです。トクヴィルは貴族出身ということもあるのでしょうが、征服者の暴力に対してはミルほど気に留めないばかりでなく、熱狂的ですらあったと言われております。貴族の義務ならぬ貴族の剣という考えがあったのでしょう。ミルが軍隊を身近に感じることが出来なかったのに対してトクヴィルには軍に仕える身近な縁者がいたのです。ミルは国家的栄光よりは善き統治により関心があったというのです[289]。尚フランスがアルジェリアをフランス領としたのは一八四八年八月のことですが、その六ケ月前にはあのギゾーが国王ルイ＝フィリップによって首相の地位を罷免されております。

インド問題も興味深い主題でありますが、代議政論でミルが議論の対象としているのはフランスです。フランスに於けるブルターニュ人あるいは仏領ナヴァールのバスコ人は、フランスに併合されて文明化の恩恵を受けているのではないかという訳です。高度に文明化され開化した国民の思想と感情の潮流に引き込まれることによって、フランスの保護という利益、フランスの権力の威厳と地位に参加してフランス市民としての特権を平等に認められ、フランス国民の成員になることの方が、「半開」のまま不満を抱きながら暮らしているより恩恵が少ないとは誰も言えないのではないか、という論理です。ことはイギリスの場合にも言えます。ブリテン国民として編入され、その成員になっているウエールズ人とスコットランド高地人の例です。熱烈な自由主義者であったバックルは、都市の勃興が聖職者の軛から住民の解放を齎すと論じた立てておりますが[290]、スコットランドは聖職者の権威が高く、都市の空気は自由にする、との状況を生み出し得なかったのです。彼らはイングランドに支配され、文明化して利益が齎されているのではないか、しかもそれは人類に対する恩恵ともなるというのです（M⑲五四九水田三八一―二）。

琉球処分と蝦夷地の北海道化

ここでこのミルの論理を日本の場合に適用して考えてみますとどうなるでしょうか。日本は明治になって蝦夷地を北海道としました。アイヌの人々にとって日本への編入は文明の恩恵を蒙ることになったということになります。琉球処分によって日本に編入された沖縄島民の問題もあります。ミルの言辞にある政治的自由を含む市民権を与えられていれば、それは肯定されるでありましょう。むろん本土の国民自体、憲法体制を構築したとしても制限選挙の下、文明の名による政治的自由が与えられていたか否かも考慮しなければなりませんが、沖縄県に衆議院議員選挙法の施行が勅令によって公布されたのは実に明治が終焉する四ケ月前の明治四十五年三月三十日のことでありました。文明化による本土と対等の権利の恩恵が当初からあった訳ではありません。福澤の琉球問題やアイヌ問題に対する言及はあまり研究されてはいないようですが、ミルの立論からすれば、日本が代議制を持つ自由国家との仮定に立ち、沖縄の人々やアイヌの人々が国民として本土の人々と平等な条件での権利を認められていれば、首肯出来るものとなったかもしれません。

福澤は明治十二（一八七九）年、琉球処分の目的を以て琉球へ赴く松田道之に、琉球が廃藩に処することを「甚面白し」と首肯した上で、廃藩置県の例のように一片の御書付で以て断行したことが諸藩の士民の狼狽ぶりを曝け出し、その理由を認めた諭告文がなかったことがその原因であると述べ、「此度琉球にて廃藩とあらば、其士民の仰天如何ばかりなるべきや、知者を俟たずして明なり。されば廃藩置県の勅命は勅命にして、別に懇々たる諭告文を御示し相成度」と認め、「譬へば琉球国は両属の理なし、両属して国の為に不便利なり、日本政府は琉球を取て自ら利するに非ず、琉球人民を救ふの厚意なり、廃藩の命を聞て一時は驚駭することならんが、其成跡を待て、適例は日本内部廃藩後の有様を見よ抔と、筆まめに書並べ口まめに説諭して、先づ彼の人民の心を籠絡する事、最第一の緊要と存候。彼国普通の文章は如何なる体裁歟、言葉は何れのなまりにて最も能く通ずるか、先之を吟味して、其筆者を選し其弁者を雇ひ、幾回となく諭告文を分布し、幾度となく演説の席を開き、結局筆端口頭を以て勝利を占むる様致度存候」と琉球処分を担って当地に赴く松田道之に認めております(⑰二九五―六)。これを推して考えますと士族の反乱のような琉球人民の反乱を阻止すべく何度も文で以て、あるいは口で以て琉球処分が琉球にとって清国との冊封体制下での宗主権を主張されるよりは利益を齎すことを地道に説くことを示しているようです。現実は沖縄の義人と言われました謝花(じゃはな)昇(のぼる)の英雄的な明治藩閥政府に対する抵抗を見れば[291]、あるいは『琉球新報』の代表的論客であった太田(おおた)朝敷(ちょうふ)の旧藩王尚泰を沖縄の長司とする特別自治制度を目指した「公同会請願趣意書」(明治三十年)に見られる公同会運動[292]を見れば分かりますように、ミルの論理が日本にあっては架空のものとして歴史的には映ります。

自由政体にして代議政(ギゾーと父ミル)

より国際的な問題として朝鮮と台湾に対する日本の対処の仕方を考えてみましょう。ミルが代議政論第十八章で論じている自由国家による属国の統治の問題です。ミルはある民族が他民族に併合吸収されることが劣等ないし後進民族にとって文明化の恩恵を蒙るが故に、条件を提示しながら認めていましたが、それは文明の支配者が君臨することは、それに伴う避けることの出来ない害悪を被支配住民に齎すけれども、にも拘らずその住民に最大の利益を齎す、あるいは永峰秀樹の訳に従えばその為には「厳法重刑の専制」すら必要であるという論理です[293]（M⑲三七七、四一八―九水田二二、一一〇―一一）。

そこでミルは、相対的な問題ですけれども、第一にある国をその国の住民に対する責任の下で統治することを挙げます。この場合が評価出来るのは自由が専制政治よりは望ましいからであるとミルは言うのです。第二にある国を他国民に対する責任の下で統治することを挙げます。これは専制政治そのものであるとミルは断言します（⑲五六八水田四二一）。ミルの原則論は、最良の統治は被治者によって決定されるべきであるとのテーゼですが、そしてこれが自由政体にして代議政を具体的には意味しますが、現実の政治がそのように行われている訳ではありません。確かに父ミルから学んでいると思われる代議政治、父ミルは統治権力が君主であろうが貴族であろうが、あるいは人民にせよ権力を濫用するとの前提に立ち、それらの「抑制理論」（the doctrine of checks）として「代議制」（the system of representation）に於いてこそが理論的にも実践的にも恐らく一切の困難を解決するであろう「良き統治」（good Government）を齎す「現代の大発見」（the grand discovery of modern times）と説いております[294]。代議政（representative government）と討論の完璧なまでの自由

(complete freedom of discussion) が保障されれば[295]、子ミルにとっても人類に対する貢献を考えれば、代議政体に限りない信頼の念を抱いていたとしても不思議ではありません。総ての国民が読み書きが出来、あらゆる主張や演説、あるいは文書に国民が精通するようになれば、活発な自由な討論の下、国民は自分が支持する意見を代表し、それを具体的に実現すると期待する人物を選挙に於いて賢明にも選ぶことが出来、尚且つその代表者の賢明な自由裁量に自らを委ねることが出来、立法府は単なる一階級ないし特定の利益団体の利益のみの代表機関から必然的に全体の利益を齎す代表機関になり、それは自由とか人権などの根拠というよりは本質的に「良き政治のための保障」("securities for good government") になるという訳であります (M①一〇九朱牟田九七)。

福澤は一八二〇〜二年に亘って行い (あのヨーロッパ文明史とフランス文明史はその後の一八二七〜三〇年に開講されています)、折に触れて修正してきました講義よりなっているギゾーの『ヨーロッパ代議政体起源史』(*History of the Origin of Representative Government in Europe*, By M. Guizot, Translated by Andrew R. Scoble, London: Henry G. Bohn, 1852. 福澤署名本一八六一年) に目を通した可能性がありますが、カール・シュミットが何世代にも亘って「究極の叡智」(ultimum sapientiae) とされてきました議会、それは本当にそうなのかを検討するに当たりまして先ず挙げましたのが、高名な学者にして経験ある政治家、加えて高貴なる人間と称されましたギゾーの起源史でありました。これは一八一四年から一八四八年までの間にギゾーが観察し、考察した結果によりなっているということですが、シュミットは一八五一年五月の日付のある序言のそれを手にしていますので、日付のない序言のある福澤署名本の一八五二年版の英訳本と同じであるかは俄かに判断出来ません。しかし福澤も目にした可能性がある、シュミットがアングロサクソン的精神に満ちた議会主義の理論としておりますギゾーの代議政論は、「イングランドに於ける代議政体についての所論、征服期からチューダー朝支配まで」と題する第二部第一講で講じられております。そこでは絶対的権力の正統性を承認しない代議政体の性質こそが全市民の団体をして絶えることなく、そして如何なる場合でも理性（reason）と正義（justice）と真理（truth）を求めさせるという主張であります[296]。一言で言えばギゾーにとって代議制は「神の法」（the divine law）であったのです[297]。それはまさに理性ある国民の議会に於ける代表を意味しますが、第一に討論（discussion）によって現にある諸々の権力をして共通の真理を追求させ、第二に公開性（publicity）によって真理の追求に従事していたこれらの諸権力を正義の担保として市民の監視下に置き、第三に出版の自由（the liberty of the press）によって市民自らが真理を追求し、それを権力に伝えさせるからであります[298]。ギゾーは文明が進展しない所では単なる神話的ないし伝説的なごちゃまぜの記録を見出すのみで、常に素朴で詩的性格を持った者が支配していたというのですが、福澤署名本にはここに付箋が貼付してあります。そこには議会に見られる「動態的にして弁証法的」（ルドルフ・スメント）な、ギゾーが文明史で展開した西洋近代に見られる顕著な特色、福澤の言葉で言えば「各自家の説を張って文明の一局を働き、遂には合して一と為るべし」は見られません[299]（④一三四）。シュミットは加えるに人格の尊厳を必要とすると論じ、議会主義が自由主義の産物であっても同質性を本質とする民主主義のそれとは区別すべきであると断じ、トーマのギゾーに対する議会主義に対する「幻想」を援用しましてマックス・ヴェーバーなどのドイツ民主主義者を批判しておりますが、ギゾーと共にバーク、ベンサム、子ミルを議会に対する固有の理念を前提として持っていると俎上に載せますが、子ミルがギゾーの代議政論を繙いていたかは分かりませんが、少なくとも福澤は目にしていると思われます[300]。福澤署名本は一八六一年版ですが、そこには付箋が十二箇所ほど貼付してあります。本格的な考証は暫く措くとしましても、興味深い箇所を他に紹介しておきますと、パスカルの言葉、'Plurality which does not reduce itself to unity, is confusion. Unity which is not the result of plurality, is tyranny.'[301]であります。あるいは諺である'*Vox populi, vox Dei.*'[302]に付箋の貼付が見られます。これらはギゾーにとって代議政体の本質をなす三原則、即ち権力の分立（The division of powers）、選挙（Election）、公開性（Publicity）と不可分でありま す[303]。福澤は明治六年頃に「三田演説会之序」に於いて「社友互に憤懣の情を忘れ、専ら眼を道理の真面目に注がんことを希ひ」（③六二九）と論じておりますので、討論と公開性による理性と真理と正義に適う演説を志向していると思われますから[304]、ギゾーやミルの代議政論にも同意したでありましょう。

ミル植民地統治論と日本

話が逸れましたが、対外的に目を向ければ戦争や植民地化によって得た属国が現にあり、それを検討せざるを得ない現実の問題にミルは直面していたのです。ですから英国に於けるウェールズ人とかスコットランド高地人、あるいはフランスに於けるナヴァール領バスク人とかブルターニュ人はまさに近隣民族の問題でした。遠方にあっても本国と類似の文明を持つアメリカやオーストラリアにある英国領は代議政を行うことが可能にして連邦を構成することが出来、外交政策や戦争参加の強制を別にしても、本国である英国とある種の対等性を持ち得ますから自治が認められて良いという訳です（M⑲五六二—五水田四〇六—一三）。しかしながら異質文明を持ち代議政の能力を持たないインドのような属国の場合はどうかというと違ってきます。この場合本国によって、あるいは本国がその目的に適う派遣した人物によって統治されることは正当であるとミルは論じます。但しより高度の文明化を図るならば、という条件付きです（M⑲五六七水田四一九）。土着の専制君主が善良であることは稀なのです。帝国主義全盛時代の英国にとってインドは英国の利益の為の存在ですから、インド住民の責任の下での統治というのは考えられません。もしインドならインドという国をインド住民の責任に於いて統治することを、英国総督なり英国議会が実際に統治していた東インド会社に要請すればまだしも良いということになります。但しそういう場合は少ない。むしろある地域を他国民に対する責任の下で統治するということは、本国の責任の下で統治することになりますから、ミルに言わせれば、これはもう最悪にして専制そのものという訳です。良いというのは皮相な観察者の意見であって、特に征服国民としての威信で武装し、軽蔑的尊大さに満ちて、責任感なき絶対的権力によって鼓吹された感情を征服支配者は持っているから尚更です（M⑲五六八、五七一水田四二一—二、四二七—八）。征服国民として属国で自己の権益を拡大する輩の為の統治ということであります。

ミルは、インドのみならず中国や南米に於ける欧米人、それからここがまた日本の読者には深刻です。明治二十年代に出ました前橋孝義訳『代議政体　全』（明治二十三年）には省略されていますが、ミルは日本でのヨーロッパ人をその例として挙げているからです（M⑲五七一水田四二八）。日本も既にこの時期は、中国や南米と同じようにヨーロッパ人が支配する可能性があるとミルは考えていたということです。欧州による日本の統治が日程に上っている、あるいは治外法権下にある居留地のことがミルの念頭にあったかもしれません。治外法権の撤廃は日清戦争後の実に明治三十二年、一八九九年のことでありました。あるいは父ミルのインド史の校正をしていることから、父ミルの中国の従属的国民と同様な日本観があったかもしれません。[305] 中国に従属している国と同様に日本も中国と同じようにヨーロッパの支配下に入るということであります。尚、先に触れましたように福澤はこれが論じられていますす父ミルのインド史の「一般的考察」を、その手沢本の状態（袋綴のままでナイフが入っていません）から見まして精読してはいません。この点はともかく、福澤は日本の殷鑑遠からずの例としてインドを挙げていますから（④一九九—二〇〇）、ミルを読むにつけても、日本に第二のインドとしての危険性があると認識していても不思議ではありません（⑲二二五）。西洋立憲の国故に「執政の新陳交代」が第一である英国は（⑤一四三）、「多年来、印度人を御するの残刻なる、誠に人類の交際と云ふ可らず」（⑤一八四）の対外政策を採っていたのです。スペンサー社会学を読むにつけても「印度人ヲ殺シタルハ狐ヲ殺スヨリモソノ罪軽シ[306]」が英国統治階級であったとの知識を福澤は得ていたのです。たとえ王侯貴族が存在し得ても、政権が異国に移る場合は金甌無欠の国体も喪失するということになります。現実にこれは他人事ではなくなりました。日本がＧＨＱによって支配された七十年前のことを考えれば、福澤の言う国体は失われた訳でありますから。さらにＧＨＱは誰の責任の下で日本を統治していたかという問題も生じます、デモクラシーの名の下での連合国の勝利でしたので尚更です。

「文野の戦争」（米西戦争と日清戦争）　宗属関係と華夷秩序　「文明の新思想」

ミルの問題はまた文明と野蛮の戦争の問題に波及します。即ち文野の戦争の問題です。ウィリアム・トーマスによれば、父ミルは功利主義的干渉論者として軍事的征服に向かう荷馬車の隊列にベンサムのプランを積む一方、他方に於いて英国政治に関しては個人主義と市場の自由な活動の味方であり、その前提に、社会進歩の段階論、つまりより進歩した社会は、より進歩が遅れた社会に、何が彼らにとって利益であるかを必要ならば武力によってでも教えて良いとの考え方を持っており、それは子ミルに於ける干渉政策と自由放任との間にも、はるかに巧妙な調停がなされて見られると述べております。[307]植民地統治に於ける「善良な専制」（good despotism）ないし「慈悲深き専制」（benevolent despotism）の問題とも関係します[308]（M⑲五六七水田四一八）。儒学的仁政論にも通じるものがあるようですが、その意味内容は全く異なっています。ただ父ミルは富国の要因は独立国との貿易であって、植民地経済に依拠したポルトガルとオランダ両国の衰退を例に挙げてそのマイナス面を論じ、福澤もその点に着眼していることがそのインド史手沢本の該当箇所に不審紙を貼付していることから分かりますので、[309]ミル父子の植民地論が単純にそのように言えるかどうかは検討の余地があるように思います。付言して言いますならば、こうした議論が大英帝国華やかなりし頃にあったということであり、福澤も『西洋事情』初編（慶応二・一八六六年）に於いて植民地との貿易よりは、その植民地を独立させて貿易した方が利益になると「附録」で述べ、経済的視点や道理の面からしても植民地経済が富国への道を歩むとの理論の誤りを実証しております（①三七九―八〇）。実際、福澤は征台論や征韓論に反対しております、明治七、八年、一八七四、五年の頃ですが（⑲五三九、⑳一四五）。自己抑制が効かない自尊心の強い未開人には彼らの利益の為にも文明の名による専制的な力づくの抑圧が必要であることをミルが容認していたことは既に述べましたが、以上の点を念頭に置いて目を東アジアに向けてみましょう。先ずは朝鮮問題です。

福澤は朝鮮に対しては終始、その文明化を図ろうとしておりました。しかも朝鮮は日本の後発段階にあると見ておりましたので、日本が文明化の一応の成功を見るや、福澤は朝鮮の文明化を試みます。しかし自力による文明化が不可能と知るや、日本がそうであったように砲丸外交（ガンディプロマシー）、福澤の言う「砲艦の戦」を念頭にした外交（⑳一四九）宜しく武力による文明化を企てます。丸山眞男の言う「近代化」の押し売りの論理です。[310] 丸山は福澤のアジア認識の歪を透視しており、その「対朝鮮および中国政策論」がある時期以後に「日本の武力による「近代化」の押し売りへ、更には列強の中国分割への割り込みの要求へと変貌」したと論じておりますので、自身と福澤との距離の意識を持っており、福澤の企図に全面的に賛意を表していた訳ではありません。[311] 福澤はアメリカの武力を前に日本は文明化し、日米関係は良好である。さすれば日朝関係も友好になると思っていたのでしょう。文明の国より不文の国に対して交際を開くには、不文な住民に対して「天地事物の道理」を理解させ、人力を尽くして共に開明の地域を拡張して、知識物品を相互の有無に従って相互の利益を図ることであるとしておりました（⑨五）。サイエンスとPアートの問題が文明との関連で語られているのです。陸奥宗光の言う「曖昧なる宗属の関係」である朝貢システムや冊封体制を朝鮮に対して儒教主義で臨んでいるのが満清政府中国です。[312] 彼らは「無学の国民（ヲンサイヤンチフヒック）」というのです。周公孔子の子孫が周公孔子の子孫を教え秩序の燦然たるものがあるとしても、朝鮮国の萎靡振るわない要因となっている、というのが福澤の認識でありました（⑨一〇—一一）。日本の朝鮮統治について福澤は目の当たりにすることは出来ませんでしたが、朝鮮の文明化にとっては、子女志立（しだち）タキが回想しておりますように、日本の勢力下に置くことも已む得ないと考えたかもしれません（「父諭吉を語る」[313]）。ミルの言う悪さ加減、あるいは不完全さ加減の問題です（M⑩一四三塩尻一二一、M⑲五七三水田四三二）。福澤がしかし文明と野蛮の戦争を目の当たりにしたのは、日清戦争であり米西戦争でした。これらについての論説は、井田進也氏や平山洋氏によれば福澤の手になるや否やとの疑問が生じてくるものであったかもしれません[314]。けれども『時事新報』、しかも初期のそれに掲載されていること、さらにミル問題を考えますならば、福澤の見解ではあったと言えます[315]。そこで日清戦争をめぐる問題について考えてみましょう。

「日清の戦争は文野の戦争なり」と『時事新報』は日清戦争を意義付けております。文明と野蛮の戦争で日本が勝利した、即ち「文明開化の進歩を謀るものと其進歩を妨げんとするものとの戦にして、決して両国間の争に非ず」である。そこに私怨も敵意もない。ただ「普通の道理」を解せずして「文明開化の進歩」を喜ばないばかりか、その進歩を妨げる「反抗の意」を表したことが戦争の要因であり、従って「只世界文明の進歩を目的として、其目的に反対して之を妨ぐるものを打倒」しただけの話である。それは「人と人、国と国との事」ではない（⑭四九一—一二）。「四百余州の全土に文明の光を及ぼすの快事を見るに至らんこと、敢て希望に堪へざるなり」（⑭五〇一）というのです。日清戦争に於ける中華とそれをめぐる東夷・北狄・西戎・南蛮との関係が第一義的には礼的秩序を意味する華夷内外の別の論理も、福澤に言わせれば儒教主義の腐敗となっては、自らを尊大に構えて他国を排斥して自ら躓き、亡国の末路に彷徨う羽目に陥ってしまいます。現に中華は宋末に元に、中華復興後明末には満清に政権を奪われ、その意味で国体を喪失しているのではないか、という訳であります（④二八）。思う心は岩をも通す類の「漠然たる古人の思想、即ち愛国の短期癇癪とも名く可き数理外の力」に依存する清国、対して日本は「文明の利器」やこれを用いた「文明の戦略」、さらに「文明実学の数理」、これは具体的には「時の遅速」と「数の多少」、それに「物の強弱」、この三者の数学上の活用を指すと思いますが（⑱六四七）、これらより割り出した因果連関を踏まえた安心に由来する「恒存性の勇気」による戦であったので勝利したという訳です。まさに「文明開進の賜」であったのです（⑮一三―五）。中国と朝鮮の現実を見れば、それは華夷問題の文野問題への転回でありますが（⑯二七八）、文明（civilization）と野蛮（barbarous）の関係は帝国主義のイデオロギー的隠蔽を図る観念となり得たとしましても、あるいは義侠を世界に発揮する類の美辞麗句に彩られた「王道主義」や「民族協和」を唱え、「皇恩に浴す」とした「数理外の力」に依拠する『文選』や『淮南子』を援用しての『日本書記』巻第三「神武天皇」に由来する神話を踏まえた八紘為宇的聖戦論[316]があった訳ではありませんでした。

それでは日清戦争の勝利によって領有権を得た台湾に対してはどのような統治を福澤は望んでいたのでありましょうか。台湾は満清政府にとって「化外の地」、即ち中華の及ばざる土地でした。それもあってか満清政府の統治下にあるよりは日本政府の統治下にある方が、台湾の人々にとっては文明の恩恵を蒙ることが出来、それが台湾統治の正統化になるや否や、という問題です。朝鮮との比較も考えなければいけませんが、福澤は日露戦争勃発前に亡くなっておりますので、日本の韓国併合を知ることはありませんでした。福澤は「台湾施政の革新」と題する論説で、文明の制度がその地で必ずしも通用しないことを述べ、「本来歴史を異にし言語を異にし風俗を異にする異郷異人種を支配するには、自ずから臨機の活動を要するの例にして、尋常一様の規律を以て律す可からず」と論じ、必要なのは内地に拓殖務省を設けて島政の根本を支配し、総督は本省の指揮に従って進退するのではなく、総督に無限の権力を付与することが必要であると論じます。台湾の実情に暗い上に、一々報告をし、一々命令を受けて事に当たるのは活発機敏に治めることが本省の指揮下では出来ないという訳です。しかも武人を充てるということになれば窮屈千万であって武に長ずるも台湾の経綸は一片の武芸で以て論ずることは出来ない。従って総督の地位を高めて全権を委任して、随意に法律を発布し、財政も凡その額で定め、細目に亘っては一任し、台湾への出入も自由にして、総督をして内閣に列するようにする。それは恰も台湾王に封じて独立の形を取り、その人物たるや元老中の文武兼備、最も大胆なるものを推挙して、彼に一切の責任を持たせ、別に副総統ないし次官を置いて、文明の新思想に富める才能ある人物を選任して一切の事務を裁かせることで初めて治績を見ることが出来る、と主張するのです。台湾は豊かな地であり要衝の境であるので、世界中に垂涎する国は少なからずある。日本人の苛政に付け込んで「人道（ヒューマニチイー）」の名の下で「意外の辺より意外の干渉を見ることなしと云ふ可らず」である。三国干渉が念頭にあったのでしょう、当然日本に干渉する国もあるので、開化は国内のみならず海外の領地にもそれを見せる必要があると説くのです（⑯一〇—一二）。

ここでのキーワードは「文明の新思想」に富める人物の配備という点です。ミル的論理で言えば、代議政を担うまでに至っていない住民への統治は、本国によって、あるいはその目的の為に派遣された人物によって統治され、改革を伴う高次の段階へと属国を高めなければならないということです。野蛮ないし半開な住民に対する自由な国民の理想的統治ということになりますが、それは属国の住民に対する責任の下での統治につながるということであります。単なる「善良な政治」や「慈悲深き政治」ではありません。もちろん儒学的仁政でもありません。住民が統治に与るまでの能力、それは参政権を伴うと同時に政治の成否を問う判断能力をも伴う政治的自由を培うことが肝要なのでありま す。仁政を前提とする「己を修め人を治める」儒学的理念の島民への要請と映るかもしれませんが、政治参加の具体的形態は科挙による官僚統治ではなく選挙による代議制統治であります。これを可能にする代議政体論については先に紹介しましたギゾー代議政論に於いて福澤は学んでいると思いますが、福澤は早期にウェイランド『政治経済学の基礎』からもその教育機能を認識しておりました（①五一六）。

多数者の専制と大衆迎合主義

しかしながらトクヴィルから、またトクヴィルの影響下にあるミルが論じている代議政下に伴う「多数者の専制」論がございます。但しそれのみに福澤が着眼している訳ではありません。確かに福澤はそれを論じておりますトクヴィル民主政論やミル自由論を読んでおりますが、ミルの影響を受けておりますスマイルズの『品行論』（Samuel Smiles, *Character*, London: John Murray, 1872. 福澤署名本）をも読んでいると思われ、中村正直が『西洋品行論』と題して明治十一（一八七八）年から三年に亘って珊瑚閣から上梓しておりますから、福澤も目にしていると察せられます。前にも触れましたように福澤は「古の政府は力を用ひ、今の政府は力と智を用ゆ」、即ち昔の政府は民を御するのにその術が乏しいのに反して、今の政府はその術に富んでいるので民の心を支配する。「古の民は政府を恐れ、今の民は政府を拝む」（③六〇）と論じておりましたが、その真逆の論理が多数者の専制であり大衆迎合主義であります。その品行論でスマイルズは勇気との関連で多数者の専制とも不可分な大衆迎合主義、即ちポピュリズムへの警告をも発しているのです。ミルが『自由論』で展開しております「烏合の衆」（collective mediocrity）としての「大衆」（the masses）の「個性」（individuality）に対する「軛」（yoke）の問題であります（M⑱二六八―九関口一四八―五一）。ミルによれば「人生福祉の基本」は「人各々自己の品行を自由に造り出すこと」にあったのですが[317]、それを不可能にさせるマスの問題であります。「人の人たる所以の天賦の才智を発出し長養する」必要性の主張でもあります[318]。先に述べましたベンサムの言う最大多数の最大幸福は幸福の主要な要素としての個性の自由な発展が、質の問題として唱えられていると言っても良いのでしょう。しかし輿論を形成する最大多数が最大幸福の名の下に幸福の要素としての個性を押しつぶすとどうなるのか、政治上では多数者の圧政の問題でありますが[319]、大衆迎合主義の問題でもあります。

そこで『品行論』に描かれておりますポピュリズムを付論ながら紹介しておきます。中村の訳によれば「人民総体に政事上の権勢を得たること。今日遥に古代より勝れたるが故に。人民に諂媚する心意生長し。これに由て。人民に佞諛し。柔輭（じゅうなん）の言を以てその意を慰和することを努（ツトメ）とする一種の風習を醸成せり」であります。不徳の人も徳ある人と言い、真実が不快と思われれば憚（はばか）って本当の事を言わず、利益となることすら思想からして敢えて言わないことすらあるということであります。「徳善の怯弱（けふじやく）。こゝに至て亦た極まれり」となるのです。従って「人民選挙に与（あづ）かる人は世に媚る者多し」ということになります。結果「尊貴なる品行」を有する人は「極高なる教養を受け。極善なる情状を有する」が故に、身を屈して世人に媚びることはない。従って選挙で勝つことは出来ず、逆に「教養全からず。情状善からざる人」が多数派を形成することになり、爵位を持っている人や富裕の人や学のある人すら「庸愚の人」の前では頭を下げることになる。「庸愚の輩」は道理に屈し公正を失うとしても多数の民の意見に異議を唱えようとしない。従って士気も度量もなく付和雷同することしか知らない。誤りや迷いを打ち破る勇気がないのである。それは死魚が水上に浮んで流れるままのようであり、逆流に抗して遊泳する勢力も勇気もないというのです。「人民に佞する者は忌憚する所なし」であり、「世上率（おほむね）自己の意見を主張する勇気なし」であるのです。スマイルズにとって民衆に媚びる人は賤しむべきであり、「最上等の品行を有する人」は「聡明に原づける剛勇」で以て「真実を言ふを以て職分と為す」人であります。「普天下を導びき、之が案内を為し、之を治理する者は勇強剛毅なる人なり」(It is the strong and courageous men who lead and guide and rule the world.) でなければなりません。[320]

　スマイルズが世界中に読者を得ていた当時の英国は、確かにスミスからスマイルズへの道路マップが描かれ、ヴィクトリア朝人の自助自由主義と自由市場の思想が闊歩する時代に突入していたでありましょう。理に適った自助によって、彼らはマルクス主義者や共同体的社会主義者に対抗する社会改良論者として見込まれ、輿論をリードしていたとも言えます。[321] 代議政デモクラシーのプラスマイナス両側面を踏まえての政治的自由の言説であると思います。

植民地統治と官僚制

話を戻しまして、福澤は確かに台湾統治に対し強硬論も唱えていますが、文野の戦争と日清戦争を意義付けた以上は、自由を齎す契機になるミル的論理を持ち合わせていたと思います。但し本国の危険は原住民への軽蔑であり、原住民の危険は外来者の行為が自分たちにとって善であるとは信じないということを二つの危険としてミルは提示しております（M⑲五六九水田四二三）。さらに本国の移住者たちの利害関心や原住民の中の利害関係者の問題もあります。自分たちの利益の為には住民に対する責任意識もない利害関係者の存在です。ミルはその意味で総督に公平と共に原住民への責任を要求します。そうしてその場合必要な官吏は偶然性によるのではなく、資格証明による底辺から昇進する行政官と競争試験による選抜によるそれが考えられるとして、これは高度の勤勉と能力からの補充と個人的な繋がりを絶つことが出来るからであるとミルは主張します（M⑲五七〇―二、五七五水田四二六―九、四三七）。そこに官僚政治に伴う衒学政治への恐れの意識はありません（M⑲四三九水田一五二、M⑱三〇八関口二四八）。職務担当者の道徳的かつ知的資質が要請されるからであります（M⑲五七四水田四三四）。

このミル的論理を台湾統治に当てはめますと、台湾住民に対して責任を以て治める「文明の新思想」の持ち主を行政の任に当たらせるということになります。最善でないにしろ、あるいは完全でないにしろ、総督と副総督ないし次官を置いて、その下に「文明の新思想」に富める才物を選任して事に当たらせることであって、それは文明の要件である自由を齎し、日本本国に対する責任で以て治める拓殖務省の意向での統治は否定するということであります。アメリカのフィリピン支配の文明による統治を正当化していることを見れば福澤の意図が奈辺にあるかが分かります。

アメリカが勝利し、フィリピンをスペインに代わって領有することになった米西戦争は「人道と虐政との戦争なり、文明と野蛮との戦争なり」と『時事新報』によって位置付けられております。スペインは、かつては文明国だったけれども、人民に自由を与えることなく、残虐を恣にし、世界の人道より見ても許すべからざる状態下にある半開国に後退している。従ってアメリカがスペインに勝利すれば「文明自由の新政府」を見ることが出来ると福澤は言うのです。フィリピンの宗主国スペインは（フィリピンの国名は周知のようにスペイン国王フェーリップ二世の名に由来します。日本では主島ルソンにちなんで呂宋と呼称していました）、一言「人類の為し得る殆どあらゆる有為転変の歴史」と結論付けたバックル文明史のスペイン興亡史からも福澤は学んでおりましょうが[322]、文明の進歩から取り残された半開国であり、アメリカの方が文明国である。だからアメリカがフィリピンを支配した方がむしろ島民にとって良いというのです。「戦勝の結果として自から其土地を収め、文明の新政を施して島民に自由を与へ、又その土地を世界の商売の為めに開くこそ、本来の目的を実にするものと云ふ可し」であり、「我輩は文明平和の為め、又商売発達の為めに、米国のフヰリッピン占領を認めて飽くまでも賛成を表するものなり」（⑯四一二一―五）という訳であります。

文明による統治が謳う住民に自由を与えることは「処世の自由」のみならず「政事の自由」をも与えることを意味するとするならば、住民に対して責任を以て統治することは、住民が統治に対して政治の良し悪しに対して判定権を持つことを意味し、延いては住民が政権を担う国民にまで高まることに、ミルの論理から言えば言えると思います。福澤がフィリピン統治に文明自由の新政府を期し、島民に自由を与えることを期しているのは、仮令ハワイの米国統治が米国の国是を侵略主義とし、ハワイが米国の太平洋の要衝と化すことになり、日本の立国の基礎にも影響を受けるとの認識（⑯一八―九）があるが故のフィリピンの独立を見据えての希望的論説であるとしても、それを立証しているでありましょう。

ミルとジャマイカ島事件　文明と独立

このように文明と野蛮という状況、文野の戦争ということをミルの考え方を通してみても、福澤はミルと同様、本来は独立論、自国の政権というものは自国の民族が担って初めて可能であるということにあると思います。そこに至る処方箋として悪さ加減、不完全さ加減を前提にしての植民地統治を説いている訳であります。自民族が自国の政権を担うということに価値を置いての植民地論であるのです。従いまして、ミルがジャマイカ島事件に於いて怒り心頭に達するのも分かるというものです（M①二八〇―二朱牟田二五四―八）。まさにジャマイカで専制政治を英国本国、英国議会がする。それはジャマイカ島民への責任ではなく自由国家たる英国、その議会に対する責任の名の下に於ける圧政と化したからです。カーライルとミルとの分岐点となりました英領西インド諸島に起こった事件をめぐる両者の対立を見てみましょう。カーライルは、英国はジャマイカを神から得た封土（a fief from God）として保持しており、神から与えられた労働の使命を果たすべきであり、そうでないと神的な基本法に対する侵犯であり、人間によって見出された貴族主義的法は、英国人は「より賢明」

に生まれ付いているが故に原住民を支配すべきことを要求するという論理です。しかしミルは貴族主義の法はそれを否認し、奴隷制は貴族主義の真の目的を無効にするものであり、真の貴族主義は被治者の為の統治であるが、奴隷制は少数者の為の多数者に対する統治であり、真の貴族政治は共同社会の知性を向上させることを目的とするのに奴隷制はそれを低下させる。「より賢明」に生まれたからといって人種的に他を支配するというのは根拠なき仮定であって、その生物学的正当性を激しく否定し、環境の結果が支配・被支配を決定しているに過ぎない。現に黒人によって樹立されたエジプト文明を見なさい、と主張しております。個人の生まれ付きの精神的不平等の主張を批判し、男女両性の本質的平等の信念を脅かす者に対してと同様、人種の平等を訴えるミルは「法の正当な手続き」(due process of law) に則って戦う勇気ある人間であったのです。[323] 山下重一先生の御指摘ではありませんが、ミルはジャマイカ事件の解決を目的とする委員会を主導して挫折を味わう訳ですが、学者として世に問うた自説にどこまでも忠実たらんとした典型的学者議員としての活動を如実に示すものでした。[324] 仮にある国を支配する場合、その国の住民の責任の下で統治するということは、まだしも専制よりは良い、それはその国に自由を齎す契機を植え付けるからです。

福澤が『文明論之概略』の最後の方で、「此の独立を保つの法は文明の外に求む可からず。今の日本人を文明に進むるは此の国の独立を保たんがためなり。故に国の独立は文明なり、国民の文明は此の目的に達するの術なり」(④二〇七) と、強い気持ちを以て論じていますが、その気概の背景にはミルも触れていますように、日本も日本人ではなく欧州人に対する責任で以て欧州人が日本を支配する蓋然性があったからでもあります。ミル代議政論の最終章を読めば、福澤の執拗なまでの日本独立論の展開が分かるというものです。日本も欧米人による統治が日程に上っていると読める文面が精読しているミル代議政論にはあったからです。日清戦争で日本が勝ったということは、仮令三国干渉があったにせよ、福澤にとって、文明が野蛮、半開に勝利し、日本の独立、延いては自由もまた文明によって担保されたということの証でもあったのです。

六　おわりに——思想的位相

同時代人との対比と評価

福澤は、明治の思想家、中でも明六社同人の所謂啓蒙思想家と呼ばれている人たちの中でも、確かによく読まれています。西周とか中村正直などは、研究も含めて、それほどではありません。何故でしょうか。福澤とライバル視されたこともある加藤弘之や福地桜痴も、研究者を除いて現在読む人は多分いらっしゃらないと思います。ミルも、ジョン・スコルプスキーではありませんが、何故今日読まれるのでしょうか。[325]ヴィクトリア朝英語の特徴である長文にして難解であるにも拘らずです。『論理学体系』や『経済学原理』は英国内外の大学のテキストに当初から採用されており、『功利主義』や『自由論』、それに『女性の隷従』は今や古典の地位を確立しております。研究書も矢継ぎ早に出版されています。しかし、同じ明治期に影響を及ぼしたバックルは、あのドストエフスキーが茶化しトルストイが歴史哲学を考える上で参照にし、[326]英国内ばかりでなく世界的に取り上げられていましたが、今やほとんど読まれることなく、史学史上にその名を残す程度であります。スペンサーはバックルと違い、世界的なブームを呼び起したことに変わりはありませんが、また日本では大正期に至るまで持続的に思想的影響力を持っていましたが、例外はあるものの今やほとんど読まれていません。ただ、中曽根、レーガン、サッチャーという指導者たちが小さな政府論を唱えるのに及んで、福澤も目を通したと思われる *The Man versus the State* (1884) が改めて着眼され、その新版も出るに及んでいます。日本でも最近、それを含む翻訳が出ております。[327] 政策上のイデオロギーを検討する上で参考になるからでありましょう。しかしミルに比すべきほどではありません。アイザイア・バーリン流に申しますならば、彼らは十九世紀の思潮の中で半ば忘れ去られた巨大な廃船となってしまったのです。[328]

他の思想家たちや学者は余り読まれない訳ですけれども、福澤の場合は、「俗文中に漢語を挿み、漢語に接するに俗語を以てして、雅俗めちゃめちゃに混合せしめ」た平易にして読みやすい文章が却って文体に品格を加え格調が高くなっていますが（①六）、そのこともさることながら、やはり問題の恒久性ないし時代を超えた普遍的な思想が、ミルと共に、そこにはあるからだと思います。一例を挙げて申しますと、お話しましたように福澤は実学、サイエンスを重視しています。極論ですが人の人たる所以もサイエンスの有無に帰することもあります。『学問のすゝめ』初編では天は人を心身に於いて平等に造ったと謳っております。差が生じるのは「人間普通日用に近き実学」の修得如何と論じてもおります（③二九—三〇）。この論理などはミルにも影響を与えているホッブズの『リヴァイアサン』（一六二五年）、丸山先生は主体性の宣言の書だとおっしゃっていましたが、その第十三章を思い出します。ホッブズは自然、即ち天は人々をその身と心の諸能力に於いて平等に造った（Nature hath made men so equal [I], in the faculties of [the] body, and mind;）、と断言しております。そしてホッブズ解釈の味噌はサイエンス（science）とプルーデンス（prudence）の相違の認識であると学生時代に習いましたが、そのサイエンスは生得能力ではなく努力によるものであるが故に少数にして人の不平等を生み出すが、プルーデンス、思慮とも分別とも訳されますが、は経験知によるので、身体の平等以上にその能力は平等というのです。[329] サイエンスの有無が人に差を生じさせ、不平等にするとの論理です。ホッブズの場合、サイエンスを踏まえた上でのアートの重要性を唱えて、サイエンスとアートを学術として論理構成上一体と見なしているのですが、[330] 福澤も身心の平等性にも拘わらず、人々に差を付けるのが学問の有無であり、取り分け「人間普通の実学」のそれであるとする論理は、ホッブズとの類似性が見えて、時空を超えた普遍性をそこに見ることが出来、興味深いものがあります。

雅俗混交体（福澤）　流暢で賞讃すべき散文（ミル）

文体論で言いますと、先ほどの雅俗混交体を練るに当たっては、松崎欣一氏の言葉を武器としての語り手ではありませんが、[331] 福澤は洒落本や人情本の戯作者が如き観察をしていたのではないでしょうか。福澤が政治学者に求めていたものです（⑨二五〇）。難しいことを易しく、平凡なことを高尚に至らせる言葉で説く手法を学ぶ上でそれらは参考になるのです。それはまた論法としての問答法を用いるのに役立ち、他に秀でた文体となっております。それも時に嘲弄的であっても、他の明治知識人に見られがちな高踏的というよりは同一の視線に立ってのそれであります。『論語』や『孟子』以来の伝統、あるいは江戸期にも伊藤仁斎『童子問』や荻生徂徠の『徂徠先生答問書』などを思い浮かべる方もいらっしゃるかと思います。ミルについて言いますならば、トーマスの指摘ではありませんが、その議論が抽象的過ぎるとしても、普遍性を以て読者を獲得しているとも言えます。福澤がそれに具体例で応えているのを見れば分かると思います。また福澤と同じく難解な問題を分かりやすく興味を持たせる形で解説しているのも、ミルの著作が最良の入門的講義ともなっている理由というのです。[332] バートランド・ラッセルは名付け親ミルの文章を都会的にして洗練された好みの文章と評価しております。[333] そして父ラッセル、アンバリー卿は、反対意見を持つものに対しては同じ山の反対側を登っているように心掛けよ、との助言をミルから受けたというのです。[334] ミルには議論をするに当たって公正さがあり、様々な立場の意見を同程度にまで解説し提供している点、プラムナッツが言うように知的で誠実だが疲れ切った人の論との評価も生まれますが、[335] 同時にそのことが極めて魅力的なものにしているのも事実でありましょう。バーリンは精神的知的魅力のみならず稀に見るほどの廉直で開かれた洗練の心を持った「流暢で賞讃すべき散文」とすら述べております。[336] アリストテレス的というよりはソクラテス的ないしプラトン的手法のなせる技かもしれません。ミルは自伝の中で、プラトンの対話篇によって代表される問答を通じて真理に達するソクラテス的手法について、それは民間の謬見が織りなす過りを正す訓練として、また知性の赴くのに任せる混乱を整理する上で比類ないものである、と絶賛しております（M①二五朱牟田二八）。福澤の「ある人曰く[337]」の類を想起してミルと比較してみてください。

非実用的学問のすゝめ　「医は仁術」

福澤は「人間普通の実学」を勧めますが、しかし「人の心を悦ばしめ随分調法なるもの」である「実なき文学」である非実用的学問も無視してはいません。ただ二次的なものと位置付けているのです（③二九―三〇、⑲四一四）。時代思潮の動向を考える必要もありますが、サイエンスとPアートの次にLアートやAアートを位置付けているとも言えます。「美術文学の要を忘るゝ者なきに非ず」との慶應義塾での演説はそのことの一端を示しております（⑪四九八）。小尾俊人によれば岩波書店の創業者である岩波茂雄の座右の銘は、福澤の「思想の深淵なるは哲学者の如く心術の高尚正直なるは元禄武士の如くにして、之に加ふるに小俗吏の才能を以てし、之に加ふるに土百姓の身体を以てして始めて実業社会の大人たるべし」（⑳四七二）であったというのです。[338]「哲学者」をここではサイエンスも含めて諸学に通じて生まれる学問への希求者とでもしておきますが、「心術の高尚正直」は具体例としてイメージ論の可能性大ですけれども、元禄武士を挙げていることから類推しますと、『学問のすゝめ』で批判した赤穂義士に見られたとされる清廉潔白な心立てとしましても、あるいは公平実直にして自ら信じて疑わない約束を守るアングロサクソンの特色を元禄武士に見出しているとしましても（⑭六二七）、福澤は心術を高尚に導くものとして同じ『学問のすゝめ』で批判しているような「実なき文学」の重要性を説いております。何よりも自身漢詩文を多数ものにしていることがそのことを実証しております。「文学」も重要視しているのです。「文芸の嗜」が人の品性を高くし精神を楽しくさせ、社会の平和を助け、人生を幸福にさせるとは「修身要領」にも出ております（㉑三五五）。福澤の若い頃の漢学修養もその重要性を認識する契機になっていたでありましょう。白石照山の下で漢学、経子史書のみならず老子とか荘子といったものもよく読んでいたとの回想は（⑦一二）、緒方洪庵の蘭学修業の前に漢学の素養を要求していたことと相まって、人文科学的な教養Lアートの修得が与って力があったことを確信させますし、それは何よりも、洪庵の教えや蓮如『御文章』（寛正二・一四六一年）と共に、文章に反映して生きており、単なるサイエンスの主唱者とは違う訳であります（①四—七）。

余談になりますが、洪庵は漢学修養を怠って早急に蘭学に走る子息を勘当すらしております[339]（安政三・一八五六年十月二日内山七郎右衛門宛書簡）。適塾入門の条件であったかもしれません。洪庵が手紙を認める結びに「道の為、人の為」あるいは「人の為、道の為」と、時に「道」の代わりに「国家」や「天下国家」があるとしましても[340]、孟子の「傷無き也、是乃ち仁術」（「梁恵王」）に由来すると思われる貝原益軒の言う君子医たるもの「医は仁術なり、人を救ふるを以て志とすべし[341]」（『養生訓』正徳三・一七一三年）であります。あるいは洪庵を念頭に置いての仮名垣魯文の「種痘は天下の仁術（じんじゅつ）、肉食は万民（ばんみん）の滋養なり[342]」（『安愚楽鍋』明治五・一八七二年）にあるように経子史書を中心とする漢学の素養の必要性の認識があったと思います。

古典（ミル）と科学（スペンサー）、あるいは「功利論（ユーチリタリヤニズム）」と「進化論（エヴヲリユーシヨン）」

ミルの場合についても言えると思います。この時期十九世紀イギリスにあっては、紳士の養成が声高に唱えられております一方、他方に於いてサイエンス、サイエンスと中高等教育に於けるその必要性が騒がれておりました。現在、自然科学分野で世界的権威のある雑誌 *Nature* も一八六九年、明治二年に創刊され、その啓蒙に努めておりました。あの南方熊楠も寄稿しているのですが、村岡健次氏も指摘しておられますように、近代英国の上流支配層にとって科学は古典人文学に劣る低位な営み、専門ならざるアマチュアリズムと見なされていました[343]。但しサイエンスという名辞自体は古くから使用されており、一般的にはアートが実践的であるのに対して抽象的思索的に依拠しているとの用法と認識されておりますので、この場合は自然科学を指しているということです。より広い意味で「学問」と訳してもその意味では妥当かもしれません。アリストテレスも『ニコマコス倫理学』でサイエンスに該当するとも言うべき「エピステーメー」の対象を必然的かつ永遠的なものの認識であって、それは「テクネー」（技術）とも「プロネーシス」（思慮）、「ソピアー」（知恵）、「ヌース」（知性）とも区別された認識能力としており、「サイエンチカ」とのラテン語を「サイエンス」の語源とするも「学問」と訳しても理解可能と思われるからです。[344]確かに'science'サイエンスは、辞書的に言えば、ラテン語'scientia'に由来し、その意味する所は'knowledge'知識・'experience'経験・'science'科学であり、取り分け体系付けられた知識（systematize and formulated knowledge）が第一義的にはあったようです。それが総合的に自然科学（physical or natural sciences）を意味するようになり、物質的現象（material phenomena）を取り扱い、主として観察（observation）・実験（experiment）・帰納推理（induction）を基礎に置く学問を言うことになったようであります。[345]

この点についての考察は「学問」起源論とも併せ考察する必要がありますので深入りはしませんが、サイエンスをここでは自然科学一般とします。そこで福澤も含めて日本でもよく読まれましたスペンサー、バックル、ドレイパー、ハックスリーなどが、ジョン・バローが論じておりますように、科学の宣伝マン宜しく健筆を揮っていた訳であります。[346]福澤は当初からサイエンス、サイエンスと言っておりましたが、古典中心のイングランドの学問世界にあってサイエンスは軽んぜられていました。だからこそ、*Nature* が発行されたのです。サイエンス主導者であって、福澤もよく読み、ノートをとっているスペンサーは古典語中心のパブリック・スクール教育を批判し、実際生活に適合的な有用な知識を進化論の立場から説き、知育・徳育・体育の三育論を著しております（*Essays of Education*, London, 1861.）。石河幹明の紹介になる鎌田栄吉談によれば福澤がその三育論の趣旨を一層に明瞭にしたということですから、[347]時代の要請に応えてサイエンスを学び、軍事型社会に代わるに産業型社会に相応しい人材を育成することにスペンサー教育論の重点があったからでありましょう。[348]

ところがミルは、若い頃教育パパである父ミルによって、徹底的に古典教育を受けています（M①九―一五、二三―七朱牟田一四―二〇、二七―三〇）。スペンサーがサイエンスのみを信じる父から物理学や化学、あるいは解剖学を学んで古典語を修得していなかった点、[349]対照的であります。だからと言ってミルがサイエンスを軽視していたかというと、無論そうではありません。塩尻公明も強調しておりますように、ミルは生涯を通じて自然科学やその方法に対する信頼を一貫して持っていました。[350]ミル論理学を繙けば、それは直ちに分かる事であります。ただ不思議なことに、この時代の科学の花形になろうとしていた生物学については、ダーウィンの『種の起源』が出版され話題になっていたにも拘らず、あるいはラマルクの影響にしろ、スペンサーとの関係を見れば何らかの形でその方法論に言及しても良いのですが無視されてはいます。確かに死後出版された『宗教三論』のうち「有神論」は、ヘレン・テイラーが述べているようにダーウィンとメインとを読み終えたとは言えない「自然」や「宗教の功利性」についての考察に付け加えた論稿ですが、これら二論文を経て後にダーウィンを読んだ結果、自然に於ける適応は知性による創造の方に蓋然性の優位を与えていることに見出しているとの評価もありますから[351]単純には言えませんが、生物学については物理学や化学とは異質な要

素をミルは見て取っていたかもしれません。(352)

この点に於ける謎解きは暫く措くとしましても、ミルが晩年、古典教養を含めた高等普通教育の必要性を説いていることは単に科学方法論者ミルに解消し尽くされないミルの思想を象徴的に表しているように思います。ミルは『経済学原理』でも行き届いた一般教養(general education)を有しているが故に特殊な領域に拘ることなく、他の仕事にも従事できる労働者としてサクソン人を選ぶとの報告書を引用して、普通教育の重要性を労働者レベルでも認識していますが(M②一〇八―九末永(一)一二四―五)、聖アンドリュース大学名誉総長就任演説、ミル自身はスペンサーやバックルと同じく大学教育を受けていない訳ですけれども、そこで語った高等普通教育の重要性の強調は、大学の存在理由についてでありますが、今尚深く考えさせられます。ミルが言いたいのは単に実用的な職業教育を施すのではなく有能で教養ある人間の育成を造る場としての大学であります。専門職学校ではなく、哲学的法律家、哲学的医師、あるいは哲学的技師や哲学的商人など、philosophicという形容を付して、専門知識の正しい利用法なり方向性を導く一般教養の意義を強調し、それを身に付けることに大学の存在理由を求めているのです。具体的にはLアートを学んで初めて優れた法律家なり医者、あるいは商人や製造家が生まれるというのです。それは何よりも職業人たる前に人間であることの自覚の覚醒を意味すると思いますが、それは細々とした知識を詰め込むのみでなく、人として踏むべき道の修得の必要性の強調でもあります。知識の総合性の認識によってのみそれは可能で、高等普通教育の高等専門教育に劣ることのない重要性の主張です。大学教育の意義もそこにあるとミルは言っているのです。人類に役立つ人間の養成と共にLアートが与って力がある人類の品性を高貴にし、その尊厳を醸し出す学風に浴せしめることが大学に求められているのです。専門教育のみを修得している単なる法律家や医師、あるいは商人や製造業者はミルの理想とするところではありません（M㉑二一八、二四八、竹内一誠訳『大学教育について』岩波文庫、二〇一一年、一二、一〇六頁）。我が国のロースクールの当初の理念ではありませんが、人間の顔をしたLawyerの育成です。むろん自由なき教養は、関口正司氏の訳によれば陶冶ですが、闊達にして寛大な度量の大きい精神の持ち主を生み出すことが出来ないが、小賢しい弁護士を育成は出来る、とミルは論じ立ててもいます。それは教養ある哲学的弁護士を念頭に置いての論でもありましょう（M⑱二四六関口八九）。再度の引用ですが中村敬宇の補足的意訳では「普天下の人をして自由に思想し、自由に取捨し、自由に避就することを得せしめざれば、寛弘高大の心ある人を造り出すこと能はず」（中二下三四丁ォ）ということになります。

　人間の学問を二つの部分に分けるとしたら、一方はあらゆる人間に共通のもの、他方は学者に特有なものとしますと後者は前者に比して殆ど言うに足りない、[353]とのルソーの見解になぞらえて言いますと、教養教育あるいは全人教育の方が専門教育よりむしろ大切であるということになるのでしょう。確かにミルが生きましたヴィクトリア時代は産業の競争原理に基づく富の追求が求められ、公共の生活の方がより価値の高い善であり、専門教育よりも教養教育こそが大学の本質と考えられていたオックスフォードやケンブリッジの両大学はそうした流れの防波堤を築きあげるように責めたてられもしていたでありましょう。学校長や法廷弁護士、政治家や官僚、それに何物にも分類されないジェントルマンが教養と礼節の二重の刻印を獲得し、金権政治を文明化することによって貴族政の没落を押し止める役割をオックスブリッジは果たしたと言われております。それでも専門知識を持った専門家や技術者たち、あるいは審美主義者の利益が益々増大し、彼らによって蚕食された後に残される共通の知識と情報は貧困化が益々進行しているというのです。こうして立志伝の製鉄業者、銀行家の歴史家、地理学者の聖職者、学者のタバコ商人の世界は、彼らの世界の合言葉であった「あらゆるものについて何事かを知り、何事かについてあらゆることを知る」('to know something of everything and everything of something') との「格言」(genial watchword) ともども背後に忘れ去られ、「余りに小さなことに余りに多くを知っている」(each knowing so much about so little) ことが試される競争試験の入り口を通って専門人の荒野に入っていくことを余儀なくされる時代であったのです。アークライトやスティヴンソンなどの後継者を探すことは困難になり、ミル父子やラスキンやテニソン、あるいはグロートなどの後継者をどこに探すことができ得るのか、また彼らが伝えようとして執筆した公衆は一体どこにいるのか、という状況を生み出してもいたのであります。貴族教育から全人教育へ、さらには専門教育へと移り行く過程にあって、中期ヴィクトリア朝人の確固たる全人的文化は後期ヴィクトリア人の技術的専門人文化になっていったのです[354]。ミルの講演は、その意味では良き時代の大学への憧憬すら感じさせます。嘗て福澤も目を通した可能性のある「文明論」で批判したオックスブリッジ教育の再生を訴えているのも分かるというものです(M⑱一四四―七山下二一八―二二[355])。

スペンサーやバックルは、いずれも該博な知識を有していながら、古典を通じての全人教育的側面がないとは言いませんが、ミルに比較して相対的に少なかったと思います。だからバックルはともかくスペンサーは物理ないし急速に科学の領域に於いて存在感を増してきました生物学の効用を説き、バーリンの言う選択し実験する自由をむしろ妨げる殺風景な科学主義の主張者に陥ってしまった、ないしそのように理解され、忘れ去られていったように思います。[356] 生物進化論を導入して転向に拍車がかかったと言われます加藤弘之も、松本三之介先生のおっしゃる主体としての人間が不在の客観主義に駆られてしまったのではないでしょうか。[357] 福澤も同じように生物進化論の影響を受けましたスペンサーを愛読し、ダーウィンを義父とするゴールトンの遺伝論すら論説に「千分の一の大略」を以て援用しておりますが（⑤二二四―九）、彼の実学の範型はついぞ生物学になることはなく、どこまでも広義ではありますが物理学に踏み留まっていることも（⑥四二五―三一）、あるいはそのことと関係するかもしれません。福澤はスペンサーの学問分野論とも言うべき叙述を読みながら、数学などの「抽象的科学」（the Abstract Sciences）でもなく、また生物学などの「具体的科学」（the Concreate Sciences）でもなく、物理学や化学などの「抽象的―具体的科学」（the Abstract Concrete Sciences）を以て「実学」としていることも象徴的であるように思います。[358] *Nature* 創刊者の一人ハックスリーも同様で、行き過ぎたサイエンス重視から、主体としての人間の回復の為、人の道理の理解を深める古典教養の必要性を説くことに返り戻ったと言われております。[359] 確かに鷗外が小泉純一に託して論じ立てた、十九世紀は自然科学の時代で物質的なものの開花を齎したが、それに満足することなく人間の触覚を外界から内界に向き変えた時代でもあったのでしょう（『青年』[360]）。杉原四郎先生ではありませんが、ミルの著作には人間の自主と自由と平等とを主張して止まない活き活きとした精神が流れていたからこそ、読者はそこから汲み取った思想的酵母がその体内に於いて成長し、行動のエネルギーとして働いたからでありましょう。前近代的なもの、反文明的なものと言っても良いでしょうが、それを批判したミルの思想にある近代的自由主義や個人主義の主張、これが当初の日本では個々人を身分や性別に対する批判と告発の思想的武器となったことは否定出来ませんが、[361] それらを修正ないし補強した上での思想的糧が次第に理解されるようになり、思想の持続性ないし永続性を保つ要因となったと思われます。ミルの思想には古典や歴史を含めた深い教養が与って力があったのです。

進歩と進化の違いでもありますが、最高の喜びは、ミルが「より高尚な」、あるいは「より高潔な」としばしば触れますように、さらにはアーノルドが「完全性」の概念を使用するように、ハックスリーにあっても進歩する存在としての人間の可能性は本来具わっているものを陶冶し、それは決定論的な外的要因から導き出されるものではなかったのです。[362]

明治期に影響を及ぼした西欧思想の「巨人」と言えばしかしながらミルというよりは、スペンサーであります。スペンサーは明治知識人の間では、圧倒的人気を博していましたことは、その翻訳数からも窺えます。福澤もスペンサー読書、署名本の数から言えばミルに匹敵しております。「進化論（エヴヲリユーシヨン）」と「功利論（ユーチリタリヤニズム）」とを共に西洋に於ける学問世界の面目を改めようとする萌しとして明治十六年に挙げている所以であります（⑨二七九）。ただ福澤はスペンサーが流行する明治十年代以前に『社会学研究』や『第一諸原理』を精読しておりますからスペンサー流行の先鞭、あるいはその契機となったとも考えられます。因みに福澤は明治十年に試験問題の懸賞として次席の乙ではありますがスペンサーの「ソシアレ　スタチックス」、明治十四年に『社会平権論』と松島剛によって訳されておりますが、それを挙げております。首席甲はドレイパーの『ヨーロッパに於ける知的発展』、三席丙はバジョットの『自然学と政治学』であり、いずれも進化論の影響を受けた書物であります（⑳一七七）。学科課程では政治と経済のいずれの専攻にあっても「スペンサの理論抔も一課は存する方可然。」としておりますから専門共通科目としてスペンサーを配する意図が窺えます（⑳三一四）。明治中期頃のスペンサーの位置付けがここからも分かります。しかし福澤はミルほどの評価を与えておりません。スペンサーの諸著が明治十年代から二十年代にかけてほぼ毎年邦訳出版されていたことは、確かに清水幾太郎がリストアップした論考を見るだけでも、驚くべき流行でした。清水先生も引用されていますように「蓋し泰西哲学の我邦に入りしより社会を挙げて一時に之れに風靡し其の洋学を修め僅に『リードル』又は英米歴史の数巻を読みし者は直ちに進んで哲学を考究せんと欲せざるは無く五六年前までは書生の喜びて断する所はボックル、ギゾー、ミル等の著書なりしが近来は変してスペンサアとなり『スタチック』『スタデー・ヲフ・ソシオロジー』の如きは家々の帳裏に此の書あり以て夫の王充の論衡に比すべし亦盛んなりと謂ふべきなり」。あるいは同じく「試みに我が東京府下を始め地方に開設する政談演説会なる者を視よ許多の弁士が説き出す所はギゾー、ミルの口真似に非ざればスペンサアの仮声にして」との末広重恭の『二十三年未来記』（明治十九年）はスペンサーブームの一端を示しております。自由民権運動ばかりではありません。日本の社会学はスペンサーの学説を導入することから始まったとさえ言えるのです。外山正一やフェノロサも共にスペンサーで以て講義を開成学校で開始したと言われております。そうして何よりもミルと違いましてスペンサーは明治政府にも関わっていることであります。森有礼、後には金子堅太郎との接触は有名ですが、スペンサーは保守的な勧告を森に、さらに明治憲法の起草や発布後には金子に意見を求められているのです。清水先生の言うスペンサーの二つの顔どころか、三つの顔とも言えます。[363]

ところでミルはと言えばその多作な人文学者にして編集者でもあり、行動的キリスト教的社会主義者でもありましたフレデリック・ファーニヴァル（Frederick J. Furnivall）に日本人の友人達に政治についての手引書を問われました返事として、アダム・スミス、モンテスキュー、トクヴィルを学ぶに値するヨーロッパの思想家として挙げ、しかし有用なものとしては特有なメリットがありコスモポリタン的なベンサムの著作、特にドゥモンがフランス語で編集したもの、加えて父ミルのブリタニカに寄稿した論文、中でも「法学」「教育」それに「諸国の法」を挙げているのみです（M⑰一八一二―三）。スペンサーが今日、読まれることはあまりありませんが、ミルが挙げた文献は、例外はありますが、古典としてミルと共に現在も持続性を以て読まれております。フランス語文献のベンサムを挙げているのは一八〇二年に出版されました『立法論』を指しているると思います。日本の友人達がどのような立場の人であったかは分かりませんが、フランス語を解する政府関係者、あるいは一八三八年にはベンサム著作集の第一巻に英文のそれが刊行されておりますから、フランス留学にかかわった人物とも考えられます。このミル書簡は一八七一（明治四）年三月三十日付のものであります。実際、ドゥモンが編纂しましたベンサムの三部作を阿礼之が『民法論綱』（明治九年）として、林董が『刑法論綱』（明治十〜十二年）として、そしてフランス語からの重訳として元老院幹事陸奥宗光の序を付して島田三郎が『立法論綱』（明治十一年）と題して元老院が上梓しており、全訳の完成を見ることが出来ます。このことはミルの明治国家形成者たちへの影響をあるいは見ることも出来るでありましょう。尚ミルの明治初期への影響については、堀経夫と関嘉彦の論稿が参考になります。[364]

『修業立志編』小幡篤次郎のスペンサー教育論『独立自営大国民』

ところで私立慶應義塾編纂で福澤先生著の名で時事新報社が明治三十一年に出版しました『修業立志編』というのがあります。これは福澤の執筆でないものも含まれており、福澤全集に未収録のものもありますが、その最後に結びの意味を込めて「英国の学風」という小論が収録されております。それは伝統的な英国エリート教育の紹介であります。パブリック・スクールを経てオックスフォードやケンブリッジ、あるいは法学院で教育を受ける英国紳士の養成賛美と読めるものです。アメリカやドイツ、あるいはフランスや日本の高等教育を受けた層に比較して英国の高学歴層は確かに卒業時点で学力の劣位は見られるものの、チュートリアルシステム、個人指導などの独特な教育法や晩餐会を含めた会食教育によって生涯に亘って学び続ける素地、高尚の気風ノーブルフヒーリングを醸し出しているというのです。先に触れましたスペンサーのパブリック・スクール批判が含まれる『教育論』、アメリカ版のアップルトン刊行には省略されていますが、そこにはイートン学寮に於ける一八四二年から四五年の教育についての皮肉たっぷりな言辞を冒頭に記しております。僕らの先生であったボールストンは、当時で言えば立派な学者でラテン語の詩作では有名でした。しかし本質的には平凡な指導教師であったと言えます。「スティーヴン君」と先生は私の兄に言ったものです、「丹精込めないでどうして長音節と短音節を組み合わせた良い詩が書けるというのですか。もしそうした詩を創作出来なかったら、どうして洗練された趣味の持ち主になれるというのですか。洗練された趣味の持ち主でなければ、どうして立身出世して世の中で役立つことを望めますか」と。スペンサーはパブリック・

スクールの名門と謳われているイートン教育を嘲弄して冒頭部を飾ったのです。これは奴隷解放の支持者にして登山家でも有名な文学者であるレスリー・スティーブン卿の兄がイートンの教師から言われた助言です。[365] 福澤が恐らく手にしたものはニューヨークのアップルトン社版と思われますので(New York: D. Appleton, 1888)、あるいは明治十三（一八八〇）年に文部省から刊行された尺振八の訳では、スティーブンの言辞は省略されていますが、スペンサー教育論を読んでいる福澤が筆を執ったとは思えない、あるいは英国留学経験者と思わせる筆致と全集編纂者も考えたかもしれません。現に「英国の学風」は高橋義雄の執筆になる『英国風俗鏡』（明治二十三年）に収録されている「オクスフォルド大学生」とほぼ同一の箇所があるので、高橋の手になるものとされています。[366]

しかし福澤がスペンサー教育論に興味を持ったことは、先に見ました石河幹明の紹介にも窺えますが、福澤の高弟である小幡篤次郎の読書からも窺うことが出来ます。今からもう三十年以上前のことですが、当時学術振興会の研究員の身であった私は福澤の史跡めぐりを兼ねて、父福澤百助の蔵書を臼杵市立図書館や、中津の小幡篤次郎を記念した図書館を訪ねましたが、その中津市立小幡記念図書館には小幡手沢本と思われるスペンサー『教育論』がありました。アメリカのアップルトン社版ですが（*Education: Intellectual, Moral, and Physical.* By Herbert Spencer, New York: D. Appleton and Company, 1860.)、それを閲覧しながら次のような書き込みを確認しました。小幡篤次郎の精読跡をその手沢本に於いて確認出来ます。特に知育論に於ける如何なる知識が最も価値があるのか、についての議論の書き込みが興味深い訳ですが、その問いに対する衆目一致した答えは「科学（Science）」とスペンサーは断言しております。[367] スペンサーの教育論は尺振八による本邦初訳も功を奏して明治日本に広まったかもしれません。福澤との関連については渡辺徳三郎が「福澤先生とH・スペンサーの「教育論」」との題のエッセイで、『家庭叢談』第九号に掲載されている「家庭習慣の教へを論ず」と題する論⑲五六〇―三、七〇一―三）とスペンサー教育論との考証を踏まえて論じられております。[368]小幡の書き込みは先ず「教育ノ事ニ至テ尚虚飾ヲ先ニシ実用ヲ後ニス」があります。これはギリシアの学校が音楽・詩・修辞学といった実践と無縁な哲学がそこでの主要な教科であり生活の技術に役立つ知識は従属的であったとし、現在の大学や諸学校でも同様な逆さまの状態が続いているとして、ギリシア語やラテン語の学習をスペンサーは挙げている訳ですが、そこの要約です。[369]

スペンサーによればラテン語やギリシア語の修得はその本質的価値からではなく、それを知らないことが恥をかくことであり、それを知っていることが一定の社会的地位を示し、尊敬を齎す徽章であり「紳士教育」を得るための科目であったと言うのです。そうして富の蓄積、生活の様式、衣裳の美しさ、知性や知識の誇示によって人々は他の人々を征服しようと努めるのである、としている所に、「虚飾ヲ尚フノ起源ハ人ヲ制御セントスルニ在ル」とノートします。[370]そうして我々は如何に生きるべきか、それが本質的問題であると論じている所に「人事ノ大疑問」[371]と、教育の目的は我々をして完全な生活が出来るように準備させることであると論じている所に「教育ハ人ヲシテ完全ナル生活ヲ得セシメルニ在リ」[372]と書き込み、スペンサーが近い将来に非常に重要な成果に到達出来るかもしれないとして五点ばかり挙げている所、即ち第一に人間生活を構成している主要な種類の活動はその重要さの順序によって分類され、直接自己保存に役立つ諸活動、第二に生活に必要なものを確保することによって間接に自己保存に役立つ諸活動、第三に子孫の養育と躾を目的とする諸活動、第四に適正にして社会的政治的諸関係に包含される諸活動、第五に趣味と感情との満足に向けられた生活の余暇を満たす諸活動を挙げております。そこには「各編ノ諸勢力」[373]と書き込まれ、先ずは自己保存に直接役立つ知識が最も重要であること、これが認められなければならないとの論点に「先ハ事物ノ理ヲ知ル事」[374]と書き込まれております。そうして次に生活手段の獲得に於いて成り立つ間接に自己保存が位置すると論ずる所に「次ハ活計ヲ学ブニ在リ」[375]とノートし、国家の前に家族が位置するから子供の養育は次いで重要であり、さらに一社会の善さは究極的には市民の性質に依存し、それは幼少時代の躾によるので家族の福祉に役立つ知識は社会の福祉に役立つ知識よりも先行するとの議論に「第三マズ論ヲ調査設問シ世人ノ一人トナルニ在リ」[376]とノートしております。小幡が着眼しておりますのは第一章の「如何なる知識が最も価値があるのか」という所で、その書き込みの着眼はそれ自体興味深いものですが、ここからもスペンサーが伝統的な紳士教育を批判している事が分かります。スペンサーにとって知識で最も価値あるものはずばり科学サイエンスであります。もちろんスペンサーは趣味と感性に訴える知識も否定しておりません。ただ最も重視するのが科学という訳であります。

スペンサー教育論を小幡との関連で見てきた訳ですが、それでも実学のみならず人の気品の高尚を重んずるとの福澤の教育論に符号する面が伝統的な英国教育にはあったからこそ、福澤は先に見ました書籍に編纂者である菅学応の起草になる緒言に刪正の筆を加え、自らの名で以て刊行することを許したのでありましょう（⑱八二二、⑲七七五）。

伝統的英国教育はしばしば紳士教育と言われておりますが、その理論的支柱としてジョン・ロックの教育論を挙げることが出来ます。そこでは紳士はいつの時代であれ、武装し、軍人となるように育て上げるべきであるとしておりますのですが、福澤の華族教育論と似ていなくもないのですが（⑳一九七―二〇二）、ロックは紳士の誰しもが財産以外に徳・分別・育ち・知識に含まれるものを望むとしまして、それぞれ具体的に論じております。[377]「大学の道は明徳を明らかにするに在り、民を親しむるに在り、至善に止まるに在り」との為政者教育論を謳っている『大学』の冒頭部を想起しないでもありません。ロック教育論は一六九三年に著された教育論ですが、イートンが範となしたパブリック・スクールの最も古いオックスフォードのニュー・カレッジへの進学の為に一三八二年に創設されましたウィンチェスター・カレッジのモットーは、ニュー・カレッジのそれと共に"Manners Makyth Man"であります。「人は行儀が第一」とも訳されますが、また中村正直は「儀容ハ人ヲ造ル」と訳しておりますが、[378]やはり「礼儀が人を造る」であって、家柄、金銭、あるいは資産によってではなく、他の人々に如何様に振舞うか（not by birth, money, or property, but by how he behaves other people）、ということであります。福澤の徂徠学的な、あるいは春秋時代に見られた外面より我が身を修整してかかるとの思想に類似したミル功利論への書き込み「聖人起テ礼ヲ作ルモ亦実ナルニ似タリ」（M⑩二二三関口五九―六〇）をも想起出来ます。人間を禽獣と分かつのは礼であるとの『礼記』の「曲礼上」にある文言を福澤流に翻案したものですが。[379]ロックの教育論よりはるかに古い学校の校訓であり、そこに人物教育の走りを見ることが出来ますが、むろん紳士教育が普及した十九世紀中葉のパブリック・スクール以前の古いパブリック・スクールも紳士教育を謳っていることは一五六一年に創設されましたマーチャント・テイラーズ・スクールに於ける詩人エドマンド・スペンサー卿の言葉、私が訪問した際に頂いた学校案内にあります「道徳的にして寛大な訓練による紳士の養成」が校風であると謳っていることからも分かります。これらの教育機関は歴史が長いだけに色々変遷しておりますが、十九世紀に現在のイメージを有する教育機関となったと思われます。

福澤の名を冠した『修業立志論』が刊行されたその四年後には、井上純三郎と占部百太郎によって訳され慶應義塾訳として出版されましたドゥモランの主として英仏の教育を比較しつつ伝統的英国紳士教育を批判して全人教育を謳った『独立自営大国民』(金港堂書籍、明治三十五年)、原名「アングロサクソンは何故強いのか」(E. Demolins, *A quoi tient la superiorité des Anglo-Saxons?* 1897.) を考慮しましても、学力に解消されることのない人物教育、即ち全人教育、その英国の伝統的学風の世に秀でていることを福澤は認識していたと思います。福澤はミルと同じく、単なる科学主義者ではなく、Lアートを含めた人文主義の主張者でもあったのです。福澤は科学主義者、社会進化論者スペンサーの『第一諸原理』を読み進んで、精神的進化に於ける平衡運動に着眼します。そして不審紙を貼付し、『論語』の一節「七十にして心の欲するところに従い矩を踰えず」(「為政」) の新解釈を試みていることも (⑦六七六—七)、福澤のLアートの一端を見ることが出来るように思います。[380] そうして道徳の聖人たる孔子と物理の聖人たるニュートンの到来を以て「黄金世界の時代」としている福澤はそのことを象徴していると思います (⑥二一六)。サイエンスのみならずアートを重んじていたことが福澤やミルの衰えることのない人気の一面の淵源と言えるのではないでしょうか。

話があちこちに飛び、雑になってよく分からなかったとの御意見もあるかと存じますが、また私の福澤諭吉協会に対する長年の御恩に報いるには、余りにも乏しい話であったかもしれません。また最終講義の話も加えましたので長丁場になりました。長い時間、御清聴ありがとうございました。

註

（1）「トクヴィルとミルは、福沢の必読文献」というのは、福澤の多数の横暴論を考える上で、という文脈での丸山発言です。確かにこれが真意であるとしましても、それ以上に三者の比較は私共に知的糧を与えてくれます。丸山眞男『自由について　七つの問答』編集グループ〈SURE〉、二〇〇五年、一三二頁、内山秀夫編『一五〇年目の福沢諭吉―虚像から実像へ―』有斐閣選書、昭和六十年、二〇四―五頁。

（2）「父三題」福澤先生研究会編『父諭吉を語る』慶應通信、一九五八年、六―七頁。

（3）戦後版福澤全集（慶應義塾編『福澤諭吉全集』再版全二十一巻及び別巻、岩波書店、昭和四十四―四十六年）第十巻三〇〇頁を指します。以下同様です。

（4）全集の読み下し文とは若干の相違がありますが、富田正文『福澤諭吉の漢詩三十五講』福澤諭吉協会叢書、文化総合出版、平成六年、一七二頁。

（5）例示的に挙げれば、本講演後も含めて、註1に掲げました丸山発言や『「文明論之概略」を読む』上・中・下（岩波新書、一九八六年）、松沢弘陽『近代日本と西洋経験』（岩波書店、一九九三年）、同『福澤諭吉の思想的格闘―生と死を超えて―』（岩波書店、二〇二〇年）、渡辺浩『明治革命・性・文明―政治思想史の冒険―』（東京大学出版会、二〇二一年）、松田宏一郎『擬制の論理　自由の不安―近代日本政治思想論―』（慶應義塾大学出版会、二〇一六年）、苅部直『歴史という皮膚』（岩波書店、二〇一一年）、小川原正道『福澤諭吉の政治思想』（慶應義塾大学出版会、二〇一二年）、山内崇史「福沢諭吉における功利主義受容と『貧富論』」（『法学政治学論究』一一二号、二〇一七年）、などがあります。

（6）*Collected Works of John Stuart Mill* (Edited by J. M. Robson, University of Toronto Press) 第二十一巻二七四頁参照を指します。以下引用も含めて同様です。尚訳者名は初出は姓名を再度参照の場合は姓のみを表示し、同じく初出を除いて出版社名、発行年、頁を略します。入手しやすいものを挙げますが訳者の訳には必ずしも従っておりません。明治以降各種の邦訳は、自体ミル理解の変遷を見るのには有益ですが。

（7）Alan Ryan, *J. S. Mill*, London and Boston: Routledge & Kegan Paul 1974, p.60.

（8）Frederick Rosen, *Mill, Founders of Political and Social Thought*, Oxford: Oxford University Press, 2013. pp. 31-94.

（9）高橋義雄編『福澤先生を語る諸名士の直話』岩波書店、一九三四年、一八〇―一頁。

（10）苅部前掲、一四三―六五頁。

（11）Alexis de Tocqeville, *Democracy in America*, Translated by Henry Reeve with an Introduction by Alan Ryan,

Everyman's Library, 1994, Vol. I, p. 297. フランス原書からの邦訳ですが、松本礼二訳『アメリカのデモクラシー』第一巻（下）、岩波文庫、二〇〇五年、二〇六頁。「ダラー・ハンター」(dullar-hunter) という名辞はトクヴィルには登場しませんが、「富を求めて走れ」(in quest of fortune) をミルはヒントにしていると思います。Ryan, Introduction, *ibid.*, p. xxx. 福澤のトクヴィル民主政論へのノートについては拙著『福澤諭吉と自由主義—個人・自治・国体—』（慶應義塾大学出版会、二〇〇七年）に掲載しました「参考史料」を参照してください。

(12) Samuel Smiles, *Self-Help, With Illustrations of Character, Conduct, and Perseverance*, Edited with an Introduction and Notes by Peter W. Sinnema, Oxford World's Classics, 2002, p.20. サミュエル・スマイルズ／中村正直訳『西国立志編』講談社学術文庫、昭和五十六年、六五頁。但し中村の訳は工夫を施している。

(13) 富田前掲、一七〇—二頁。尚、是に対する「反対之論意」を先に触れましたようにミシシッピー河畔を例にアメリカの広大さを指摘しておりますが、マルサス人口論を承けてのミルの論はまたケアリーの論を批判してマルサスの意図を汲んでの合衆国の例を挙げて土地の量が無限な場合、食料の増加も確保される、従って人口増加も可能としている註を加えております（M②一五六註末永（一）三〇四）。それを承けての「反対之論意」とも言えますが、それは一八六五年刊の第六版に執筆した註であります。福澤が手に取った版は第五版までのものと先に触れた「ダラー・ハンター」の叙述と併せ考えましてもその論は削除されていると思います。尤もミルは人口増加の問題は、合衆国の例を挙げて勤労に対する収穫が逓減することなく、食料の獲得も困難ではないと論じておりますので、福澤の反論もミル経済論から来るとも解釈できますが、ミルを取り上げ、しかもそれへの疑問も単なる戯れでなくとも福澤はミルと同様に問題視していたことが分かります（M②lxvi、一五六、一九四末永（一）三〇五、三六一）。尚、金文京「ミル『経済学原理』の人口論紹介と反論」（『福澤手帖』一七五、二八—三二頁）に詳細な検討がありますが、福澤がミルを批判しているとの解釈をされております。「余が所見」はミル自身のものですので、福澤も、「私は魅惑を感じないものである」とのミルの見解に同意の意味で、紹介していると思います。

(14) 小泉仰『J・S・ミル』研究社出版、一九九七年、二五三—八頁。

(15) アルバート・M・クレイグ著／足立康・梅津順一訳『文明と啓蒙　初期福澤諭吉の思想』慶應義塾大学出版会、二〇〇九年、五五—八三頁。

(16) M. Guizot, *General History of Civilization in Europe, From the Fall of the Roman Empire to the French Revolution*, With Occasional Notes, by C. S. Henry, D. D., New York: D. Appleton & Co., 1876,（福澤手沢本）p.18n.

(17) Henry Thomas Buckle, *History of Civilization in England*, Vol. I, New York: D. Appleton, 1872,（福澤手沢本）pp. 125-

26. バクル／西村二郎訳『世界文明史』第一巻、而立社、大正十二年、二三〇頁。

(18) Buckle, *ibid.*, p.242. 西村同右訳第二巻、六二―三頁。この懐疑精神に対する批判、また福澤のバックル手沢本に於けるノートについては拙稿「近代日本思想史におけるバックル問題（一）」同（二）を参照してください（『甲南法学』第四十八巻第一号、同第三号）。尚、西村は同右訳第一巻に簡潔な「バクル評伝」を訳出していますが、これは福澤もあるいは一八七四年版を手にしたかもしれない Henry Thomas Buckle, *Essays, with a Biographical Sketch of the Author*, New York: D. Appleton, 1863. に掲載されている匿名のバックル伝であります。このエッセイにはミル自由論の書評論文と知識の進歩に於ける女性の影響の二論文が収録されています。

(19) 『和読要領』下、須原屋新兵衛、享保十三（一七二八）年、四十二丁ゥ―四十三丁ォ。

(20) 梅園会編『梅園全集』下巻、復刻版、名著刊行会、一九七九年、八三―四頁。

(21) 同右、八九、九一頁。

(22) 杉田玄白『蘭学事始』岩波文庫、一一、三四頁。

(23) 三宅尚斎『為学要説』姫路隅屋喜右衛門、寛政五（一七九三）年、二丁ォ、十三丁ゥ。

(24) 「理性の光―ミル父子における哲学的歴史―」J・M・ロブソン、M・レーン編著／杉原四郎・柏経学・山下重一・泉谷周三郎訳『ミル記念論集』木鐸社、一九七九年、三七頁。

(25) J. Mill, *The History of British India*, Fifth Edition with Notes and Continuation by Horace Hayman Vol. I, London: James Maddem, 1858.（福澤手沢本）pp.118, 151-52. 書き込みの要約は一一八頁のものですが、福澤はここでは「僧侶立法権ヲ専ラニスル尤モ大ナル乎。尤前化進歩ヲ止メタル原因ナラン乎」「〇蓋シ僧ハ惑ヒノ宿ル所ニテ旧習維持スル彼ノ精神ナレハナリ」（*ibid.*, p.152.）と書き込んで、インドの僧侶階級の故習に惑溺するが故のインド社会の停滞状態を認識しております。

(26) 前掲バーンズ、三三頁、J. Mill, *Ibid.*, Vol. II, pp.150-51.

(27) モンテスキュー著／野田良之他訳『法の精神』中、岩波文庫、一九八九年、一六六頁。

(28) ヘーゲル著／長谷川宏訳『歴史哲学講義』（上）岩波文庫、一九九四年、一九五、二〇一頁。G. W. F. Hegel, *Werke in zwanzig Bānden 12 Vorlesungen ûber die Philosophie der Geschichte*, Frankfurt am Main: Suhrkamp, 1970, S.147.

(29) 大河内一男監訳『国富論』I、中公文庫、昭和五十三年、二二一―三頁、Adam Smith, *An Inquiry into the Nature and Causes of Wealth of Nations, A Selected Edition*, Edited with an Introduction and Notes by Kathryn Sutherland, Oxford World' s Classics, 1998, pp.70-71, 91-92, 481-82, 488-89.

(30) William Thomas, 'Mill' in *Great Political Thinkers*, Edited by Keith Thomas, Oxford: Oxford University Press, 1992, pp.336-37. W・トマス著／安川隆司・杉山忠平訳『J・S・ミル』雄松堂出版、一九八七年、一二七―八頁。

(31) M・ヴェーバー著／脇圭平訳『職業としての政治』岩波文庫、一九八〇年、一一頁。Max Weber, *Gesammelte Politische Schriften*, みすず書房、昭和三十九年、S. 398.

(32) 先にも触れましたが、福澤が『世界国尽』の序文に代えたワルプランクも指摘しているからです。Gulian C. Verplanck, *Discourses and Addresses on Subjects of American History, Arts, and Literature*, New York: J. & J. Harper, 1833, p. 166.

(33) アーネスト・サトウ／坂田精一訳『一外交官の見た明治維新』上、岩波文庫、昭和三十五年、四四頁。

(34) モンテスキュー前掲、一五八頁。

(35) Walter Bagehot, *Physics and Politics, or Thoughts on the Application of the Principles of "Natural Selection" and "Inheritance" to Political Society*, London: Henry. S. King & Co., 1872, pp.41-42. 三谷太一郎『日本の近代とは何であったろうか』岩波新書、二〇一七年、四一頁。

(36) Larry Siedentop, 'Introduction' in *The History of Civilization in Europe* by François Guizot, Translated by William Hazlitt, Penguin Classics, 1997, pp. xxi-xxii.

(37) *Miscellaneous and Posthumous Works of Henry Thomas Buckle*, Edited with a Biographical Notice by Helen Taylor, Vol. I, London: Longmans, Green, and Co. 1872, pp. v, 3-8. 尚ミルとバックルとの関係については山下重一「ミルとバックル」（『甲南　経済学論集』第二十五巻第四号（第一五〇号）に詳しい紹介があります。

(38) Herbert Spencer, *First Principles of a New System of Philosophy*, Second Edition, New York: D. Appleton and Company, 1875,（福澤手沢本）p.106. 拙著『福沢澤諭吉と西欧思想―自然法・功利主義・進化論―』名古屋大学出版会、一九九五年、六八頁。

(39) H. J. Hanham, 'Editors' Introduction' in Henry Thomas Buckle, *On Scotland and the Scotch Intellect*, Chicago and London: The University of Chicago Press, 1970, p. xviii.　尚　Ian Hesketh, *The Science of History in Victorian Britain: Making the Past Speak*, London: Pickering & Chatto, 2011, pp.23-24.

(40) Hanham, *ibid.*, p. xviii. Robert McCarthy, 'Henry Thomas Buckle, The Extraordinary Life of the Eccentric Bibliophile and History' in *The Book & Magazine Collector*, No.174, London, 1998, p.79. スペンサーはバックルの堅実さや洞察力に信頼を置いていなかったようですし、バックルはバックルで読んでいてもよさそうなスペンサーの『社会平権論』(*Social*

Statics)を読んでいなかったようです(John Mackinnon Robertson, *Buckle and His Critics A Study in Sociology*, London: Swan Sonnenschein, 1895, pp. 20, 28.)。しかしチェスの会場でその見解も変わったのではないかと思われます。

(41) Henry Thomas Backle, *History of Civilization in England*, Volume The Second, London: Parker, Son, and Boarn, 1861, p.xxix.

(42) Smiles, *op. cit.*, p. 31. 中村前掲、八九頁。

(43) 信濃教育会編『象山全集』第一巻、信濃教育会出版部、復刻版、昭和五十年、五頁。また「夫泰西之学芸術也。孔子之教道徳也。道徳譬則食也。芸術譬即采肉也。采肉以助食気。孰謂可以采肉而損其味耶。」(「文稿」七七―八頁)とも謳っています。

(44) 尤も福澤はフランクリンの「天は万物を人に与えずして働に与ふるものなり。」(God gives all tings to industry.)(③一八三・Chambers's Educational Course, *The Moral Class-Book*, New Edition, London and Edinburgh: William and Robert Chambers, 1871, pp. 39-40.)とチェンバーズの『童蒙をしへ草』で翻訳し、『学問のすゝめ』初編で「天は富貴を人に与へずしてこれを其人の働に与るものなり」と諺として紹介しております(③二九―三〇)。また明治二年丸屋商社創立に当たって『童蒙教草』の一章を抄写して、それに触れております(⑳二七)。

(45)『日本の思想』岩波新書、一九六一年、一七四頁。むろん丸山は業績が価値の判定基準となる「業績本意社会」、「業績主義」の無制限な氾濫を本意とする社会においてはアンドレ・シーグフリードの思想を紹介しながら、果実よりは花と言うべき芸術や学問の世界ではありますが「である」価値の必要性も指摘しております。同上一七七―八頁。

(46) Alan Ryan, *The Philosophy of John Stuart Mill*, Second Edition, Atlantic Highlands: Humanities Press International, 1990, p. 89.

(47) Auguste Comte, *Plan des travaux scientifiques nécessaires pour réorgniser la société*. 一八四二年版には「実証政治学大系」との副題を付しております。コント著/飛澤謙一訳『社会再組織の科学的基礎』岩波文庫、一九三七年。尚一八五一年版の第一巻のミル手沢本を見ますと、サイドラインや、アンダーライン、チェック、文の書き込みがありますが、中でもサイドラインは一番多く見られます。ミルはコントに中国官僚制についてペダントクラシーと名付けた書簡を送り、コントはその用語の使用許可をミルに求めたと言われております。書き込みが多いのはその事もあったのでしょう(M⑬五二四F. E. Mineka脚註)。ペダント(pedant)の具体的説明をミルは初期の作品であり、福澤もその一八七二年版を所蔵しておりますが、その『論理学体系』(*A System of Logic*)第六巻の第十二章「道徳と政策を備えた実践もしくは技術の論理について」の第二節「技術の規則と、それに対応する科学の定理との関係」の中で、規則の根拠によってではなく規則のみに従って政策を遂行する人々はナポレオンに敗北した時代遅れの戦術家や自分が診ている患者が規則に反して快復するよりも規則に従って死ぬ方がましだと考える医者を例に挙げ、彼等を「単なる衒学者」（a mere pedant）として「公式の奴隷」（the slave of his formulas）と言っております（M⑧九四四佐々木三三四―五）。マンダリンもその典型として制度化されたものとミルは考えていたのでしょう。法や規則そのものもさることながら、それが制定された根拠を考えての実践、即ち根拠律も考えろとミルは言いたいのです。ミル手沢本についてはオックスフォード大学サマビル学寮図書館に御世話になりました。記して感謝申し上げます。

(48)「古来和漢の治乱沿革、甚だ久しくして、国安を妨害したる者も亦甚だ少なからず。其然る所以は何ぞや。儒教主義の普及せざるが為にあらずして、却て儒教に依頼して反乱を企てたる者にあらずや。……漢学には毫も原則なるものなくして、其根拠とする所のものは陰陽にあらざれば五行に外ならず、立論も文章も極めて簡単、極めて漠然にして、主意を左右にし義解を二、三にするも亦容易なるが故に、半解半知の少年輩が自由に之を利用して牽強附会の私説を作るには尤も便利なる可し。洋学は決して然らず。万古不易の原則なるものありて、凡そ如何なる学科にても各皆此原則に拠らざるはなく、一事を論ずる毎に必ず此原則と結果と符号せざれば決して一条の説となすを許さず。……例へば政談をなすにも、此原則に基て論旨を立て、結局に至ては必ず之を統計表（スタチスチック）則ち結果に照らし、其符合すると否などに因て論旨の是非曲直を判断せざるを得ず。故に漢学者流が原則なき主義を自由に附会して之を利用するが如く容易ならざるなり。」（⑳二七〇―一）。

(49) この点について福澤は「奴鴈」を後に「鴈奴」と修正しているとの伊藤彌彦氏の『未完成の維新革命』（萌書房）の読書を契機に考察された平石直昭氏の論稿があります。平石直昭『福澤諭吉と丸山眞男―近現代日本の思想的原点―』北海道大学出版会、二〇二一年、一一一―四頁。尚、太宰春台は「顚倒の読み、文義を害する説」を論じて、文のみならず用語についても、例えば「不敢」と「敢不」を例にして、その問題性を論じてはいます（前掲『和読要領』上、十二丁ゥ―十三丁ォ）。

(50) Buckle, *op. cit.*, Vol. I, pp.18-21. 西村前掲訳第一巻、三一―五頁。

(51) J.W. Burrow, *Evolution and Society A Study in Victorian Social Theory*, Cambridge: Cambridge University Press, 1974, p.108. バジル・ウィリー著／米田一彦他訳『十九世紀イギリス思想』みすず書房、一九八五年、一六九―七〇頁参照。ミル論理学第五版は一八六二年に刊行され（M⑦ xcviv）、バックル文明史は一八五七年に一巻が一八六一年に二巻が刊行されておりますので、ミルは一年で書き上げたことが分かります。尚、ミル論理学福澤署名本は一八七二年刊行の第八版です。

(52) Buckle, *op. cit.*, p.2. 西村前掲訳第一巻、二―三頁。

(53) Quetelet, Lambert Adolphe Jacques. 1796-1874、確率論の適用の場として統計学に興味を抱き、統計行政にも参加して、統計資料の国際的統一性や比較可能性に特に注意し、国際統計会議の発足と発展のために努力し、平均人の考え方を展開してガウスの誤差法則の応用をおこなった、とは岩波西洋人名辞典の説明です。平均人の考え方を視野に入れること自体、バックルへの影響を見ることも出来ます。

（54）Buckle, *op. cit.*, p. 18. 西村前掲訳、三二頁。

（55）「気血諸器完備シテ運営毫モ過不及スル所無キ者ハ固ヨリ十全健康〔フォルコーメ子、ソンドヘイド〕ナリ然レドモ方今民風遊惰ニ失シ智巧ニ耽リ神思ヲ労シ賦性ヲ傷ル故ニ其健康ニ過不及ヲ生セサルコト能ハス独リ十全健康ノミヲ以テ真無病トセハ今人ノ如キハ悉ク皆病者ニ属スヘシ世ノ所謂健康ナル者ハ運営差常調ヲ欠ク所有レドモ較著ノ患害無クシテ病者ノ称ヲ免ル、ノミ是ヲ帯患健康〔ベトレッケレイケ、ケソンドヘイド〕ト謂フ」緒方洪庵『病学通論』巻之二、適適斎蔵・青藜閣、安政四（一八五七）年、一丁ォゥ。故に健康と疾病とは明確に区別が出来ない、これと同じく文明も「至善に止まる」ことは出来ず目標価値としてある、と福澤は考えていたと思います。

（56）洪庵はChristoph Wilhelm Hufeland, *Enchiridion Medicum*, 1836. のHerman Hendrik Hageman Jr. の手になるオランダ語訳からの重訳『扶氏経験遺訓』を安政四（一八五七）年から文久元（一八六一）年にかけて適適斎蔵版として刊行しています。『緒方洪庵全集　第一巻　扶氏経験遺訓　上』大阪大学出版会、二〇一〇年、四、八、一七〇頁。

（57）Buckle, *op. cit.*, Vol. I, p.xiv, 599. 西村前掲訳第三巻、一一、二九七頁。

（58）福澤が文明論で援用しておりますバックル文明史の第一巻にはフランス革命の「近因」（proximate causes）は項目として登場しますが（Proximate causes of the French Revolution after the Middle of the Eighteenth Century）、「遠因」（remote causes）は登場しません。バックルはその点を勘案したのでしょう「フランス革命の遠因」と訳し得る 'EARLY CAUSES OF THE FRENCH REVOLUTION' を一八五七年初版と異なって一八六一年刊の第三版の頁の上部に付しております。第二版から内容の分析的目次（第二巻は初版から付していますが）と共に、その上柱部に付したと思われます。福澤が手にしたアメリカのアップルトン版には内容の分析的目次と索引にはありますが、その点は初版に倣ったのでしょう、該当箇所も 'CIVILIZATION IN ENGLAND.' 'GENERAL INTRODUCTION.' があるのみであります。後のロバートソンが編集し、補註も含めた版（*Introduction to the History of Civilization in England*, by Henry Thomas Buckle, New and Revised Edition, with Annotations and an Introduction by Johan M. Robertson, London: George Routledge & Sons, 1904.）には奇数頁、後の一九〇八年版のロングマン社（London: Longmans, Green, and Co.）の新版や一九〇三年版のワールドクラッシク版（London: Henry Frowde）には第三版を踏襲しており、西村二郎もそれを「近因」と訳しております（第二編ラテン文明の検討　第

五章　フランス革命の遠因」西村訳第三巻、一四七—二〇七頁の奇数頁）。

(59) Alfred Henry Huth, *The Life and Writings of Henry Thomas Buckle*, Vol. I, London: Sampson Low, Marston, Searle, & Rivington, 1880, pp.144-45.

(60) *Miscellaneous and Posthumous Works of Henry Thomas Buckle*, Vol. I, pp.22-23, Henry Thomas Buckle, *History of Civilization in England*, Vol. II, New York: D. Appleton and Company, 1873,（福澤手沢本）pp.349, 358, 374, Henry Thomas Buckle, *Essays with a Biographical Sketch of the Author*, New York: D. Appleton, 1863, p. 45, Huth, *op. cit.*, p.147.

(61) Buckle, *op. cit.*, Vol. I, pp.7-15. 西村前掲訳第一巻、一五—二六頁。

(62) Isaiah Berlin, *The Proper Study of Mankind*, London: Chatto & Windusp, 1997, pp.20-21, 119-90.

(63) 渡辺正雄監修『明治前期学術雑誌論文記事集成』第二十三巻、ゆまに書房、一九八九年、二八九頁。

(64) Talcott Parsons, 'Introduction' in *The Study of Sociology* by Herbert Spencer, Ann Arbor Paperbacks, Michigan: The University of Michigan Press, 1961, p.vi. Richard Hofstadter, *Social Darwinism in American Thought*, Boston: Beacon Press, 1955, pp.33, 43.

(65) Herbert Spencer, *The Study of Sociology*, New York: D. Appleton, 1874,（福澤手沢本）p. 34.

(66) *ibid.*, pp.69-71. 前掲拙著『福沢諭吉と西欧思想』一九二頁。

(67) *ibid.*, pp.69-71. 七一頁余白への福澤の書き込みです。

(68) 「天稟の愛国心」と「推考の愛国心」は、共に小幡篤次郎の 'the instinctive patriotism' と 'the thinking patriotism' の訳ですが（『小幡篤次郎著作集』第二巻、福沢諭吉協会・慶應義塾、二〇二三年、三六九—七四頁）、該当箇所に相当する福澤手沢本を見ますと不審紙の貼付が見られます（前掲拙著『福澤諭吉と自由主義』*26*—*27*頁）。'public spirit' 即ち「義気」の新旧愛国心の表れ方の分析ですが、これを踏まえた上での同じトクヴィルの政権治権分離論を採用しての論策であったのでしょう。この点は同右拙著一三四—五二頁を参照してください。尤も近因を一時的に除けば遠因の病も善き兆しであったとの認識も福澤は持っていました（⑧六〇八）。

(69) Herbert Spencer, *op. cit.*, *First Principles of a New System of Philosophy*, pp.218-22.　前掲拙著八九—九三頁。

(70) Guizot, *op. cit.*, pp.230-31.　フランス語原文からの訳ですがフランソワ・ギゾー／安士正夫訳『ヨーロッパ文明史—ローマ帝国の崩壊よりフランス革命にいたる—』みすず書房、一九六七年、二〇〇—一頁。

(71) 前掲拙著『福澤諭吉と自由主義』八八—九頁。ヘーゲルの歴史哲学講義とギゾー文明史講義とは時代的に重なる時期があるようです。同右拙著二五頁註（37）参照。

（72） Guizot, *ibid.*, p.75. 安士前掲訳五七頁。

（73） *ibid.*, pp.252-55, 261, 265.　安士前掲訳二二一、二二〇—一、二二九、二三九—四〇頁。

（74） Mark Philp and Frederick Rosen, 'Explanatory Notes' in John Stuart Mill, *On Liberty, Utilitarianism, and Other Essays*, Oxford World's Classics, 2015, p.506.

（75） 丸山前掲『日本の思想』一七九頁。

（76） Edward Gibbon, *History of Decline and Fall of the Roman Empire*, Abridged by William Smith, London John Murray, 1868,（福澤手沢本）p.10. 一八七四年四月と'Mr. Fukusawa'と表紙裏に見られるので献本を受けたものか。Edward Gibbon, *The History of the Decline and Fall of the Roman Empire*, Vol. I, Edited by David Womersley, Penguin Classics, p.66. 中野好夫訳『ローマ帝国衰亡史』第一巻、筑摩書房、一九七六年、四六—七頁。

（77） 新井潤美『パブリック・スクール—イギリス的紳士・淑女のつくられかた—』岩波新書、二〇一六年、二八頁。

（78） John Raymond de Symons Honey, *Tom Brown's Universe The Development of the Victorian Public School*, London: Millington, 1977, pp. 126-41.

（79） 西本正美「訳者序」『ミル自伝』岩波文庫、昭和三年、九頁。これは功利主義者（Utilitarian）の誤りでしょうか。ミルは自伝で功利主義者という名称を取り上げたのは功利主義者協会（the Utilitarian Society）がその濫觴であると述べているからです（前掲西本訳、一〇四頁。utilitarianism との名辞は既に一八二七年に登場し、後に述べますようにカーライルも批判的に取り上げ、ディケンズなどには一八三九年に使用された例があるようですので、ミルの論稿によってその内容の検討が始めて為されたという意味合いということです。ミル自伝には一八二二年から三年にかけて功利主義者協会を設立したとありますから、少なくとも一般的であったかどうかは別にして有識者層には使われていたのでしょう（M⑩二〇九註—二一〇註、関口正司訳『功利主義』岩波文庫、二〇二一年、二三—四頁・M①八一朱牟田七六）。尚'utility'自体で申しますならば、独立宣言が発せられる前にもメーヒュウーが一般民衆の安全と功利（utility）、幸福と訳されておりますが、これこそが政治制度の存在理由にして人民の政府に従う唯一の合理的根拠としております（Jonathan Mayhew, *A Discourse Concerning Unlimited Submission and Non-Resistance to the Higher Powers*, Boston: D. Fowle and D. Gookin, 1750, p.38n. アメリカ学会編『原典アメリカ史』第二巻、岩波書店、昭和二十五年、一八六—七頁）。因みに「要用、利益」との訳を充てましたのは慶應三（一八六七）年刊の堀辰之助『改正増補　英和対訳袖珍辞書』であります。西周が明治十年に *utilitarianism* を『利学』、明治十三年には渋谷啓蔵が『利用論』と訳していることを考えますならば、'utility' は利または利用と訳されていたのでしょう。

(80) Thomas Carlyle, *Sartor Resartus, The Life and Opinions of Herr Teufelsdröckh*, World's Classics, London: Humphrey Milford, Oxford University Press, 1902, pp. 202-03. 土井晩翠訳『鬼臭先生　衣装哲学』大日本図書、明治四十二年、三四〇―一頁。カーライル著／石田憲次訳『衣服哲学』岩波文庫、一九四六年、三一七―八頁。

(81) A. D. Lindsay, 'Introduction' in *Utilitarianism, Liberty, and Representative Government*, Everyman's Library, 1910, p.x.

(82) 飛鳥井雅道『明治大帝』講談社学術文庫、二〇〇二年、二七八―八八頁。

(83) 学習院輔仁会『乃木院長記念録』明治四十四年、飛鳥井同上、二九六頁。

(84) 『鷗外全集』第十巻、岩波書店、一九七二年、五七七頁、同第三十八巻、一九七五年、四九九頁。

(85) 焉用氏『学商　福澤諭吉』大学館、明治三十三年、九三頁。

(86) 同右、六六頁。

(87) 丸山眞男『戦中と戦後の間』みすず書房、一九七六年、一二九頁。

(88) 平石前掲、二〇七―一九頁。

(89) 丸山眞男手帖の会編『丸山眞男話文集　続1』みすず書房、二〇一四年、七九―八一頁。

(90) 『丸山眞男集』第七巻、三五八頁。

(91) 今井宇三郎・瀬谷義彦・尾藤正英校注『日本思想大系　水戸学』岩波書店、一九七三年、二七頁。

(92) 王寔輯『寛文版　朱子心学録』巻一、村上平楽寺、寛文三（一六六三）年、二十三丁ォ。

(93) 伊藤仁斎『論語古義』一、文会堂・奎文館、正徳二（一七一二）年、二十五丁ォ、二十七丁ォ。

(94) 小川環樹読み下し『論語徴』『荻生徂徠全集』第三巻、みすず書房、一九七七年、五一五―六頁。

(95) 同右第四巻、一九七八年、三六七―八頁。

(96) 伊藤仁斎『大学定本』古義堂蔵、貞享二（一六八五）年、廿一丁ゥ―廿二丁ォ。

(97) 『荻生徂徠全集』第四巻、三六八―九頁。尚、徂徠の際だった特徴を政治的功利主義にあるとして、しかも徹底したエリート主義によるとしたジェームズ・マクマレンの論稿は参考になると思います。松田宏一郎訳・解説「荻生徂徠の思想における歴史と功利――『論語』の再解釈を通じて――」（『立教法学』第一一〇号、二〇二三年）。

(98) 同右全集第三巻、五一五―六頁。

(99) 清水茂校注『日本古典文学大系97　近世思想家文集』岩波書店、昭和四十一年、九一頁。
(100) 西村時彦編『竹山国字牘』巻之一、松村文海堂、明治四十四年、三十一丁ォ。
(101) 同右、巻之下、四十二丁ォ。
(102) 西村時彦編『懐徳堂五種』松村文海堂、明治四十四年、二丁ォゥ。
(103) 山口県教育会編『吉田松陰全集』第三巻、岩波書店、昭和十四年、二二頁。
(104) 『日本思想大系44　本多利明　海保青陵』岩波書店、一九七〇年、二一七—二二、二四三—四頁。
(105) 徂徠先生秘授『譯筌初編』巻一、沢田吉左衛門、正徳五（一七一五）年、十一丁ォ。
(106) 太宰春台『弁道書』嵩山房、享保二十（一七三五）年、廿三丁ォ。
(107) 大野晋編『本居宣長全集』第一巻、筑摩書房、昭和四十三年、四三八頁。
(108) 『丸山眞男集　別集』第三巻、岩波書店、二〇一五年、二二一—三頁。
(109) 小倉芳彦訳『春秋左氏伝』（上）岩波文庫、一九八八年、二八〇、三六九、七七—八頁。同上（中）一九八九年、二三、一七六頁。同上（下）一二五、三〇五頁。君主が「利」を独占することが亡国となり、民と「利」を共有することが国を治めるということであります。
(110) 服部宇之吉校訂『漢文大系　第十三巻　六韜直解　第一　文　文師』冨山房、大正元年、五頁。
(111) マックス・ウェーバー／木全徳雄訳『儒教と道教』創文社、二二三、二五〇、四〇一頁。Max Weber, *Gesammelte Aufsätze zur Religionssoziologie*, I, Tübingen: Verlag von J. C. B. Mohr (Paul Siebeck), 1947, SS. 424-25, 436, 528.
(112) 渡辺浩『東アジアの王権と思想』東京大学出版会、一九九七年、七〇—一四一頁。
(113) 日耳爾便撒譔著／陸奥宗光訳『利学正宗』上巻、薔薇楼梓、明治十六年、一頁。
(114) エリー・アレヴィ／永井義雄訳『哲学的急進主義の成立1　ベンサムの青年期　1776-1789』、法政大学出版局、二〇一六年、三、四一四頁。‘utility’を、幸福を意味する用語、と見れば、幸福追求権をテーゼとしているアメリカ建国の理念ともいえます。清教徒の教えも勘案する必要がありますが「人の安全幸福を保つべき新政府」を樹立するとの独立宣言を見れば（①三二三—四）分かると思います。
(115) Alan Ryan, *op. cit., J. S. Mill*, p.97.
(116) 藤沢令夫訳「国家」『プラトン全集11』岩波書店、一九七六年、六三一、六五三—六一、六六四、六七三—七頁。
(117) *The Dialogues of Plato*, Translated by Benjamin Jowett, 4 vols, Oxford: Clarendon Press, 1871.

(118) David Spitz, Notes in *On Liberty* by John Stuart Mill, New York: W. W. Norton, 1975, p.25. 塩尻公明・木村健康訳註、ミル『自由論』岩波文庫、昭和四十六年、二四四頁。

(119) 神崎繁訳『アリストテレス全集15　ニコマコス倫理学』岩波書店、二〇一四年、四二四、四三二頁。

(120) 内村は「人間は後世にのこす事の出来る、サウして是は誰にも出来るところの遺物で利益ばかりあって害のない遺物がある。」と述べ、それは「勇ましい高尚なる生涯」であると断じております。そうしてそれこそが「本当の遺物」と思うと論じております。神の世、望みの世であることを信じ、そうして喜びの世を生涯に亘って実行し、世への贈り物とし、世を去る事であり、これこそが「勇ましい高尚なる生涯」として誰にでも実行可能な「後世への最大遺物」と語っております（『内村鑑三全集4』岩波書店、一九八一年、二八〇―一頁）。

(121) 『利学』上、掬翠楼、明治十年、十七丁ォ。

(122) J・S・ミル『功利論』春秋社、昭和二四年、二二頁、但し柳田は「自尊の感」としております。明治十三年に中村正直の序を付した渋谷啓蔵訳『利用論』では「栄誉（デグニチー）ノ念」と訳されております（山中市兵衛、十四丁ォ）、高橋譲は「尊厳の念」と訳しています（『大思想家文庫24　ミル　功利主義』岩波書店、昭和一〇年、一九頁）。現行の訳では「尊厳の感覚」が一般的のようです（伊原吉之助訳「功利主義論」関嘉彦編『世界の名著38　ベンサム　J・S・ミル』中央公論社、昭和四二年、四七〇頁。川名雄一郎・山本圭太郎訳「功利主義」J・S・ミル『功利主義論集』京都大学学術出版会、二〇一〇年、二六八頁）関口三〇。但し水田珠枝・永井義雄訳「功利主義」では「品位感」となっております（『世界の大思想Ⅱ―6　ミル』河出書房、昭和四二年、一二四頁）。

(123) 同右『利学』上、十九丁ォ。

(124) 朱熹／土田健次郎訳註『論語集注』1、東洋文庫、二〇一三年、五二―八頁。

(125) Confucius, *The Analects*, Translated by Raymond Dowson, The World's Classics, 1993, p.3. 尚、吉川幸次郎は「君子」を「紳士」と解釈しております（『中国古典選3　論語』上、朝日文庫、一九七八年、二三頁。

(126) Smiles, *op. cit.*, p.314, 'an aristocracy of Character' を中村は「品行は人の真正の爵位なり」と訳しています。中村前掲訳、四九五頁。

(127) 中村正直訳『西洋品行論』第一冊、珊瑚閣、明治十一年、二十一丁ゥ―二十二丁ォ。Samuel Smiles, *Character*, London: John Murray, 1872,（福澤手沢本）p.12.

(128) Guizot, *op. cit.*, p.16. 安士前掲訳、四頁。

(129) Francis Hutcheson, *An Inquiry into the Original our Ideas of Beauty and Virtues*, 1725.（*Collected Works of Francis Hutcheson*, Vol. 1. Georg Olms, Hildesheim, 1971, pp.163-64. ハチソン著／山田英彦訳『美と徳の観念の起源』玉川大学出版部、一九八三年、一六〇—一頁。Buckle, *op. cit.*, Vol. II, p.332n. 西村前掲訳第五巻、三四八頁。

(130) 神島二郎・鶴見俊輔・吉本隆明編『橋川文三著作集』第三巻、筑摩書房、一九八五年、四頁。

(131) 長谷川宏訳『歴史哲学講義』（上）岩波文庫、一九九四年、九七頁。G.W.F. Hegel, *Werke in zwanzig Bänden* 12, Frankfurt am Main: Suhrkamp Verlag, 1970, S.74.

(132) 多田英次訳『教養と無秩序』岩波文庫、一九六五年、五八頁。Matthew Arnold, *Culture and Anarchy and other writings*, Edited by Stefan Collini, Cambridge: Cambridge University Press, 1993, p.59.

(133) 村岡健次『ヴィクトリア時代の政治と社会』ミネルヴァ書房、昭和五十五年、二〇一—二五頁。

(134) Terence Copley *Black Tom Arnold of Rugby: The Myth and the Man*, London: Continuum, 2002, pp.119-120. 村岡健次『近代イギリスの社会と文化』ミネルヴァ書房、二〇〇二年、七九—八三頁。

(135) 『矢内原忠雄全集』第二十四巻、岩波書店、一九六五年、六六二—四頁。竹内洋『日本の近代12　学歴貴族の栄光と挫折』中央公論社、一九九九年、二二六—七頁。

(136) 山崎八郎訳『ゲーテ＝カーライル往復書簡』岩波文庫、一九四九年。

(137) George Malcolm Young, *Victorian England Portrait of an Age*, Second Edition, London: Oxford University Press, 1953, pp. 12-15. G・M・ヤング著／松村昌家・村岡健次訳『ある時代の肖像—ヴィクトリア朝イングランド—』ミネルヴァ書房、二〇〇六年、二〇—三頁。

(138) Arnold, *op. cit.*, pp105-106; 多田前掲訳、一二八—九頁。

(139) 飛鳥井前掲、一六一—二頁。

(140) "he [Man] is designed to be AN ACTIVE BEING."（Chambers's Educational Course, Editedd by W. and R. Chambers, *Political Economy, for Use in Schools, and for Private Instruction*. Edinburgh: William and Robert Chambers. 1852, p.1.）が原文です。

(141) 前掲拙著『福澤諭吉と自由主義』*35*頁。

(142) 同右、*35*—*36*頁。

(143) Tocqueville, *op. cit.*, Vol. II, p.238. 松本前掲訳第二巻（下）一三四頁。

(144) Tocqueville, *ibid.*, p.122-24. 松本同右訳、二一三―七頁。
(145) プラトン前掲、五九九頁。
(146) Buckle, *op. cit.*, Vol. I, pp.129, 154. 西村前掲訳第一巻、二三四、二七一―二頁。
(147) 大河内一男「『国富論』邦訳小史」、前掲スミス著／大河内一男監訳『国富論』Ⅲ、四五五頁。
(148) 西澤直子「小幡篤次郎　その思想と活動」『甲南法学』第五十七巻、第三・四号、平成二十九年、一六八頁。
(149) Buckle, *op. cit.*, II, Appleton 版 pp. 340-41, 343-44, 353-54. 西村前掲訳第六巻、一―二、一二―三頁。
(150) *ibid.*, p347. 西村同右訳一―二頁。
(151) 仁斎はこの成句を「仁」を求める要としている。『論語古義』文会堂奎文館、正徳二（一七一二）年、三、巻之六、十八ォ、同四巻之八、十ォ。徂徠はその成句を「恕」なりと明言しています（前掲『荻生徂徠全集』第四巻、四八二頁）。
(152) 渡辺浩『明治革命・性・文明―政治思想史の冒険―』東京大学出版会、二〇二一年、四九五―八頁。
(153) Buckle, *op. cit.*, II, p.349. 西村前掲訳第六巻、一六頁。
(154) *ibid.*, p.358. 西村同右訳三〇頁。
(155) Francis Wayland, *The Elements of Moral Science*, New York: Sheldon, 1877, pp. 366-68. 但し福澤が使用した版はこれ以前のものですが、同一の内容です。Joseph Angusga が補注や分析を加えた英国版が一八五八年にロンドンの The Religious Tract Society から出版されておりますし、これは現在復刻版がでております。また質問欄を加えた縮刷版も一八三八年にはボストンの Gould, Kendall, and Lincoln から出ておりますが、Joseph Blau が各版の校合を加えて新たに編集したものが一九六三年にアメリカのケンブリッジにある The Belknap Press of Harvard University Press から出版されております。ウェイランドの歴史的評価を判断する上でこれらの出版は貴重ですが、ここは福澤も利用したと思われます版の頁数を示しておきます。
(156) 渡辺浩『日本政治思想史』東京大学出版会、二〇一〇年、四四八―九頁。
(157) Stefan Collini, *English Pasts: Essays in History and Culture*, New York: Oxford University Press, 1999, pp.119-43.
(158) E・M・コーンフォード著／山田道夫訳『ソクラテス以前以後』岩波文庫、一九九五年、七四―五頁。
(159) 『新日本文学大系52　庭訓往来 句双紙』岩波書店、一九九六年、三〇七頁。
(160) クセノフォーン著／佐々木理訳『ソークラテースの思い出』岩波文庫、一九七四年、七一―七頁、Xenophon, *Memorabilia and Oeconomicus*, With an English Translation by E. C. Marchant, London: William Heinemann, Cambridge,

Massachusetts: Harvard University Press, 1953, pp.93-103. 尚、Bernard Semmel, *John Stuart Mill and the Pursuit of Virtue,* New Haven and London: Yale University Press, 1984, pp.1-18.「美徳」と訳される"Virtue"はラテン語のvirtus、イタリア語のvirtu、フランス語のvertuであり、ギリシア語のareteであるのですが、中心的な意味はmoral goodnessであり、古くは別の意味もあったようです。ギリシアの武人の世界や、ローマ市民の間では人を市民として秀でたもの（vir）つまり（excellent as a citizen）にする資質を意味していたのです。マキアベリ『君主論』の言う「ヴィルトゥ」の由来と考えられます男性的攻撃的優勢的概念で、武勇に長け、雄弁があり、政治的指導性を発揮するような資質を意味していたものを倫理的哲学者ソクラテスやキケロが意味を変容させ、良き市民（good citizen）としての資質、即ち正義（justice）や慈悲（mercy）の資質もまた必要であると修正を加えたのです。J. G. Pocock, "Virtue, rights and manner: liberty, property and modernity in Enlightenment political thinking and historiography" Konan University, November 1988.『中庸』で説く「天下の達徳」である「知・仁・勇」で言うならば「勇」が'virtue'に相当するでありましょう。尚トクヴィルもプルタルコスの『対比列伝』コレオラヌス伝においてローマにあって勇気は最も称えられ評価された徳でありローマ人はこれをヴィルトゥスと呼び徳と同じ名で呼び、ある特定の徳に一般名辞を与えたことはそれを証明し、ラテン語でいう「徳」（*virtue*）は「勇猛」（*valor*）と同じであると紹介しております。人間にとって勇気（courage）を徳の第一に据え道徳的に必要な最大なものとしており（the greatest of the moral necessities of man）、この点はアメリカもヨーロッパと同じと説いております、勇気を如何なる側面から見るかは別としておりますが。Tocqueville, *op. cit.,* Vol. II, pp.234, 237. 松本前掲訳『アメリカのデモクラシー』第二巻（下）一二八、一三二頁。

(161) 小林勝人訳註『孟子』下、岩波文庫、昭和四十七年、二六二—六頁。『孟子集註』巻之十一、吉野家権兵衛、元禄十三（一七〇〇）年、十八丁ゥ—十九丁ォ。伊藤維楨述・古義堂蔵『孟子古義』巻之六、奎文館、享保五（一七二〇）年、二十九丁ォ。尚、吉田松陰は天爵を修めて人爵を求め、人爵を得て天爵を捨てることは惑える類で首肯出来ない旨を講じております。『講孟余話』岩波文庫、一九三六年、一六一—二頁。

(162)『清水幾太郎著作集13』講談社、一九九三年、九三—一一九頁。

(163) 藤沢令夫訳「プロタゴラス」『プラトン全集8』岩波書店、一九七五年、二一七—九頁。

(164) 前掲バジル・ウィリー著／米田一彦・松本啓他訳、一四八—九頁。Jeremy Bentham, *A Fragment on Government with an Introduction to the Principles of Morals and Legislation,* Edited with an Introduction by Wilfrid Harrison, Oxford: Basil Blackwell, 1948, pp.152-53.

（165）Tocqeville, *ibid.*, pp.296-97. 松本前掲訳第一巻（下）二〇五―七頁。

（166）Rosen, *op. cit.*, p.78.

（167）人間の行動や思想を究極において支える価値意識がヴェーバーのいうエートスです（安藤英治『マックス・ウェーバー研究』未來社、一九六五年、九〇―一頁）。

（168）藤沢前掲訳『プロタゴラス』二二二頁。

（169）ルソー著／今野一雄訳『エミール』上、岩波文庫、昭和三十七年、一〇一頁。

（170）武内義雄『儒教の精神』岩波新書、昭和十四年、一〇、一五頁。

（171）小幡篤次郎「教用論序」、前掲『小幡篤次郎著作集』第二巻、一五七頁。

（172）王蓂前掲編『朱子心学録』巻一、十四丁ゥ。

（173）黄綸「刻晦菴朱先生心学録序」同右巻一、一丁ォ。

（174）『孟子集註』巻之二、吉野家権兵衛、元禄十三（一七〇〇）年、四十丁ォ。

（175）前掲『孟子古義』巻之三、一丁ォ―二丁ゥ。

（176）『日本思想大系36　荻生徂徠』岩波書店、一九七三年、一二―六頁。

（177）『荻生徂徠全集』第一巻、みすず書房、一九七三年、八六―八頁。

（178）同右。四三〇―一頁。

（179）山口県教育会編『吉田松陰全集』第四巻、岩波書店、昭和十三年、一七八―九頁。

（180）Francis Wayland, *Elements of Moral Science*, Abridged and Adapted to the Use of Schools and Academies, by the Author, Seventh Editions, Revised, Boston: Gould, Kendall, and Lincoln, 1838, pp. 1-2. コーネル大学図書館蔵、阿部泰三訳『修身論』。

（181）久米邦武編著『特命全権大使米欧回覧実記』一、岩波文庫、一九七七年、三四三頁。尚こうした戸惑いについてとその対処については渡辺前掲『明治革命・性・文明』四五九―六二頁。

（182）Spencer, *op. cit.*, *The Study of Sociology*, p.307-13. 前掲拙著、一三八―四一頁。

（183）清水幾太郎『オーギュスト・コント』ちくま学芸文庫、二〇一四年、二七五頁。

（184）Spencer, *op. cit.*, pp.311, 313.

（185）平石前掲三七七頁で福澤の人間性に於ける両義性について丸山眞男『「文明論之概略」を読む』には突っ込んだ議論がな

いとの不満をその書評の追記で平石氏は論じておりますが、この点は福澤の嘲弄的人間観とも関係すると思います。丸山先生は否定的で問題的存在とおっしゃっていましたが、基本的には福澤は性善説を採っているのではないでしょうか。

(186)「本然の性」を「性法」と結び付ければ植手通有『日本近代思想の形成』（岩波書店、昭和四十九年、二六―七頁）に見られますように尚更かもしれません。

(187) Buckle, *op. cit.*, Vol. I, pp.159-60. 西村前掲訳第一巻、二七九―八一頁。

(188) 樽井正義・池尾恭一訳『カント全集11　人倫の形而上学』岩波書店、二〇〇二年、一七九頁。

(189) 坂部恵・伊古田理訳『カント全集7　実践理性批判　人倫の形而上学の基礎づけ』岩波書店、二〇〇〇年、三五四頁、Immanuel Kant, *Kritik der praktischen Vernunft Grundlegung zur Metaphysik der Sitten*, Herausgegeben von Wilhelm Weischedel, Frankfurut am Main: Suhrkamp Verlag, S.300.

(190) 前掲『内村鑑三全集』第四巻、岩波書店、一九八一年、一三四頁。

(191) 福澤諭吉著／伊藤正雄訳『現代語訳　文明論之概略』慶應義塾大学出版会、二〇一〇年、三九〇頁。

(192) 小室正紀「福沢諭吉と工場法―ウェーランド『モラル・サイエンス』との関連をめぐって―」『甲南法学』第五十七巻第三・四号、五五―八一頁。宮村治雄「自由」（米原謙編『「まつりごと」から「市民」まで』晃洋書房、二〇一七年、一〇六―二九頁、大久保健晴「権利」（米原編『「天皇」から「民主主義」まで』晃洋書房、二〇一六年、二〇四―三一頁）。

(193) 幸徳秋水「修身要領を読む」（伊藤前掲編、一七〇頁）。

(194) 前掲訳モンテスキュー『法の精神』（中）岩波文庫、一九八九年、一五八頁。

(195) 丸山前掲、一四四頁。

(196) 玉沢光三郎「所謂「天皇機関説」を契機とする国体明徴運動」昭和十五年、復刻版『社会問題資料叢書第一輯』東洋文化社、一九七五年、七六、二四八、二五七頁。三谷太一郎『近代日本の戦争と政治』岩波書店、一九九七年、二五四―六頁。

(197) 文部省編纂『国体の本義』内閣印刷局、昭和十二年、一五四頁。

(198) Guizot, *ibid.*, p.57, M. Guizot, *Histoire de la Civilisation en Europe*, Paris: Didier, Libraire-Éditeur, 1855, p.55. 安士前掲訳、四〇―一頁。エッカーマン著／山下肇訳『ゲーテとの対話（中）』岩波文庫、昭和四十三年、一〇一―二頁。Johann Peter Eckermann, *Gespräche mit Goethe in den Letzten Jahren Seines Lebens*, Berlin: Insel Verlag, 2015, SS. 321-22.

(199) 前掲『国体の本義』一五五頁。

(200)『平生釟三郎日記』第十七巻、甲南学園、二〇一八年、四四五頁。

(201) 富田正文「後記」⑤六五四。同「校訂後記」。福澤諭吉『福翁百話・百余話』改造文庫、昭和十六年、二八五頁。昆野和七「校訂後記」福澤諭吉『福翁百話』創元文庫、昭和二十六年、二七五頁。

(202) 木村毅『文明開化』至文堂、昭和二十九年、八一—一二三頁。木村は福澤が自由の語の意義の確立の上で防御的、消極的な役目を果たすと同時に建設的、顕彰的貢献をなしていると、評価しております（同右、一〇三頁）。オランダ通詞も開国後には「フレイヘード」を「我まま」ではなく平等思想や人権思想との関連で理解していたと言われます（同右、一〇〇—一頁）。

(203)『源平盛衰記』上巻、博文館、大正二年、四九二頁。

(204) 都賀枝春「字典初学索引」都賀庭鐘校訂『日本翻刻　康熙字典』三冊、風月荘左衛門、須原茂兵衛、渋川清右衛門他、安永九（一七八〇）年、四丁ゥ、九丁ォ。

(205) 久多羅木儀一郎編纂兼発行『脇蘭室全集』昭和五年、五六八頁。

(206)「自由」の用例については不充分ながら拙稿「福澤諭吉『学問のすゝめ』再考」（『甲南法学』第六十四巻第三・四号）註79、81を参照してくだされば幸いです。

(207) 木村前掲、一五四—五頁。

(208) Thomas Hobbes, *Leviathan*, Edited and Introduction and Notes by J.C.A. Gaskin, Oxford World's Classics, 1998, p.130. トマス・ホッブズ／加藤節訳『リヴァイアサン』上、ちくま学芸文庫、二〇二二年、三三四頁。

(209) Sir Earnest Barker, *Essays on Government*, Second Edition, Oxford: Oxford at the Clarendon Press, 1965, p.136n.

(210) John Lock, *Two Treatises of Government*, A Critical Edition with an Introduction and Apparatus Criticus by Peter Laslett, Second Edition, London: Cambridge University Press, 1970, p.324. ジョン・ロック著／加藤節訳『完訳　統治二論』岩波文庫、二〇一〇年、三五八—九頁。William Blackstone, *Commentaries on the Laws of England*, A Facsimile of the First Edition of 1765-1769, Volume I, Of the Rights of Persons (1765), With an introduction by Stanley N. Katz, Chicago & London: The University of Chicago Press, 1979, p.122.

(211) 松沢弘陽『近代日本の形成と西洋経験』岩波書店、一九九三年、二九—三七頁。

(212) A・M・クレーグ著／西川俊作訳「ジョン・ヒル・バートンと福沢諭吉」『福澤諭吉年鑑』11、福澤諭吉協会、一九八四年。Chambers's Educational Course, Edited by W. and R. Chambers, *Political Economy, for Use in Schools, and for Private Instruction*, Edinburgh: Published by William and Robert Chambers, 1852, pp.3-4.

(213) Francis Wayland, *The Elements of Moral Science*, Revised and Improved Edition, New York: Sheldon and Company, 1877, pp.202-03; *Ibid.* Abridge and Adapted to the Use of Schools and Academies, Seventh Edition, Revised, Boston: Gould, Kendall, and Lincoln, 1838, pp.110-11, 伊藤正雄『福澤諭吉論考』吉川弘文館、昭和四十四年、二七—三三頁。

(214) Buckle, *op. cit.*, I, p.662. 西村前掲訳第三巻、三八六頁。

(215) 西澤直子「中津市学校に関する考察」(『近代日本研究』第十六巻、二〇〇〇年)参照。

(216) Chambers's *op. cit.*, p.8.

(217) *ibid.*, p.8.

(218) *ibid.*, p.6.

(219) Guizot, *op. cit.*, p. 289. 安士前掲訳二五四頁。

(220) Guizot, *ibid.*, p.18n.

(221) 「インヂヴヰヂュアリチ」の「ヴ」を「ウ」としたのは、初版に従ったからです。

(222) Guizot, *ibid.*, pp. 35-39. 安士前掲訳三三—八頁。

(223) Guizot, *ibid.*, p.140. 安士前掲訳一一八—九頁。

(224) *ibid.*, pp. 76-77n.

(225) *ibid.*, p.5

(226) M. Guizot, *Histoire de la Civilisation en Europe Depus la Chute de L'Empire Romain Jusqu' la Révolution Française*, Paris: Didier, 1855, p.21.

(227) Guizot, *op. cit.*, p.29. 安士前掲訳一六頁。

(228) F. Guizot, *The History of Civilization*, Vol. III, Translated by William Hazlitt, London: George Bell and Sons, 1890, pp.16, 487. 慶應義塾図書館にはハズリット英訳三巻本が所蔵されていますが、第一巻はヘンリー脚註本をハズリット訳としております。アップルトン版であるのですが、なぜ英国ボーグ版と同様ハズリット英訳を第一巻に充てなかったのでしょうか。ハズリットの試訳がヘンリー脚註本であるとしましても、訳文や訳者序文から判断して疑問であります。ヘンリー脚註本の原本であるタルボーイズ版はオックスフォード大学ボードリアン図書館所蔵本を参照しました。

(229) *Political Economy, for Use in Schools, and for Private Instruction*, *op. cit.*, pp.3-4.

(230) 前掲ギボン著/中野好夫訳『ローマ帝国衰亡史』二四五頁、同第二巻、一九七八年、六三頁。Edward Gibbon, *op. cit.*,

pp. 230, 342.

(231) Guizot, *op. cit.*, p.57. 安士前掲訳四〇—一頁。

(232) ギゾーがソルボンヌでヨーロッパ文明史の概論を講義しましたのは、一八二八年四月十八日から同年七月十八日までの十四回で、引き続き翌年、さらに翌々年にかけてフランス文明史を講じておりますが、トクヴィルがその講義に勤務先のベルサイユから聴講に列したのは、一八二九年の講義でした。松本礼二「解説」（トクヴィル著／松本礼二訳『アメリカのデモクラシー』第二巻（下）二〇〇八年）三〇七頁。尚、ギゾーの講義録の閲覧に当たってはオックスフォード大学オールソールズ学寮コドリントン図書館所蔵のものを参照しました。福澤のトクヴィルのこの点への着眼については前掲拙著『福澤諭吉と自由主義』に掲載しました参考資料を参照してください（*26*—*29*頁）。

(233) 松沢前掲二七八—九頁。

(234) John W. Burrow, *Whigs and Liberals Continuity and Change in English Political Thought*, Oxford: Clarendon Press, 1988, pp.77-100. Stefan Collini, *Public Moralists Political Thought and Intellectual Life in Britain 1850-1930*, Oxford: Clarendon Press, 1991, pp.91-118, 170-96.

(235)『漱石全集』第五巻、岩波書店、一九九四年、四二五頁。

(236) 同右、二八四、二九二頁。

(237) ルソー著／今野一雄訳『エミール』上、昭和三十七年、一三二頁。

(238) 前掲エッカーマン著／山下肇訳『ゲーテとの対話』一〇一—二頁。Johann Peter Eckermann, *op. cit.*, SS. 321-22.

(239) Larry Siedentop, 'Notes' in François Guizot, *The History of Civilization in Europe*, Translated by William Hazlitt, London: Penguin Books, 1997, pp.44, 249.

(240) Burrow, *op. cit.*, p.121.

(241) Guizot, *ibid.*, p. 76n.

(242) Burrow, *ibid.*, pp.122-23.

(243) 前掲トクヴィル著／松本訳『アメリカのデモクラシー』第一巻（上）、四一—二頁、同（下）二八四—五頁。Tocqueville, *op. cit.*, Vol. I, pp. 22-23, 343-46.

(244) 伊藤正雄『福澤諭吉論考』吉川弘文館、一九六九年、二九—三三頁。尚、ウェイランドと福澤との関係を工場法との関係で自由と独立の問題を追求した小室前掲「福沢諭吉と工場法」も参照してください。

(245) *Narrative of the Expedition of an American Squadron to the China Seas and Japan, Performed in the Year 1852, 1853, and 1854*, Edited by Francis L. Hawks, New York: D. Appleton, 1857, p.406. 原文は'Every Japanese is thus by turns master and slave, now submissively with his neck beneath the foot of one, and again haughtily with his foot upon the neck of another.' M・C・ペリー、F・L・ホークス編／宮崎壽子監訳『ペリー提督日本遠征記』下、角川文庫、平成二十六年、一七二頁。

(246)『丸山真男集』第十四巻、岩波書店、一九九六年、一九一―二、一九六―八頁。

(247)『自由之理』二、二十五丁ォ、ゥ、明治辛未二月三日訳稿。以下中村訳からの引用参照は（中二―二十五丁ォ）の如く略記。ちなみに慶応三（一八六七）年に刊行された堀辰之助・堀越亀之助『改正増補　英和対訳袖珍辞書』（藤田屋清右衛門）に依れば'Mental'は「心ノ、性理ノ」、'Slavery'は「奴隷ノ勤、又身分」とある。また'Individuality'は「分ラレヌヿ、自立」とあり、'Individual'は名詞として「一体、一物、独リ」、形容詞として「分離サレヌ、独立ノ、単ノ」とあり、'Individually'は「別々ニ独立シテ」とあります。

(248) Herbert Spencer, *The Study of Sociology*, New York: D. Appleton, 1874.（福澤手沢本）p34. 尚、スペンサーのこの点についての福澤の導入については前掲拙著『福沢諭吉と西欧思想』一七五―八頁参照。

(249) 中村訳ではこの辺りは理解に苦しんでいるが故か、明晰でなく省略も著しい。

(250) 武士の「名を惜しむ」感情、武門の「誉」意識の内面化の方向にこの傾向が強い点、『丸山眞男講義録［第五冊］日本政治思想史　一九六五年』東京大学出版会、一九九九年、七六―八六頁。

(251) 渡辺前掲『明治革命・性・文明』五四―六一頁。

(252) Wilhelm von Humboldt, *The Sphere and Duties of Government*, Translated from the German by Joseph Coulthard, London: John Chapman, 1854, p.13. Wilhelm von Humboldt, *Ideen zu Einem Versuch die Grenzen der Wirksamkeit des Staats zu Bestimmen*, Leipzig: Felix Meiner, 1920, S.25. フンボルト／西村稔編訳『国家活動の限界』京都大学学術出版会、二〇一九年、一八―九頁。尚、中村の訳文草稿を見ると、この箇所は取り分け推敲の跡が著しいことが分かります。訳文草稿を閲覧するに当たって東北大学図書館狩野文庫の協力を得ました。記して感謝申し上げます。

(253) 佐藤昌介他編『日本思想大系64　洋学　上』岩波書店、一九七十六年、一四八―九頁。

(254) アーネスト・サトウ『一外交官の見た明治維新』上、岩波文庫、昭和三十五年、三五―六頁。これは例えば欧米諸国のみならず日本の有識層にも影響を与えたと思われるホークス編『ペリー提督日本遠征記』序論に見る政府の項にあります「日本は同時に二人の皇帝を擁するという珍しい特徴を呈している。一人は世俗的であり、他は聖職的である」にも、その見解の踏襲を見ることが出来ます。聖俗二元論の統治構造を日本は有しているということです。但しこれは当初からではなく歴史的事件の結果、生まれたという説明でありますが。Francis L. Hawks, *op. sit.*, p.13. 尚、松前藩に囚われの身となったロシア海軍士官の抑留生活の記録として知られるゴロヴニン『日本幽囚記』にも、自身は賛同しかねるとしながら日本には二人の支配者がいるとしまして、信仰上の皇帝と世俗の皇帝との国家構造論を論じている箇所があります（ゴロヴニン著／井上満訳『日本幽囚記』下、岩波文庫、一九四六年、五七―六七頁）。この書の初版は文化十三（一八一六）年でそのオランダ語訳を馬場佐十郎と高橋景保が内命によって着手し、杉田玄郷、青地林宗が後を継ぎ、文政八（一八二五）年脱稿し、『遭厄日本紀事』と題して、訳出されております。ロシア語原書のドイツ語訳からオランダ語訳された三重訳となっているとのことです（井上満「解説」同右、上、一九四三年、二四―五頁）。英訳もされておりまして、彼のバックルも一八二四年の刊行されたその英訳版から日本についてのノートをとっております。その英訳版の序文 The English Editor,'General Introduction' in *Memoirs of a Captivity in Japan, During the Years 1811, 1812, and 1813; with Observations on the Country and the People*, by Captain Golownin, of the Russian Navy Second Edition, In Three Volumes. Vol. I, London: Printed for Henry Colburn, 1824, p.iii, in Oxford in Asia Historical Reprints, Hong Kong Tokyo: Oxford University Press, 1973.）にある日本の制度や儀礼が英国の封建制の完全な引き写しとまで論じております。'Many of the Japanese institutions, and much of their manners, as will be seen more at large in the accompanying notes, are absolutely fac-similes of our own feudal times' との言も一部 'that many of their institutions' を修正して、記されております（*op. cit., Miscellaneous and Posthumous Works of Henry Thomas Buckle*, Vol. III, Longmans, pp.21-30.）。聖俗二元論的制度論は既によく知られていたのです。

(255) 例示的に王覇の弁から得たと思われる「至尊の位」としての「王室」と「兵馬の権」、福澤の用語で言えば「至強の位」としての「覇府」の二元論、地方政治を担う「諸侯」を加えていることを勘案すれば三元論的国家構造論ではありますが、帆足万里『東潜夫論』（弘化元・一八四四年）を挙げることが出来ます。

(256) Guizot, *ibid.*, p.43n.

(257) Walter Bagehot, *The English Constitution*, With an Introduction by Gavin Phillipson, Brighton: Sussex Academic Press, 1997, p.159n. 遠山隆淑訳『イギリス国制論』岩波文庫、二〇二三年、一八〇頁。

(258) モンテスキュー／三辺博之他訳『法の精神』上、岩波文庫、一九八九年、一五三頁。孟徳斯鳩著／阿礼之重訳『万法精理』島村利助・山中市兵衛・丸屋善七・穴山篤太郎、明治九年、五十四丁ォ。

(259) Buckle, *op.cit.*, Vol. I, pp.528, 528n. 西村前掲訳第三巻、一六一頁。
(260) Gibbon, *op. cit.*, p.93. 中野前掲訳、七八頁。
(261) Spencer, *op. cit.*, *The Study of Sociology*, p.277. 尚「立君にても共和にても専制を行ふと否とには縁なきものなり……民権を唱る学者が唯一心に民撰議院を企望すれども、若し此議院が出来たらば議院が権を恣にするやうになる可し。first principles. p.7. を参考す可し。今の民撰議院論は、人民の領分を広めんとするに非ずして、政府の権を分て共に弄ばんと欲するに過ぎず」と覚書に記し、「代議にても立君にても其看版の名には頓着なし。唯悪きは一種の党に専権を握ることなり。故に代議政とは其代人をして専権を執らしむるの旨に非ず。極意は之をして他の妨を為さしむるのみ。自由は不自由より生ずるものなり」と頭書を記しているのも参照されるべきです（⑦六六九―七〇）。
(262) 三谷前掲、二二五―八頁。
(263) 島田虔次編『荻生徂徠全集』第一巻、みすず書房、一九七三年、八二頁。
(264) 同右、四三〇、四八三頁。
(265) 同右、八七頁。
(266) 渡辺前掲『日本政治思想史』一三〇頁。
(267) 井原西鶴『武家義理物語』岩波文庫、一九六六年、一七頁。
(268) 伴高蹊著・三熊花顚著・宗政五十緒校註『近世畸人伝・続近世畸人伝』東洋文庫、一九七二年、一一一頁。
(269) 同右、一六九頁。
(270) 同右、三、一三頁。
(271) 同右、二四六頁。
(272) 宗政「解説」同右、五〇六頁。
(273) この点、ジンメル著／木村謹治訳『ゲーテ』桜井書店、一九四三年、二二一―三頁。
(274) Spencer, *The Study of Sociology*, pp.204-05, 216-18, 228-29.
(275) Tocqueville, *op.cit.*, p241-43. 松本前掲訳『アメリカのデモクラシー』第一巻（下）、一一八―一二一頁。
(276) Mikiso Hane, 'The Sources of English Liberal Concepts in Early Japan' in *Monumenta Nipponica*, XXIV, 3, p.262.
(277) Alan Ryan, *The Making of Modern Liberalism*, Princeton: Princeton University Press, 2012, p.367.「コーリッジ論」の発表は一八四〇年。

(278) 石川幹明『福澤諭吉伝』第一巻、岩波書店、一九三二年、六三二頁。福澤手沢本を見るとその形跡は見られないから、別の本をテキストにした可能性があります。あるいは須田辰次郎が語るように、唯要所要所を拾い読みをしての講義であったかもしれません。高橋前掲編『福澤先生を語る諸名士の直話』一八一頁。むしろその形跡が見えるのはバックル文明史手沢本よりもギゾー文明史手沢本です。

(279) Peter Mandler, "Race' and 'Nation" in mid-Victorian thought' in *History, Religion, and Culture: British Intellectual History 1750-1950,* Edited by Stefan Collini, Richard Whatmore, and Brian Young, Cambridge: Cambridge University Press, 2000, p238.

(280) Hanham, 'Introduction' in *op. cit., On Scotland and the Scotch Intellect,* pp.xiii-xiv, xviii-xxi.

(281) R. G. Collingwood, *The Idea of History,* Oxford: Oxford University Press, 1961, p.144.

(282) 米原謙「国体」米原前掲編『「天皇」から「民主主義」まで』九五—一一六頁。

(283) 前掲『小幡篤次郎著作集』第二巻、八六頁。Tocqueville, *op. cit.,* p.183.

(284) 前掲『日本思想大系　水戸学』二六九—七二、二七五、三六四頁。

(285) 李セボン『「自由」を求めた儒者　中村正直の理想と現実』中央公論新社、二〇二〇年、五〇—四頁。

(286) Buckle, *op. cit.,* I, pp.478, 568. 西村前掲訳第三巻、六八、二三四頁。

(287) Guizot, *op. cit.,* pp.63-65. 安士前掲訳四六—九頁。原語は lègitimitè politique, Guizot, *Histoire de la Civilisation en Europe Depuis la Chute de L' Empire Romain Jusq'a la Rèvolution Française,* Nouvelle edition, Paris: Didier, Libraire-Èditeur, p.61.

(288) Buckle, *op. cit.,* pp. 29-108, 西村前掲訳第三巻、五三—二〇〇頁に風土決定論的叙述があります。また Guizot, *ibid.,* p.87.　安士前掲訳六八—九頁、Chambers's *ibid.,* pp.20-24. ①四一四—八も風土論批判がありますので併せ考える必要がありましょう。

(289) Ryan, *op. cit.,* pp.367-68.

(290) Brian Harrison, *The Transformation of British Politics 1860-1995,* Oxford: Oxford University Press, 1996, p.138. Buckle, *op. cit.,* II, p.151.

(291) 橋川前掲、八六—八頁。

(292) 比屋根昭夫・伊佐眞一編『太田朝敷選集』中巻、第一書房、一九九五年、一—一〇頁。伊佐眞一「書誌解題」同右、五一

○—一頁）、比屋根昭夫「解説　同化論の成立と展開—明治三十年代の論説を中心に—」（同右、四八九—九一頁）参照。

(293) 明治文化研究会編『明治文化全集』第三巻「政治篇」日本評論新社、昭和三十年、一一二頁。

(294) ジェームズ・ミル著／小川晃一訳『教育論・政府論』岩波文庫、一九八三年、一四五—五六頁。*Essays on I. Government, II. Jurisprudence, III. Liberty of the Press, IV. Prisons and Prison Discipline, V. Law of Nations, VII. Education*, By James Mill, London: J. Innes, 1828, James Mill, "I. Government" in *Essays from the Supplement to the Encyclopædia Britannica*, in *The Collected Works of James Mill*, 7 Volumes, Reprint of the 1828 Edition, Routledge/ Thoemmes Press, 1992, p.16.

(295) 'Liberty of the Press' in *ibid.*, pp.19-30.

(296) *ibid.*, p264.

(297) *ibid.*, p.347.

(298) *ibid.*, p. 264.

(299) Guizot, *op. cit.*, pp. 35-39. 安士前掲訳一三—七頁。

(300) Guizot, *op. cit.*, *History of Representative Government*. pp.259, 264, 347.

(301) 「それ自身を統一に導かない多様性は混乱である。多様性の結果でない統一は専制である」（Guizot, *ibid.*, p.62.）、山口松五郎の訳によれば「群集の結合せさるは混乱なり仮令ひ結合するも相和するに非されば其国政は暴政なり」（『代議政体原論完』加藤正七、明治十六年、一八頁）。また漆間真学の訳を以てしますならば「複数の単数たるを得さるは混迷と云ふべし群集複数の結果にあらさる単数は虐政なり」（『代議政体起源史　第一冊』自由出版会社、明治十五年、二〇五頁）。

(302) 「民の声は天の声」*ibid.*, p.79.

(303) *ibid.*, p.77. カール・シュミット著／樋口陽一訳『現代議会主義の精神史的状況　他一篇』岩波文庫、二〇一五年、三三—六、四三、一一一—二、一二七、一三〇、一三六頁。

(304) 宮村治雄『開国経験の思想史　増補新装版　兆民と時代精神』東京大学出版会、二〇二四年、一七三—八七頁。尚ギゾーの代議政体起源史の中江兆民の読みについては九五—八頁参照。

(305) J. Mill, *op. cit.*, Vol. II, p.150.

(306) Spencer, *ibid.*, p.245. への福澤の書き込み。

(307) William Thomas, 'Mill' in *Great Political Thinkers*, Edited by Keith Thomas, Oxford: Oxford University Press, 1992, pp. 263-64. W・トマス著／安川隆司・杉山忠平訳『J・S・ミル』雄松堂出版、一九八七年、二四—五頁。

(308) Ryan. *op. cit.*, p.368.

(309) James Mill, *op. cit.*, Vol. I, pp. 23-24.

(310) 丸山眞男著・松沢弘陽編『福沢諭吉の哲学　他六篇』岩波文庫、二〇〇一年、一五七頁。

(311)『丸山眞男集』第五巻二四一頁。森永毅彦先生の二〇〇五年十月十日付私信。

(312) 陸奥宗光著／中塚明校注『新訂　蹇蹇録―日清戦争外交秘録―』岩波文庫、一九八三年、二七頁。

(313)『福澤研究』第五号、復刊第二号、福澤先生研究会、昭和二十五年、二五―六頁。

(314) 井田進也『歴史とテクスト―西鶴から諭吉まで―』光芒社、二〇〇一年。平山洋『福沢諭吉』ミネルヴァ書房、二〇〇四年、一一―三〇頁。

(315) 井田、平山両氏の見解に対する批判としては竹田行之「〔解題〕「時事新報論集」について」（『福澤諭吉年鑑』22、一九九五年）、及び都倉武之「福澤諭吉の朝鮮問題」寺崎修編『福沢諭吉の思想と近代化構想』（慶應義塾大学出版会、二〇〇八年）所収を参考として挙げておきますが、杵淵信雄『福沢諭吉と朝鮮―時事新報社説を中心に―』（彩流社、一九九七年）や石坂巌「朝鮮と福沢諭吉」（『福澤諭吉　理念の原点―「自立はアリの門人なり」―』労務行政研究所、二〇〇五年所収）もこの問題を考える上で有益です。また『福澤諭吉のアジア』（慶應義塾大学出版会、二〇一一年）や、最近のものとして月脚達彦『福沢諭吉の朝鮮―日朝清関係のなかの「脱亜」―』（講談社、二〇一五年）も参考になるでありましょう。

(316) 坂本太郎・家永三郎・井上光貞・大野晋校注『日本書紀（一）』岩波文庫、一九九四年、二三八―九頁。

(317) 中村前掲訳『自由之理』第三冊、二丁ゥ―三丁ォ。

(318) 中村同右、六丁ォ。

(319) Frederick Rosen, *Classical Utilitarianism from Hume to Mill*, London: Routledge, 2003, pp.220-44.

(320) 中村正直訳『西洋品行論』第五冊、珊瑚閣、明治十二年、二十四丁ォ―三十四丁ゥ、Samuel Smiles, *Character*, New Edition, London: John Murray, 1877, pp136-42.

(321) Roy Porter, *Enlightenment Britain and the Creation of the Modern World*, London: Penguin Books, 2001, p.483.

(322) Buckle, *op. cit.*, Vol. II, p.122. 西村前掲訳第四巻、一四一頁。

(323) エメリ・ネフ著／石上良平訳『カーライルとミル―ヴィクトリア朝思想研究序説―』未來社、一九六八年、三七―四四頁。Emery Neff, *Carlyle and Mill An Introduction to Victorian Thought*, Columbia University Press, 1926, pp.40-47.

(324) 山下重一『J・S・ミルの政治思想』木鐸社、昭和五十一年、二六二頁。

(325) John Skorupski, *Why Read Mill Today?* London: Routledge, 2006.

(326) ドストエフスキー著/安岡治子訳『地下室の手記』光文社古典新訳文庫、二〇〇七年、四七頁。トルストイ作/米川正夫訳『戦争と平和』(四)岩波文庫、一九八四年、一二三、一〇六―七頁。

(327) 森村進編訳『ハーバート・スペンサーコレクション』ちくま学芸文庫、二〇一七年。

(328) アイザイア・バーリン著/小川晃一・小池銈・福田歓一・生松敬三訳『自由論』みすず書房、一九七一年、四二〇頁、Isaiah Berlin, *Four Essays on Liberty*, Oxford: Oxford University Press, 1969, p.189.

(329) Thomas Hobbes, *Leviathan*, Edited with an Introduction and Notes by John C. A. Gaskin, Oxford World's Classics, 1996, p.82.

(330) *ibid.*, pp.31-32.

(331) 松崎欣一『語り手としての福澤諭吉―言葉を武器として―』慶應義塾大学出版会、二〇〇五年。

(332) Thomas, *op. cit.*, pp.353-54. 安川・杉山前掲訳一五二―四頁。

(333) 中村秀吉訳『バートランド・ラッセル著作集　I　自伝的回想』みすず書房、昭和三十四年、一五四頁。

(334) トーマス前掲一五三頁。Thomas, *op. cit.*, p.354.

(335) J・プラムナッツ著/堀田彰他訳『イギリスの功利主義者たち』福村出版、一九七四年、一九四頁。

(336) バーリン前掲、四四二、四四八頁、Berlin, *op. cit.*, pp. 201, 205.

(337) 福澤は 'It may be said' の類をこのように翻訳してもいますので、この点、留意する必要があります。

(338) 小尾俊人『出版と社会』幻戯書房、二〇〇七年、五九五頁。

(339) 緒方富雄「解説」、緒方富雄・適塾記念会編『緒方洪庵のてがみ　その二』菜根出版、昭和五十五年、五、一三頁。

(340) 同右、二九、九七、一六六頁。適塾記念会緒方洪庵全集編集委員会編『緒方洪庵全集』第四巻、大阪大学出版会、二二三二、二四一頁。

(341) 仁愛の心を本とし人のために人を救う志を持つことが「君子医」の条件でありまして、己の利益を以て志とするのは「小人医」と益軒は述べております。「君子医」になるには「諸芸を学ぶに、皆文学を本とすべし、文学なければ、わざ熟しても理にくらく、術ひきし。ひが事多けれど、無学にしては、わがあやまりをしらず。医を学ぶに、殊に文学を基とすべし。文学なければ医書を読みがたし。」と述べ、「文学」即ち「学問」即ち「儒学」をまず修得すべきことを論じます。確かに益軒は「医道は、陰陽五行の理なる」が故の「易の理」を学べとの論理ではありますが、基底には経子史書を中心とする儒学の修得を訴えていると思います。「仁」は確かに「苟も仁に志ざせば、悪しきこと無き也」（『論語』「里人」）ではありませんが、「悪しきこと」なきを目的とする功利的解釈も可能でありますが、ここはやはり「智・仁・勇の三者は、天下の達徳」（『中庸』）を以て考えますならば、儒教の基本的な修得すべき徳と第一義的には考えた方が良いように思われます。従って「医は病者を救はんための術なれば、病家の貴賤・貧富の隔てなく、心を尽して病を治すべし。病家よりまねかば、貴賤を分かたず、はやく行くべし。遅々すべからず。人の命は至りておもし、病人をおろそかにすべからず。是医となれる職分をつとむる也」と主張し、「小人医」は「医術流行すれば、我身にほこりたかぶりて、卑賤なる病家をあなどる。是医の本意を失へり。」と断言する所以であります（『養生訓・和俗童子訓』岩波文庫、一九六一年、一二五―六頁）。時代は異なりますが洪庵の蘭方医教育と基底に通ずるものがあるようです。儒学は専門教育の前提としての教養教育に該当すると言ってもいいのです。

(342) 仮名垣魯文作／小林智賀平校注『安愚楽鍋』岩波文庫、一九六七年、七七頁。

(343) 村岡健次「南方熊楠投稿時代（一八九三～一九一四）の科学雑誌『ネイチャー』の性格」南方熊楠研究会編『熊楠研究』第十一号、二〇一七年、二一頁。

(344) 神崎繁訳前掲『アリストテレス全集 15』二三三―四頁。神崎訳は「学的理解」を「エピステーメ」に充てている。尚、Sir David Ross の英訳も"scientific knowledge"となっている（Aristotle, *The Nicomachean Ethics*, Oxford World' Classics, 2009, pp.104-05.）。

(345) 斎藤静編『新訂増補　双解英和辞典』冨山房、昭和二十九年。

(346) John W. Burrow, *The Crisis of Reason European Thought 1848-1914*. London: Yale University Press, 2000, p.39.

(347) 石川幹明『福澤諭吉伝』第四巻、岩波書店、一九三二年、六六九頁。

(348) J. D. Y. Peel, *Herbert Spencer the evolution of a sociologist*, London: Heinemann, 1971, pp.192-223.

(349) Herbert Spencer, *An Autobiography*, Vol. I. London: Williams and Norgate, 1904, pp.88-89.

(350) 塩尻公明「訳者序文」前掲『ベンサムとコーリッヂ』二三頁。

(351) バジル・ウィリー著／米田一彦他前掲共訳、一八八、一九六頁。

(352) ラッセル前掲、一三七―八頁。

(353) ルソー著／今野前掲訳『エミール』上、七一頁。

(354) ヤング／松村・村岡前掲訳、一四一、二三七―八頁。Young, *op. cit.*, pp.95-96, 159-60.

(355) 福澤署名本にはこの箇所にサイドラインやアンダーラインのノートが見られる。

(356) バーリン／小川・小池前掲訳、四五〇頁。Berlin, *op. cit.*, pp.205-06.

(357) 松本三之介『「利己」と他者のはざまで—近代日本における社会進化思想』以文社、二〇一七年、二八五—六頁。

(358) Spencer, *op. cit.*, *The Study of Sociology*, pp.314-26. 前掲拙著『福沢諭吉と西欧思想』三五—六〇頁参照。

(359) 村岡前掲、二三—六頁。

(360) 『鷗外全集』第六巻、岩波書店、一九七二年、四一九頁。

(361) 杉原四郎『J・S・ミルと現代』岩波新書、一九八〇年、一六七—九頁。

(362) Maurice Mandelbaum, *History, Man, & Reason A Study in Nineteenth Thought*, Baltimore and London: The Johns Hopkins University Press, 1971, pp.212-14.

(363) 清水前掲『オーギュスト・コント』二九八—三〇六、三二四—六頁。スペンサーの近代日本に於ける意義については山下重一『スペンサーと日本近代』（御茶の水書房、一九八三年）が有益です。

(364) 堀経夫「明治初期の思想に及ぼしたJ・S・ミルの影響」（堀経夫編『ミル研究』未來社、一九六〇年、一七五—二〇二頁）。関嘉彦「ベンサムとミルの社会思想」（関嘉彦責任編集『世界の名著38 ベンサム J・S・ミル』中央公論社、昭和四十二年、六一—七頁）。

(365) スペンサー著／島田四郎訳『教育論』玉川大学出版部、一九八一年、三六頁。Herbert Spencer, *Education: Intellectual, Moral, and Physical*, Reprint of the Edition 1890, Otto Zeller: Osnabrück, 1966.

(366) 平山洋「なぜ『修業立志編』は『福澤全集』に収録されていないのか？—福澤真筆論説「忠孝論」と「修養」の発掘と関連して—」、石毛忠編『伝統と革新—日本思想史の探求—』ぺりかん社、二〇〇四年、二三三頁参照。

(367) Herbert Spencer, *Education: Intellectual, Moral, and Physical*, New York: D. Appleton and Company, 1888, pp.93-94, スペンサー著／島田四郎前掲訳、九二—三頁。

(368) 『三田評論』一九六九年四月号。

(369) Spencer, *ibid.*, p.22. 島田前掲訳三七—八頁。

(370) *ibid.*, p.25. 島田前掲訳三九—四〇頁。

(371) *ibid.*, p.30. 島田前掲訳四四頁。

(372) *ibid.*, p.31. 島田前掲訳四五頁。

(373) *ibid.*, p.32. 島田前掲訳四五—六頁。

(374) *ibid.*, p.32. 島田前掲訳四六頁。
(375) *ibid.*, p.33. 島田前掲訳四六頁。
(376) *ibid.*, p.33. 島田前掲訳四六—七頁。
(377) ロック著/服部知文訳『教育に関する考察』岩波文庫、昭和四十二年、三一、二一三頁。
(378) スマイルズ自身はそれを引用しながら「人ハ儀容ヲ造ル」としております。前掲『西洋品行論』第九冊、三丁ォ、Smiles, *Character*, p.236. 但しスマイルズ原文は'Manners make the man.'
(379) 前掲拙著、三一四—五頁。狩野直喜『春秋研究』みすず書房、一九九四年、一三一頁。
(380) 同右、二一九—二一〇頁。Herbert Spencer, *op. cit.*, *First Principles*, pp.505, 510-12.

福澤諭吉とJ・S・ミル関連年表

※（福澤一八六一）は福澤署名本の一八六一年版英国版を、（福澤一八七〇米）は福沢署名本一八七〇年米国版を指す。但し、米国での出版が自明なものは省略した。簡約版や版数、必要な注などは（　）内に刊行年の後に記す。

一七四八（寛延元）年　モンテスキュー『法の精神』（福澤一七五一英訳・古書）

一七七六（安永五）年　W・ブラックストン『英法釈義』
E・ギボン『ローマ帝国衰亡史』（福澤一八六八学生版）
A・スミス『国富論』
アメリカ「独立の檄文」（福澤訳・「独立宣言」）

一七七七（安永六）年　前野良沢「管蠡（かんれい）秘言（ひげん）」稿

一七八五（天明五）年　カント『道徳形而上学原論』

一七八九（寛政元）年　ベンサム『道徳及び立法の諸原理序説』

一八〇一（享和二）年　志筑忠雄「鎖国論」（ケンペル『日本見聞記』抄訳）

一八〇五（文化二）年　七月二十九日　A・d・トクヴィル、パリに生まれる。

一八〇六（文化三）年　九月　久保之正「論語道国章解」脱稿
五月二十日　ミル、James と Harriet Mill の長男としてロンドンに生ま一八〇九（文化六）年　八月二十二日　J・H・バートン、アバディーンに生まれる。

一八一一（文化七）年　五月五日　J・W・ドレイパー、リヴァプール近郊、セント・ヘレンズに生まれる。

一八一二（文化九）年　十二月二十三日　S・スマイルズ、エディンバラ近郊、ハディントンに生まれる。

一八一三（文化十）年　海保青陵「稽古談」

一八一五（文化十二）年　杉田玄白『蘭学事始』稿

一八一七（文化十四）年　父ミル『英領インド史』（福澤一八五八・五版）

大槻磐水『蘭畹摘芳』

一八二〇（文政三）年　四月二十七日　H・スペンサー、ダービーに生まれる。

山片蟠桃「夢の代」

一八二一（文政四）年　十一月二十四日　H・T・バックル、リーに生まれる。

ヘーゲル『法哲学』

一八二二（文政五）年　ギゾー『代議政体起源史』講義（福澤一八六一英訳）

ミル、東インド会社入社。

一八二八（文政十一）年　四月十八日〜七月四日　ギゾー『ヨーロッパ文明史概説』講義（福澤一八七〇英訳米）。二十九〜三十年にかけ『フランス文明史』講義。

『ウェブスター英語辞典』

一八三〇（天保元）年　コント『実証哲学講義』Ⅰ（四二、Ⅳ）

一八三五（天保五）年　一月十日　福澤諭吉、大坂玉江橋北詰中津藩蔵屋敷に福澤百助と於順との間に生まれる。

一月二十三日　トクヴィル『アメリカのデモクラシー』Ⅰ（四〇、Ⅱ）（福澤一八七三英訳米、小幡一八六四英訳米）

W・v・フンボルト没、六十八歳。

F・ウェイランド『道徳科学の基礎』

ミル、トクヴィルのデモクラシー第一巻の書評。

一八三六（天保七）年　四月　父ミル没、六十三歳。

六月十八日　父百助没、四十五歳。

帆足万里『窮理通』

ミル「文明論」（福澤一八七五・『論説論考集Ⅰ』）

一八三七（天保八）年　ウェイランド『政治経済学基礎』

大塩平八郎の乱。

ヴィクトリア女王即位。

一八三八（天保九）年　福澤、十四・五歳、亀井系徂徠学派白石常人の下で漢籍を学ぶ。

緒方洪庵、適塾開塾。

一八三九（天保十）年　渡辺崋山、「退役願書」執筆。
一八四〇（天保十一）年　渡辺崋山・高野長英逮捕。
七月　オランダ船、アヘン戦争の情報を日本にもたらす。
ミル、トクヴィルのデモクラシー第一・二巻の書評（福澤一八六七『論説論考集Ⅱ』）、「コーリッジ論」（福澤一八七五『論説論考集Ⅰ』）。
一八四二（天保十三）年　六月八日　小幡篤次郎、中津殿町に生まれる。
一八四三（天保十四）年　ミル『論理学体系』Ⅰ、Ⅱ（福澤一八七二）
一八四四（天保十五）年　ミル『経済学試論集』（福澤一八七四）
帆足万里『東潜夫論』脱稿。
一八四五（天保十六）年　十月　ミル「ギゾーの歴史論」（福澤一八六七『論説論考集Ⅱ』）
一八四八（嘉永元）年　ミル『経済学原理』Ⅰ、Ⅱ
マルクス＝エンゲルス『共産党宣言』
一八四九（嘉永二）年　四月九日ウェイランド没、七十七歳。
緒方洪庵『病学通論』
一八五一（嘉永四）年　ミル、M・H・テェイラーと結婚。
一八五二（嘉永五）年　ジョン・ヒル・バートン／チェンバーズ版『政治経済読本』
一八五三（嘉永六）年　七月八日　ペリー浦賀に来航。
太平天国、中国南方占領。

一八五五（安政二）年
クリミア戦争。
福澤、緒方洪庵の適塾入門。
桂川甫周『和蘭字彙』
安政の大地震。
スペンサー『社会静学』、『心理学原理』（福澤一八七三米）

一八五六（安政三）年
バックル『イングランド文明史』Ⅰ（Ⅱ一八六一）（福澤Ⅰ一八七二、Ⅱ一八七三米）
三月十七日　幕府、洋学所設立、蕃書調所（ばんしょしらべしょ）と称す。
ミル、東インド会社通信審査部長。

一八五七（安政四）年
緒方洪庵『扶氏　経験遺訓』（〜六一）
フランシス・L・ホークス『ペルリ提督　日本遠征記』（福澤『ペルリ寄航抜粋訳』）
ミル、セポイの反乱に際し、東インド会社防衛のため積極的役割。
トーマス・ヒューズ『トム・ブラウンの学園生活』
九月　ミル、東インド会社退社。

一八五八（安政五）年
五月十日　福澤、築地鉄砲洲中津藩中屋敷で蘭学塾開設。
十一月　ミルの妻ハリエット、アヴィニヨンにて没。
ミル、『ウイリアム・ハミルトン卿哲学試論』「オーギュスト・コントと実証主義」、自由党議員に選出。

一八五九（安政六）年

スペンサー『科学・政治・思索集』（福澤一八七二米）

四月十六日　トクヴィル没、五十四歳。

福澤、蘭学から英学へ転向決意。

ミル『自由論』、『論説論考集』Ⅰ、Ⅱ、Ⅲ（福澤一八七五、六七、七五）。

C・ダーウィン『種の起源』

マルクス『経済学批判』

スマイルズ『自助論』

中浜万次郎『英米対話捷径』

一八六〇（万延元）年

一月十九日　福澤、咸臨丸にて渡米。

八月　福澤『増訂華英通語』

スペンサー『第一諸原理』（福澤一八七五米）

一八六一（文久元）年

横井小楠『国是三論』稿

ミル、「功利主義」をフレイザー雑誌に三部に分けて発表、後『功利主義』一八六三（文久三）年（福澤一八七四・五版）、『代議制統治論』

米国南北戦争（～一八六五）。

一八六二（文久二）年

五月二十九日　バックル没、四十歳。

一八六三（文久三）年
福澤、遣欧使節としてヨーロッパへ。
ドレイパー『欧州知的発展史』
加藤弘之『隣草』
神田孝平『農商弁』稿
堀達之助他編『英和対訳抽珍辞書』
ミル『論理学』にバックル論「歴史学の補足的説明」追加。

一八六四（元治元）年
七月二十五日　緒方洪庵没、五十四歳。
バックル『エッセーズ』
三月二十三日　福澤、小幡篤次郎等を伴って帰府。
スペンサー『生物学原理』Ⅰ、Ⅱ（〜六七）（福澤、一八七四米）、『普遍的進歩の概要』（福澤、一八七五米）
一八六五（慶応元）年
閏五月　福澤、「唐人往来」脱稿
十月？　福澤「ペルリ紀行抜粋訳」
ブランデス他『科学・文学・芸術事典』
ウェイランド『道徳科学の基礎』改訂版

一八六六（慶応二）年
六月　福澤『西洋事情』初編脱稿、十二月六日刊
ミル、ジャマイカ事件に対する議会演説。
ミッチェル『高校地理』

一八六七（慶応三）年

コーネル『高校地理』
一月二十三日　福澤、渡米、ウェイランド等購入。
二月一日　ミル、聖アンドリューズ大学名誉総長就任講演。福澤、嶋津祐太郎宛書簡。
八月　福澤『西洋旅案内』脱稿、十月刊
十月十四日　徳川慶喜、大政奉還。
ミル、女性参政権を提起した第二次選挙法改正法案否決、翌年議席を失う。
W・バジョット『英国憲政論』

一八六八（慶応四・明治元）年

大国隆正『新真公法論』
イリス著／神田孝平重訳『経済小学』
三月十四日　五箇条の御誓文。
五月　福澤、塾を芝新銭座に移し慶應義塾と命名。
五～八月『西洋事情』外編、『窮理図解』
フィッセリング述／津田真道訳『泰西国法論』
加藤弘之『立憲政体略』

一八六九（明治二）年

三月　福澤『英国議事院談』
八月二十四日　福澤、服部五郎兵衛宛書簡。

一八七〇（明治三）年
十月『世界国尽』
ミル『女性の隷従』（福澤一八七〇米）、「社会主義論」
科学雑誌『ネイチャー』創刊。
七月　加藤弘之『真政大意』
閏十月　福澤『西洋事情』二編
十一月　スマイルズ著／中村正直訳『西国立志編』（〜七一）
F・ボーエン『アメリカ政治経済学』（福澤一八七四）

一八七一（明治四）年
加藤弘之、天皇に『西国立志編』御進講。
三月三十日　ミル、日本人が政治を考える上での参考文献を友人への書簡にて提示。
八月二十九日　天皇、廃藩置県の詔書。
十一月二十日　特命全権大使岩倉具視ら米欧回覧。
スペンサー『科学・哲学・道徳』（福澤一八七三米）
ウェイランド著／小幡篤次郎訳『英氏経済論』（〜七七）

一八七二（明治五）年
三月　福澤、『学問のすゝめ』初編、『童蒙教草』
三月　ミル著／中村正直訳『自由之理』
九月五日　学制頒布。
バジョット『自然学と政治学』、『英国憲政論』第二版

一八七三（明治六）年

H・テェイラー編『H・T・バックルの雑録と遺作』Ⅰ、Ⅱ、Ⅲ
七月二十八日　地租改正条例布告。
八月　森有礼、明六社となる学社呼びかけ。
十月二十四日　天皇、朝鮮遣使無期延期。陸軍大将西郷隆盛、参議・近衛都督辞職。
十月　ギルレット著／中村正直訳『共和政治』（トクヴィル抄訳）
十一月　トクヴィル著／小幡篤次郎訳『上木自由論』
十一月　福澤『学問のすゝめ』二編
十二月　福澤『学問のすゝめ』三編
ミル『自伝』（福澤一八七四）
ミル没、六十七歳。
スペンサー、駐米公使森有礼と会う、以後憲法問題について意見。
スペンサー『社会学研究』（福澤一八七四米）
バジョット『ロンバード街』（福澤一八七三）
ブラックストン著／星亨訳『英国法律全書』首巻

一八七四（明治七）年

一月十七日　副島・後藤・江藤・板垣ら八人、民撰議院設立建白書を左院に提出。
一月　福澤『学問のすゝめ』四、五編

一八七五（明治八）年

二月　福澤『学問のすゝめ』六編
二月　『民間雑誌』創刊。
三月　福澤『学問のすゝめ』七編、「文明論之概略」執筆志向。
四月十日　板垣退助ら高知に立志社を創立。
四月〜七月　福澤『学問のすゝめ』八、九、十、十一編
七月〜？　福澤「内は忍ぶ可し外は忍ぶ可からず」
七月　西周『致知啓蒙』
九月十二日　ギゾー没、八十七歳。
ギゾー／永峰秀樹重訳『欧羅巴文明史』巻一・二（巻三〜十四、〜七七年）
十月五日　中江兆民、仏蘭西学舎開設。
十二月　福澤『学問のすゝめ』十二、十三編
H・テイラー編ミル『宗教三論』
ドレイパー『宗教と科学の闘争史』（福澤一八七五米）
ギゾー／西周校閲・荒木卓爾・白井政夫共重訳『泰西開化史』、室田充美訳述『西洋開化史』
二月十一日　木戸孝允・大久保利通・板垣退助、政治改革で意見一致、大阪会議。
三月二十五日　福澤、『文明論之概略』緒言起草。

福澤『学問のすゝめ』十四編
三月　西村茂樹『修身治国非二途論』
四月十四日　漸次立憲政体を立てるとの詔書。
四月十九日　福澤、「文明論之概略」出版許可。
五月十二日　ミル著／永峰秀樹訳『代議政体』（一、二章、七八年三月二十八日、三、四章）
五月十三日　福澤、スペンサー『社会学研究』読書開始。
六月　西周「人生三宝説」
七月八、九、十四日　小幡、トクヴィル抄訳・出版自由論を『郵便報知』に再発表。
八月二日　ミル著／小幡篤次郎訳『宗教三論』抄訳
八月二十五日　福澤『文明論之概略』
八月　バックル著／大島貞益訳『英国開化史』抄訳
九月　福澤、「覚書」起草。
加藤弘之『国体新論』
ミル著／林・鈴木共訳『弥児経済論』（〜八六）

一八七六（明治九）年

一月　モンテスキュー著／阿礼之訳『万法精理』
二月十九日　福澤、「学者安心論」脱稿。

一八七七（明治十）年

二月二十六日　日朝修好条規。
三月十四日　福澤、『社会学研究』読了。
四月四日　福澤、ミル『功利主義』読書開始。
四月十四日　夜十時、福澤、ミル『功利主義』読了。
四月二十日　福澤、ミル『功利主義』再読了。
四月　福澤『学者安心論』
五月十日　福澤、スペンサー『第一諸原理』読書開始。
七月二十日　土居光華『文明論女大学』
七月　福澤『学問のすゝめ』十五編
八月　福澤『学問のすゝめ』十六編
九月十三日　『家庭叢談』創刊。
十一月　福澤『学問のすゝめ』十七編
十一月〜十二月　小幡、『家庭叢談』に『アメリカのデモクラシー』から三節抄訳。
十一月　福澤、「分権論」題言起草。
十二月　福澤、『分権論』脱稿。
二月十五日　西南戦争勃発。
三月二十日　西南戦争の報道に関し、福澤、「覚書」に備考。

三月二十五日　バジョット没、五十一歳。
三月三十一日　増田宗太郎、西郷の挙兵に呼応。
五月十八日　ミル著／西周訳『利学』
五月三十日　福澤、「旧藩情」緒言起草。
六月二十三日　福澤、スペンサー『第一諸原理』読了。
六月二十四日　福澤、H・リーブ英訳トクヴィル『アメリカのデモクラシー』読書開始。
七月二十四日　福澤、「西郷隆盛の処分に関する建白書」。
七月二十五日　福澤、『アメリカのデモクラシー』I読了。
七月　福澤、毎日六〜八時間執筆。
八月十三日　福澤「彌爾氏宗教三論緒言」
九月二十四日　西郷隆盛（五十一歳）他、城山にて自刃、西南戦争終結。福澤、数日で「丁丑公論」執筆。
十月二十四日　福澤「丁丑公論」緒言
十一月　福澤『分権論』
十二月　国会開設運動盛ん。
福澤「西南戦争の利害得失」
十二月　福澤『民間経済録』初編（二編、八〇年三月）

一八七八（明治十一）年

ルソー著／服部徳訳『民約論』
スペンサー著／尾崎行雄訳『権理提綱』上（下、七八年三月）
スペンサー著／箕浦勝人訳「政府ハ独立自助ノ気風ヲ鎖害スルノ論」
一月　福澤『福澤文集』
四月六、七、九日　福澤「薩摩の友人某（野村政明←市来七之助）に与るの書」
四月十八日　福澤、「通俗民権論」起草。
五月十五日　福澤「内務卿の凶聞」を『民間雑誌』に発表→廃刊要因。
六月　スマイルズ著／中村正直訳『西洋品行論』（〜八〇年二月）。
九月　福澤『通俗民権論』、『通俗国権論』
ベンサム著／島田三郎訳『立法論綱』
十月一日『文明論之概略』講義広告。
十月三日　スペンサー著／鈴木義宗訳『斯辺撒氏　代議政体論』
十一月二十一日　福澤、スペンサー『生物学原理』読書開始？
ミル著／深間内基訳『男女同権論』

一八七九（明治十二）年

一月十五日　東京学士会院開設、福澤、初代会長（十四年二月十五日、福澤、小幡辞任）。
一月十六日　福澤、東京府議会副議長に選出（一月二十一日辞任）。

三月四日　福澤、松田道之宛書簡。
三月　福澤『通俗国権論』二編。
バックル著／土井光華・萱生泰三訳『英国文明史』
四月四日　琉球藩を廃止し沖縄県設置。
四月　植木枝盛『民権自由論』
六月　ギゾー著／藤田喜三郎訳『仏蘭西文明史』
八月　福澤『福澤文集』二編、『国会論』、『民情一新』
ミル「社会主義論」

一八八〇（明治十三）年

一月二十五日　交詢社発会式。
一月　渡辺修次郎『明治開化史』
三月　ミル著／渋谷敬蔵訳『利用論』
四月　スペンサー著／尺振八訳『斯氏教育論』
　スペンサー著／鈴木義宗訳『干渉論』
七月三十日　福澤「合本　学問之勧　序」
八月　福澤『民間経済録』二編
十二月　トクヴィル著／肥塚竜重訳『自由原論』Ⅰ（～八二年十月、八冊）

一八八一（明治十四）年

五月二十日　スペンサー著／松島剛訳『社会平権論』

一八八二（明治十五）年

七月　ダーウィン著／神津専三郎訳『人祖論』
九月　福澤『時事小言』
十月十二日　明治十四年の政変。
スペンサー著／井上勤訳『女権真論』
三月一日『時事新報』創刊。
四月　福澤『時事大勢論』
五月　福澤『帝室論』
七月　ベンサム著／藤田四郎訳『政治真論』
十月十五日　バックル著／土井光華・漆間真学訳『自由之理評論』
十一月　福澤『徳育如何』
十二月　小野梓『国憲汎論』
スペンサー著／乗竹孝太郎訳『社会学之原理』
スペンサー著／山口松五郎訳『刑法原理獄則論綱』
ルソー著／中江兆民訳『民約訳解』
一月十八日　馬場辰猪『天賦人権論』
植木枝盛『天賦人権弁』

一八八三（明治十六）年

二月　福澤『学問の独立』
四月　慶應義塾紀事

四月二十八日　モース述／石川千代松筆記『動物進化論』
井上哲次郎『倫理新説』
六月一日　福澤「朝鮮政略の急は我資金を彼に移用するに在り」
六月五日　福澤「朝鮮国に資本を移用すれば我を利すること大なり」
六月十二日　福澤「支那人民の前途甚だ多事なり」
七月二十五日　バジョット著／高橋達郎訳『英国憲法論』
ホッブス著／文部省編纂局訳『主権論』
七月三十日　福澤「文学会員に告ぐ」
十月　有賀長雄『社会学』巻一（社会進化論）
十一月八日　福澤「学者と政治家との区分」
十一月二十二日〜二十九日　福澤「徳教之説」
十一月　ベンサム著／陸奥宗光訳『利学正宗』上（下、八四年一月）
スペンサー著／大石正巳訳『社会学』
スペンサー著／山口松五郎訳『道徳之原理』
スペンサー著／大石正巳訳『政体原論』
スペンサー著／宮城政明訳『代議政体論覆義』

一八八四（明治十七）年

一月三十日　スペンサー著／乗竹孝太郎訳『社会学之原理』
六月十九日　A・スミス著／石川暎作訳『富国論』（〜八八年四月十二

日）

スペンサー著／浜野定四郎・渡辺治訳『政治哲学』

スペンサー著／西村玄道訳『万物進化要論』

スペンサー著／山口松五郎訳『哲学原理』

一八八五（明治十八）年　三月十六日　福澤「脱亜論」

スペンサー著／小田貴雄訳『斯辺鎖氏教育論説』

一八八六（明治十九）年　六月　福澤『男女交際論』

七月八日　福澤「国民の教育」

九月三十日　福澤「今の学者は商売に適するものなり」

スペンサー著／高橋達郎訳『宗教進化論』

一八八七（明治二十）年　一月　ミル著／上田充訳『綱目代議政体』（抄訳）

四月　徳富蘇峰『新日本之青年』

西村茂樹『日本道徳論』

五月　中江兆民『三酔人経綸問答』

七月　福澤『福翁百話』

バックル著／辰巳小次郎『文明要論』

一八八八（明治二十一）年　一月五日　福澤「施政邇言（しせいじげん）」

六月五日　福澤「六月二日府下三田慶應義塾演説」

十月　福澤『尊王論』
十一月十日　中江兆民『国会論』

一八八九（明治二十二）年
二月十一日　大日本帝国憲法発布。
二月十二日〜　福澤「日本国会縁起」
三月二十日　大井憲太郎『自由略論』
六月一日　伊藤博文『帝国憲法・皇室典範義解』
七月二十七日　スタイン口述／有賀長雄訳『須多因氏講義』
十月十四日　内藤恥叟『国体発揮』
十月十八日　ブライス著／人見一太郎訳『平民政治』
十月二十五日　ハックスレー著／伊沢修二訳『進化原論』
十二月六日　リスト著／大島貞益訳『李氏経済論』

一八九〇（明治二十三）年
三月一日　福澤「ユニテリアン雑誌に寄す」
四月一日　ミル著／前橋孝義訳『代議政体』
十月三十日　教育ニ関スル勅語発布。
スペンサー著／島田豊訳『斯辺鎖氏代議政体論』

一八九一（明治二十四）年
一月十二日　石川千代松『進化新論』
三月三日　三宅雪嶺『真善美日本人』
六月四日　陸羯南『近時政論考』

六月七日　中村正直没、六十歳。
七月三日　竹越与三郎『新日本史』上
七月十一日　福澤「慶應義塾演説」（人の人たる所以は……）
八月二十五日　穂積八束「民法出テ忠孝亡フ」
九月二日　井上哲次郎『勅語衍義』
十月十六日　大島貞益『情勢論』
スペンサー著／荻原民吉訳『非国会論』

一八九二（明治二十五）年

六月　福澤『国会の前途　治安小言　国会難局の由来　地租論　合本全』
十月二十九日　福澤「明治二十五年十月二十三日慶應義塾演説」（思想の深淵……）

一八九三（明治二十六）年

一月十七日　ハワイ王制廃止、米国公使ハワイを米国の保護領と宣言。
二月十四日　米国ハワイ併合条約、米大統領拒否（一八九八年アメリカ合衆国に併合）。
五月　加藤弘之、Der Kampf ums Recht des Stärkern und seine Entwickelung
八月十三日　陸羯南『原政及国際論』
十月五日　南方熊楠「極東の星座」Nature 懸賞論文一位当選。

一八九四（明治二十七）年　十二月二十八日　スペンサー著／永井久満次訳『個人対国家』
七月二十九日　福澤「日清の戦争は文野の戦争なり」
八月一日　日清戦争（〜一八九五年四月十七日）
八月五日　福澤「直に北京を衝く可し」
八月十日　イェーリング著／宇都宮五郎訳『権利競争論』
八月二十三日　内村鑑三"Justification of the Corean War"
八月二十八日　福澤「日本臣民の覚悟」（〜八月二十九日）
十二月二十六日　徳富蘇峰『大日本膨脹論』
スペンサー著／永井久満次訳『個人対国家論』

一八九五（明治二十八）年　一月八日　福澤「兵馬の戦に勝つ者は亦商売の戦に勝つ可し」
四月二十三日　三国干渉。
四月二十八日　津田真道「唯物論」発表。
五月一日　慶應義塾に朝鮮留学生、集団入塾。
五月二十五日　台湾島民反乱、台湾民主国宣言。
五月二十九日　日本軍台湾北部へ上陸（六月七日、台北占領）。
十二月三十一日　陸奥宗光「蹇蹇録」稿
十二月　ミル著／高橋政次郎訳『自由之権利―一名自由之理』

一八九六（明治二十九）年　十一月四日　福澤「馬場辰猪君追忌詞」

一八九七（明治三十）年　一月三十一日　西周没、六十九歳。
四月二十七日　内村鑑三「福澤諭吉翁」
六月十七日　福澤「台湾施政の革新」
六月二十四日　福澤「米布合併に付き日本の異議」
七月二十日　福澤『福翁百話』
十月五日　福澤「開化同化は日本の国体に差支なし」
十一月九日　福澤「大阪慶應義塾同窓会演説」（高尚な気品……）
太田朝敷「公同会請願趣意書」

一八九八（明治三十一）年　一月一日　福澤『福澤全集』（～五月十三日、五巻）
三月十五日　福澤「儒教主義の害は其腐敗に在り」
四月十六日　福澤『修業立志編』
四月二十五日　米西戦争。
六月二十六日　福澤「米西戦争及びフィリッピン島の始末」
七月五日　神田孝平没、六十九歳。
スペンサー著／藤井宇平訳『総合哲学原理』

一八九九（明治三十二）年　三月二日　北海道旧土人保護法公布。

一九〇〇（明治三十三）年　二月十一日　慶應義塾『修身要領』
三月六日　幸徳秋水「修身要領を読む」

一九〇一（明治三十四）年　六月十三日　焉用氏（渡辺修次郎）『学商　福澤諭吉』
二月三日　福澤没、六十八歳。
四月　『福翁百余話』
五月　『明治十年丁丑公論・瘦我慢の説』
一九〇二（明治三十五）年　六月一日〜九日　福澤「旧藩情」
一月二十七日　ズモラン著／慶應義塾訳『独立自営大国民』
一九〇三（明治三十六）年　十二月八日　スペンサー没、八十三歳。
一九〇四（明治三十七）年　十　スマイルズ没、九十二歳。
一九〇五（明治三十八）年　四月十六日　小幡没、六十三歳。
一九五一（昭和二十六）年　二月〜三月　福澤「覚書」、『世界』に抜粋、『福澤諭吉選集』第一巻に全文公表。

あとがき

本書は、筆者が退職を期に、それまでの研究をまとめるべく課題を設定して公表したものが主たる内容を成している。むろん福澤諭吉研究の一環であるが、何故J・S・ミルとの関係を中心に据えたのか、と問われるであろう。答えは簡単、福澤が「良説」として「食物を喰らいて之を消化」し「食物の良なる故」とした数多の「西洋の諸書」の中では最も著名にして今尚輝きを放っているのがミルの諸書だからである。確かにギゾーやバックル、さらにはスペンサーなども「良説」を生む糧ではあった。しかし彼らは福澤諭吉の哲学を考える上ではミルと共に最も重要な位置を占めているにもかかわらず例外はあるも、ミルのように現在に生きる古典として思想史上に名を連ねているとは言い難い。福澤の思想的源泉としてミルを中心に話題を提供した所以である。ただ無名となった、あるいは無名な思想家ないし思想も、福澤の初期の思想的源泉を探求すれば分かるように、古典的な思想を生み出す糧となっているのも事実である。本書は講義ないし講演であることも考慮して、ミルを中心に据えるも、今や忘れられた思想もとりあげた所以である。

ところで福澤は「覚書」に於いて、「事物の改革は、あらざる可らずの方法を求て之を実地に施すことなり。あらざる可らずの法を施すには、先づ其既にある有様を知ること緊要なり。日本を改革せんには、従来日本は如何なるものにて今は如何なるやと、其ありの儘の有様を詳にして、今後は斯の如くあらざる可らずとて、或は西洋の風俗方法を採用するも可なり。然るに日本の事をば夢にも知らず、出し抜けに西洋流を持込まんとするは、事物のある有様を吟味せずして、あらざる可らずの法を施す者なり。考に順序なしと云ふ可し。今の洋学者の世に裨益なくして往々害を為すは之が為なり」と洋学者を自認する人間として「今の洋学者」に苦言を呈している。さらに『学問のすゝめ』十編（明治七年）では「真の実学」を修得するには少なくとも三、五年の艱難辛苦を要するのに、「今の学者或は其難を棄てゝ易きに就くの弊」の如き様相を呈して居り、「随て学べば随てこれを実地に施す」可能性に満ち、なおかつ立身出世が出来る有様である。これでは「世の学問は遂に高尚の域に進むことなかる可し」である。そうして安きに流れる学者を戒め、「僅に数十巻の書を数百度も繰返し、所得は唯スレーブの一義のみ」（明治二年・松山棟庵宛書簡）と批判した徳川体制下の学者を、「学問を施す可き場所なければ、止むを得ずして学びし上にも又学問を勉め、其学風は宜しからずと雖ども、読書に勉強して其博識なるは今人の及ぶ所に非ず」と、その学問に向かう態度を学べとまで言っている。

福澤のこのような見解を知るならば、丸山眞男が胴震いすれば落ちてしまう類のヨーロッパなるものと指摘した明治にあって、福澤が常に時代を先取って学んでいるとも言える西欧思想が、福澤に在ってはそうでないことが分かる。それは常に日本の場を考えながらの西欧思想の摂取であって、鵜呑みにすることなく常に対話による吟味を踏まえての思想的糧を得ているからであろう。筆者が福澤研究を始めるのに手沢本に着眼したのも、福澤と原著者との対話を直に体験出来るからでもあり、福澤の思考回路を追体験出来るからでもあった。本書で提示した議論がどこまで福澤の思想的源泉を明らかにしているかの自信はないが、少なくとも読者自身も福澤と共にミルを中心としたものではあるが、脱線話も含めて諸々の思想と対話出来る一契機になれば幸いである。

本書が成るに当たっては、学問上の先達である平石直昭氏、大学院時代よりの友人である小室正紀氏、それに年に一度、慶應大阪シティキャンパスでの福澤研究センター講座の際にお会いし、旧著以来お世話になっている慶應義塾大学出版会の前島康樹氏、その会合の段取りをして頂いている同シティキャンパスの小﨑由紀子氏に対して、福澤諭吉協会と共に感謝したい。また最終講義の正月明けの早朝、わざわざ鎌倉から駆け付け聴講してくれた学部時代の政治学研究会に集う通称「セイケン」のメンバーの一員である田畠信雄君にも、甲南大学法学部の計らいに加えて御礼を述べたい。同君の古巣でも同じ講義をとの要請もあって、今は無き政治学研究会ではないが、交流のあった学習院大学国際政治研究会の段取りによって古いレンガ校舎の西一号館で、その「国政研」の学生諸子と「セイケン」の仲間たちの面々を前に二〇一七年四月十四日に最終講義と同じ内容の話をした。しかもその教室たるや偶然にも筆者が受験した思い出の会場で、五十数年前試験監督主任としてそこに現れたのが洋書を携えた清水幾太郎であった。入学後、清水ルームに配属されたが、大学を辞すと聞いていたので、担当科目である社会思想を時に聴講した。そして満席のピラミッド中央教室で行われた最終講義オーギュスト・コント論に聴き入った。一九六九年一月十八日のことであり、東大安田講堂事件の日でもあった。清水先生の講義は『倫理学ノート』として結実し、本書が取り上げた功利論をめぐる問題と不可分な関係にあり、コントは、福澤が愛読したミル、バックル、スペンサーのいずれの思想にも影響を及ぼしている。その意味では清水先生からもっと学ぶべきであったかもしれない。コントではないが、ミルが功利論を著す際に言及しているカントついてはホッブズやロックと共に読み学び、さらには拙稿に有益なコメントを頂いている森永毅彦先生に改めて感謝の意を表したい。

慶應義塾大学での史料探索など福澤研究センターの面々、とくに西澤直子氏の御協力には重ねて感謝したい。また甲南大学では総合研究所を介しての学部横断的なヴィクトリア朝研究会のメンバーにも感謝しなければならないであろう。多くの先生方は鬼籍に入られているが、中島俊郎氏には史料恵与の面でも感謝している。そうして退職後にあって史料詮索などに惜しみない協力をして頂いている甲南大学図書館の今野智子氏をはじめとする諸氏にも感謝したい。

最後に講義も講演も決して「名」が付くようなものではなかったが、講義を聴講してくれた甲南大学法学部、それに数年間ではあったが講師を勤めた神戸市立外国語大学外国学部と京都大学法学部の卒業生諸士に本書を捧げたいと思う。

二〇二五年初春

明石海峡大橋と淡路岩屋を眺めつつ

安西敏三

人名索引

・福澤諭吉を除いた、本文中に出てくる人名を五十音順に並べた。

サ行

タ行

マ行

ヤ行

ラ行

ワ行

［著者］
安西　敏三（あんざい　としみつ）
甲南大学名誉教授。法学博士。専門は日本政治思想史。
1948年愛知県生まれ。1972年学習院大学法学部政治学科卒業。1979年慶應義塾大学大学院法学研究科政治学専攻博士課程単位取得退学。1982年甲南大学法学部助教授。1986年甲南大学法学部教授。1997―98年オックスフォード聖アントニーズ学寮上席準研究員。2006年より慶應義塾福澤研究センター客員所員。
著書に『福沢諭吉と西欧思想―自然法・功利主義・進化論』（名古屋大学出版会、1995年）、『福澤諭吉の法思想―視座・実践・影響』（共編著、慶應義塾大学出版会、2002年）、『福澤諭吉と自由主義―個人・自治・国体』（慶應義塾大学出版会、2007年）、『現代日本と平生釟三郎（編著、晃洋書房、2015年）など。

福澤諭吉の思想的源泉
――J・S・ミルとの対話を中心として

2025年4月15日　初版第1刷発行

著　者――――安西敏三
発行者――――大野友寛
発行所――――慶應義塾大学出版会株式会社
〒108-8346　東京都港区三田2-19-30
TEL〔編集部〕03-3451-0931
〔営業部〕03-3451-3584〈ご注文〉
〔　〃　〕03-3451-6926
FAX〔営業部〕03-3451-3122
振替 00190-8-155497
https://www.keio-up.co.jp/
装　丁――――耳塚有里
組　版――――株式会社キャップス
印刷・製本――中央精版印刷株式会社
カバー印刷――株式会社太平印刷社

Printed in Japan　ISBN978-4-7664-3023-3